山东省"中医中药中国行——中医药健康文化推进行动"项目

山东省高校思想政治工作精品项目

山东省中医药"三经传承"项目

山东高校科研计划项目（J13WA57）

山东省中医药调研课题（ZYY202281）

U0712178

《跟我学中医》丛书

丛书主编　王文姮

儒医风华

——齐鲁当代中医名家风采录

主　编　崔国军　孙连华

孙慧明　王文姮

全国百佳图书出版单位

中国中医药出版社

·北 京·

图书在版编目（CIP）数据

儒医风华：齐鲁当代中医名家风采录 / 崔国军等
主编 . — 北京：中国中医药出版社，2022.9
（跟我学中医丛书）
ISBN 978-7-5132-7673-3

Ⅰ . ①儒… Ⅱ . ①崔… Ⅲ . ①中医师—列传—山东—
现代 Ⅳ . ① K826.2

中国版本图书馆 CIP 数据核字（2022）第 110042 号

中国中医药出版社出版
北京经济技术开发区科创十三街 31 号院二区 8 号楼
邮政编码 100176
传真 010-64405721
河北省武强县画业有限责任公司印刷
各地新华书店经销

开本 880×1230 1/32 印张 9.75 字数 222 千字
2022 年 9 月第 1 版 2022 年 9 月第 1 次印刷
书号 ISBN 978-7-5132-7673-3

定价 48.00 元
网址 www.cptcm.com

服 务 热 线 010-64405510
购 书 热 线 010-89535836
维 权 打 假 010-64405753

微信服务号 zgzyycbs
微商城网址 https://kdt.im/LIdUGr
官 方 微 博 http://e.weibo.com/cptcm
天猫旗舰店网址 https://zgzyycbs.tmall.com

如有印装质量问题请与本社出版部联系（010-64405510）
版权专有 侵权必究

序 言

2019 年 10 月 25 日，全国中医药大会在北京召开。会上传达学习了习近平总书记重要指示："中医药学包含着中华民族几千年的健康养生理念及其实践经验，是中华文明的一个瑰宝，凝聚着中国人民和中华民族的博大智慧。"

中医药学是中华民族的伟大创造，是中国古代科学的瑰宝，也是打开中华文明宝库的钥匙，为中华民族的繁衍生息作出了巨大贡献。人民群众喜欢中医药，信赖中医药，因此更加渴求中医药知识，更加盼望能在生活中运用中医药，强身健体，益寿延年。

没有全民健康，就没有全面小康。正因如此，中医药工作者有责任、有义务传承、创新、发展中医药，传播中医药健康理念，打牢打实中医药的群众基础，扩大中医药的社会影响力，不断满足广大人民群众日益增长的对中医药知识的需求，为实现中医药事业全面、协调、可持续发展奠定良好的基础。

在《中共中央国务院关于促进中医药传承创新发展的意见》颁布和《中华人民共和国中医药法》实施近三周年之际，山东省中医药管理局根据社会需求，组织山东中医药大学专家编撰了这套《跟我学中医》科普丛书，目的是把祖先留给我们的宝贵财富继承好、发展好、利用好，使人民群众"在普及的基础上提高运用中医药防病治病能力"，真正实现人民群众对中医药认识水平和接受程度的逐步提高，让中医药知识、中医药文化更好地在人民群众中落地生根、开花结果，让中医药为人类卫生事业作出更大贡献。

仔细翻阅本套丛书，不难发现三个方面特点。

一是科普特色。文字非常浅显，通俗易懂，让没有中医药知识基础的人也能够看明白、读得懂。

二是图文并茂。以生动的图画展现中医药知识，直观形象，使知识点易学易会。

三是齐鲁特色。齐鲁中医药名家荟萃，道地药材众多。本书选取内容多和齐鲁相关，亲和力强，切实可行。

中医药振兴发展已迎来了天时、地利、人和的大好时机，发展中医药使命光荣、责任重大，中医药科普及中医药文化传播任重而道远，让我们一起传承中医国粹、传播优秀文化，为促进中医药振兴发展、保护人民健康、建设健康中国、实现中华民族伟大复兴的中国梦贡献力量。

武建克

2021 年 3 月

编写说明

　　中医药是中国传统文化的瑰宝，是中华民族优秀传统文化的重要组成部分。五千多年来，中医药以其"简、便、廉、验"的优势，守护着中华儿女的健康，为中华民族的繁衍不息提供了坚强的健康保障。儒医的出现是一种悠久的文化现象。历代中医名家都是"儒医"的杰出代表，他们辨析名家医案，研习临证经验，继承和发扬中医药文化精髓，借儒学研究医理，将仁义纳入医德，使儒家思想渗透到医学的各个方面，弘扬了"医乃仁术"的传统医道，提高了医家的人文境界，为广大人民群众的健康保驾护航。中华人民共和国成立后，中医药在维护人民健康，促进中国特色卫生健康事业发展中发挥了独特而重要的作用，一大批中医名家勇于担当，冲锋在前，身先士卒，传承中医国粹，谱写济世华章，为弘扬中医药文化，推动中医药事业振兴发展作出了突出贡献。

　　齐鲁大地，这片钟灵毓秀的热土，孕育了厚重博大的齐鲁文化。不仅在历史上涌现出孔子、孟子、孙子等伟大的思想家、教育家、军事家，也涌现出扁鹊、淳于意、王叔和、钱乙等众多著名的医学家。植根华夏文明广袤沃土的中医药学，在齐鲁大地薪火相传，历久弥新，绽放出熠熠光辉。中华人民共和国成立后，中医药事业获得长足发展。在齐鲁大地，一大批堪称"儒医"的中医名家伴随着共和国的发展而成长、成名。刘惠民、周凤梧、李克绍、徐国仟、张珍玉、周次清、张志远、张灿玾、刘献琳、尚德俊等就是其中的杰出代表。

　　为展示山东省中医药发展成就，宣传以刘惠民为代表的老一辈中医名家以及近年来山东省"国医大师""全国名中医""岐黄学者""中医药高等学校教学名师"、泰山学者特聘专家、泰山学者青年专家获得者们的感人事迹，我们编写了本书。本书收录了中华人民共和国成立以来在齐鲁大地成长起来的 31 位中医名家，采用人物通讯的方式，集中展示他们的风采，生动讲述他们在教学、科研、临床、人才培养等方面的感人故事，以激励广大中医药工作者和中医学子全身心投入到继承和弘扬中医药事业当中，再创佳绩，再立新功。

本书编委由长期从事中医药宣传、教育等工作的专家组成，具备深厚的文化底蕴和专业知识，文字功底扎实。

中医药博大精深，中医治病注重辨证论治，因人而异。书中提到的临床案例和用药组方等，需广大读者正确理解和对待，请勿盲目使用，必要时咨询医生。

本书立项获得山东省中医药管理局和山东省委教育工委大力支持，为展示齐鲁当代中医名家风采、讲述中医名家们的感人事迹而作，受山东省"中医中药中国行——中医药健康文化推进行动"项目、山东省高校思想政治工作精品项目、山东省中医药"三经传承"项目资助。

编写过程中，我们尽量使用生动朴实的语言，讲述中医名家的故事，但由于部分人物事迹材料有限、采写者专业背景差异等，本书文字表述的通俗性还有待进一步提高，愿读者多提意见，以便再版时修订完善。

《儒医风华》编委会
2021 年 11 月

目 录

大医精诚　止于至善——记著名中医学家刘惠民　　　001

青梧有凤　良师若兰——记名老中医周凤梧　　　014

伤寒大家　名师垂范——记名老中医李克绍　　　025

博极医源　乐育良才——记名老中医徐国仟　　　037

悬壶济世　桃李芬芳——记名老中医张珍玉　　　048

济世大医　以德育才——记名老中医周次清　　　059

雅负绝学　医界"辞典"——记国医大师张志远　　　071

医文并茂　理用兼优——记国医大师张灿玾　　　081

精研经典　躬身实践——记名老中医刘献琳　　　093

"五个一"成就超凡人生——记国医大师尚德俊　　　104

淡泊功与名　永远在路上——记首届全国名中医丁书文　　　116

新时代的"四有"中医人——记首届全国名中医王新陆　　　128

博学而触类旁通　专攻而成果辉煌

　　——记首届全国名中医张鸣鹤　　　140

高才硕学树岐黄之志　着手成春传中医精魂
　　——记岐黄学者高树中　　　　　　　　　　　148

40余年"跑"向中医生殖医学的"生命绿洲"
　　——记岐黄学者连方　　　　　　　　　　　159

悬壶秉赤诚　仁术暖人心
　　——记岐黄学者、泰山学者特聘专家郑心　　168

研精覃思穷源竟流　发皇古义融会新知——记全国中医药
　　高等学校教学名师、泰山学者特聘专家王振国　176

情系中药百草香　硕果纷呈耕耘忙
　　——记全国中医药高等学校教学名师李峰　　186

名誉不争，学术不让，创新不止
　　——记泰山学者特聘专家乔明琦　　　　　　194

开拓创新　勇攀高峰——记泰山学者特聘专家田景振　203

献身中西医结合事业　敬业爱岗做合格教师
　　——记泰山学者特聘专家王世军　　　　　　211

"逐光之路"在心中，在肩上，在脚下
　　——记泰山学者特聘专家毕宏生　　　　　　219

山有磐石　仰望岐黄——记泰山学者特聘专家张伟　　228

高山仰止　大医精诚——记泰山学者特聘专家杨传华　236

扎根土地　惠民一方——记泰山学者特聘专家张永清　244

四心合一，汇聚医路征程——记泰山学者特聘专家徐云生　252

以精诚之志肩泰山之重——记泰山学者特聘专家李运伦　259

立志承国粹　妙手惠苍生——记泰山学者青年专家崔兴　267

只管攀登　从不问高——记泰山学者青年专家钱卫斌　275

创新为体　传承为源——记泰山学者青年专家师伟　283

勤学善思　精诚为医——记泰山学者青年专家刘伟　291

大医精诚　止于至善

——记著名中医学家刘惠民

刘惠民（1898—1977），名承恩，字德惠，号惠民，山东沂水人，著名中医临床家、教育家。历任山东省卫生厅副厅长、山东省立中医院（现山东中医药大学附属医院）院长、山东中医学院（现山东中医药大学）院长、山东省中医药研究所（现山东省中医药研究院）所长、山东省中医文献馆馆长、山东中医学会理事长、山东省科学技术委员会副主席、山东省盲聋哑学会理事长、中国医学科学院特约研究员、山东省中医委员会副主任等职，山东省第一、二、三届人大代表，全国第二、三届人大代表。

他，为了能留在齐鲁大地为人民群众看病，主动放弃了到中

央保健局任职的机会；

他，虽受到不公正对待，离开领导岗位，但仍心系中医药事业，多次就中医教育事业的发展、中医政策的落实、中医医疗制度的恢复等问题上书国家及省部级相关领导；

因为他，他所在医院的病床使用率一度达到110%，连在走廊加床都很困难；

因为他的倡议和参与，山东省立中医院（现山东中医药大学附属医院）、山东中医学院（现山东中医药大学）、山东省中医药研究所、山东中医文献馆得以成立。

他就是著名中医学家刘惠民先生！

立志学医，敏而好学

1898年，刘惠民出生在山东省沂水县黄山乡胡家庄。他的曾祖父、祖父、外祖父、舅父均是当地颇有名气的医生。刘惠民自幼耳濡目染，酷爱医学。因家中经常有前来就诊的患者，看到患者痛苦的表情，他从小就萌生了学医救人的想法。祖父曾教导他，学好国文是学医的重要基础，于是，他苦读经史子集，国文功底日渐深厚。

16岁那年，刘惠民患上一场重病，不得不辍学在家。1916年，他拜同村中医李步鳌为师，初入杏林。刘惠民不但聪颖好学，而且学医志向更加坚定，深得师父欣赏，认定他将来必有成就。在李步鳌的指导下，他开始研读《黄帝内经》《难经》《伤寒杂病论》《神农本草经》等中医经典著作，并跟师侍诊，学习辨证、立法、识药、遣方。平常总是手不离书，上山下田休息时也会抽空读书，特别是冬天没有取暖设备，经常冻得手脚麻木疼痛就搓搓手，去外面跑一跑，实在困倦时就用冷水洗把脸继续学习，三年后，刘惠民以全省第二名成绩考取中医师资格，开始独立行医。

1920年，经朋友介绍，刘惠民远赴奉天（现沈阳）张锡纯先生创办的立达中医院学习、工作。立达中医院授课的教材是《医学衷中参西录》，刘惠民认真研读，并结合《黄帝内经》《伤寒论》《金匮要略》等经典理解。一般情况下，大多数弟子要经过三年学习才能应诊，但刘惠民仅用两年，便完成了立达中医院的学习和进修。学习期间，张先生"学医者为家温饱计则愿力小，为济世活人计则愿力大"的谆谆教导，更让他懂得了只有满怀仁爱之心，济世活人之志，方为良医。此外，立达中医院的行医模式也让刘惠民印象深刻，它改变了中医开业行医从来没有自己医院的历史。在这里，患者可以住院治疗，既省去排队挂号就诊的麻烦，也便于医生随时掌握病情，及时调整治疗方案。可以说，在立达中医院进修学习，是刘惠民人生的重要转折点。

在立达中医院进修期间，刘惠民和同学一起报名参加了名医丁福保创办的上海中西医专门函授学校，两年后毕业。刘惠民从函授学校学到很多现代医学知识，如西医生理、药理、解剖、注射、消毒等。刘惠民的这两次学习进修经历，不但为以后从事医疗工作，而且也为日后创办中医学校以及倡导中西医教学奠定了基础。

学成归来，享誉一方

经过几年的学习，刘惠民的医术日渐娴熟。1925年，他在家乡创办协济学堂药铺，悬壶乡里。上门求诊的患者越来越多，但也有些患者因为病重不能来药铺就诊。为此，刘惠民为自己立下规矩：为穷人看病，随叫随到，远近不坐车，十里之内不吃饭，药费诊费酌情减免。因他医术精良，医德高尚，患者都称他为"活菩萨"。正因为如此，他曾两次因为没钱拖欠药材商药费而外出躲债。

1926年，刘惠民参加了沂水县共产党特支领导人邵德孚组建的农民协会，任执行委员，为农民大众争取更多的利益。

刘惠民不但全心全意为患者治病，还时时关注时政动态，以及当地医界同仁的发展。1929年3月，全国医药团体代表大会在上海总商会召开，要求撤销《废止旧医以扫除医事卫生之障碍案》。刘惠民得知后，马上组织沂水中医药同行开会并致电大会，热烈支持他们的正义行动。此后，他还不定期地召集沂水同行开会，切磋医技，交流心得，以民间社团形式团结县内医界同仁，维护他们的合法权益。

早年在立达中医院和上海中西医专门函授学校的学习，给刘惠民留下了深刻印象，也使他萌发了开办中医学校的想法。1934年，刘惠民与赵恕风医生合办了沂水县乡村医药研究所及中国医药研究社，招收学员36人。学校采用中西医教学，刘惠民自编《伤寒学课本》《中西混合解剖学概要》《中西诊断学概要》《中西药物学概要》《战地临时救护医院组织概要》等教材，并亲自授课。他在《伤寒学课本》前言中这样写道："培植中医专门人才，而供国家之急需，伏思天下兴亡，匹夫有责，古有明训，是凡为国民者，对于祖国各有重大责任在焉。"

投身革命，保障医疗

抗日战争和解放战争时期，刘惠民抱拳拳爱国之心，积极投入革命中去。1938年，刘惠民参加了沂水县袁家城子筹建的八路军山东纵队二支队，被任命为医务处主任。同时，将沂水县乡村医药研究所更名为战地救护班，带领战地救护班辗转鲁中山区，救治伤员，医治百姓。

1940年春，因抗日前线药品严重短缺，他被部队秘密派回地方工作，在沂水县许家峪开设诊所，为抗日军民暗中筹集医药用品。为适应战争需要，他主持研制和改进中药剂型，亲自制作模具，将中药汤剂改制为更为便捷的片剂或药丸，并手把手教药剂人员制药。

后来，刘惠民任山东省卫生总局临沂卫生合作社社长，在沂水县许家峪村开办了鲁中南新鲁制药厂，兼任经理。战争和天灾使临沂地区常暴发麻疹、天花、霍乱、疟疾、痢疾等疫病，根据地党和政府组织医疗队赴各村抢救治疗。刘惠民积极组织制药厂人员日夜研制和生产多种成药，如急救丹、疟疾灵、金黄散、痧痘平、红白痢疾丸等，有效控制了疫情的发展。此外，鲁中南新鲁制药厂也为根据地生产了牛黄丸、十珍益母膏等近百种成药，为军民安康提供了有力的医疗保障。

几年后，随着根据地药厂对药材需求的不断扩大，刘惠民再一次被调到界湖（今沂南县）开办山东大药房，并任副经理。界湖地理位置优越，本草资源丰富，刘惠民负责药材的采购与经销，将药物源源不断地供给根据地，保证了药厂的正常生产。在界湖山东大药房，他一直工作到解放战争胜利。

正因为有了这段从事药材采购、药物炮制、成药制备、药品经营的经历，刘惠民才能精通药理，熟悉药性，辨识药材，且能熟练掌握膏、丹、丸、散等剂型的制备方法，也为他后来用药打下了坚实的基础。

披荆斩棘，呕心沥血

1948 年 9 月，刘惠民随山东省人民政府卫生局迁到省会济南。十多年的部队生涯，使刘惠民的思想境界提升到了更高的层次，更多的是在思考怎样发展人民卫生事业、怎样继承和发扬中医学、怎样培养中医药人才等问题。

刘惠民曾与吴少怀、周凤梧等名医创办了济南市医务进修学校和济南市中医学会，任学校中医部主任及学会主任。1951 年，他任山东省合作总社医药部经理，仍负责药材营销工作。1953 年，他奉命创办济南市立中医诊疗所（现济南市中医医院），并任所长。该所成为山东省第一家公费医疗单位。1955 年起，刘惠民开始担任山东省卫生厅副厅长，主管全省中医药事业恢复和发展工作。在他的倡议下，经省人民政府批准，山东省立中医院（现山东中医药大学附属医院）成立，刘惠民主持筹建工作，并兼任院长，终于实现了创办中医医院的心愿。

1958 年，刘惠民筹建并创办了山东中医学院（现山东中医药大学），任首任院长。同年，筹建并创办了山东省中医药研究所（现山东省中医药研究院），任所长。1959 年，他又筹建并创办了山东中医文献馆。此时的他，身兼多种要职，倍感责任重大，任重道远。

1966 年之后，刘惠民离开领导岗位。虽然不在领导岗位，但他仍心系中医药事业。多次就中医教育事业的发展、中医政策的落实、中医医疗制度的恢复等问题，上书国务院及卫生部等。他的建议得到了高度重视，有关问题也有了明确批示。在他的努力下，山东省委决定在千佛山医院的基础上，成立山东省中西医结合研究院，从而真正做到医疗、科研、教学三结合。

在几十年的行医生涯中，刘惠民为中医事业呕心沥血，是山东省中医医疗、教育、科研事业发展的开创者和奠基人。

心系患者，施惠于民

1961年组织部门领导人找刘惠民谈话，想让他到中央保健局任职。刘惠民问："还能不能为老百姓看病？"当听到"不能"的回答后，他接着问："是组织决定还是征求意见？如果是组织决定，我无条件服从。若是征求意见，我还是希望留在山东为人民看病，但组织随时需要我随到。"就这样，他没有去北京。

刘惠民研读了大量经典医籍，在临床上又做了大胆探索，并善于从实践中总结经验，因而对内、外、妇、儿各科许多疑难杂症的诊治，都有较深的造诣，在国内享有较高的威望。

刘惠民早年在家乡创办药铺行医时，因医术精湛，求诊患者非常多。当地人大多生活贫困，常出现赊欠药费的情况，导致诊所两次还不起购药款而陷于困境，他只能通过典卖土地借债还账。他宁肯让自己为难，也绝不耽误患者的治疗。

中华人民共和国成立后，刘惠民虽身居多职，事务繁忙，但仍坚持临床接诊。他生活简朴，平易近人，对患者一视同仁，有求必应。如遇有病家购买困难的必需药材，他总是义不容辞地帮助解决，有时甚至无偿提供自己珍藏的贵重药材为患者解除疾苦。他曾诊治一位患儿，高热不退，时时惊厥，急需羚羊角磨汁服用方可退热解痉。但此药稀有，药店少备有成块者，且价格十分昂贵，病家难以承受。在此危急之时，他毅然拿出自己珍藏的一块羚羊角交给患儿家属，并详细说明使用方法。很快，患儿热退病愈，家属对此感激万分。像这样感人的事例在刘惠民一生的诊疗活动中屡见不鲜。

刘惠民晚年患病，在家休息和治疗期间，登门求诊的患者仍络绎不绝，刘惠民不分尊卑贵贱，坚持接待，认真诊治。他时刻把患者放在第一位，"急患者之所急，想患者之所想，帮患者之所需"。1971年，济宁一位20多岁年轻人患急性视网膜炎，深夜来家求治。当时刘惠民感冒高热，刚刚服下药物正盖被发汗。他不顾家人劝阻，立即起床，拖着病体为患者诊治。他对家人说："我不要紧，已是70多岁的人了，而他才20多岁，如不分秒必争地治疗就会失明的。"因他救治及时，患者的病情很快得以好转。

刘惠民医德高尚，曾多次解囊帮助和接济贫困患者；他为人朴实厚道，深得同事及患者的敬重和喜爱。时任山东省委书记舒同是国内著名书法家，当他离开山东时，将其从不示人的一帧松鹰图赠予了刘惠民。足见刘惠民在舒同心中的地位！

在刘惠民接诊的患者中，各级领导和各界名人非常多。许多干部和负有盛名的知识分子都患有神经衰弱，常常健忘失眠、心悸烦躁，没有精神，大脑活力不足。在长期治疗这种疾病的过程中，刘惠民摸索出了许多非常珍贵的经验，最后形成了一个健脑安神的方剂，效果奇验！后来这个方剂被刘惠民制成了成药，这便是著名的"补脑汁"。

刘惠民从事中医临床工作近60年，具有丰富的实践经验，创拟了大量临床行之有效的方剂，如首乌桑葚补脑汁、益智丹、肺得宁、降压膏、偏瘫复健丸、芳香健胃片、十珍益母膏、保母荣、保胎丸、消积健脾丸、福幼丹、鲫（鲤）鱼利水方、苹果止泻方、鼻通膏、生发药酒等，都是颇受患者欢迎的有效中成药。

刘惠民平时忙于政务和诊疗，但仍勤奋著述，留下了不少珍贵的著作，有《与张锡纯先生的通信》《麻疹和肺炎的防治》《黄元御医学史迹考侯正》等。曾编写《中医经络学选要》《中医妇科学选要》《中医伤寒病学选要》等多部书稿。最能体现他医疗特点和风格的是1976年出版的《刘惠民医案选》，该书由他的门人根据病历整理而成。后来，戴歧、刘振芝、靖玉仲又对该书进行了修订和补充，于1979年出版《刘惠民医案》，更完整地反映了刘惠民的医疗经验。

传承精华，守正创新

刘惠民早年曾在张锡纯先生创办的立达中医院以及丁福保先生主办的上海中西医专门函授学校学习。刘惠民学术特点的形成，主要源于张锡纯先生和丁福保先生的影响。如治外感热病善用大剂生石膏，治痿病善用马钱子等，都明显带有张、丁二氏的痕迹。刘惠民学术思想，主要体现在以下三个方面：

一是勤求古训，师而不泥。中医学之所以富有生命力，关键在于其理想的临床疗效，而疗效取决于其雄厚的理论基础，医学经典著作正是中医理论的源头活水。因此，刘惠民重视中医理论的系统学习，并强调深入研究经典医著是学好中医的基础和关键。然而，他又反对对经典的生搬硬套，提倡应用要有创造性，应师古不泥古。

刘惠民在研读大量经典医籍的基础上，敢于在临证中探索，勇于在实践中突破，并善于从中总结经验。例如，刘惠民对外感热病的诊疗，不拘于解表而有所突破。他认为此类病证早期并不仅限于表证，常兼有不同程度的里热，故应解表清里并行。除选用麻黄、桂枝等以解表散邪外，还喜用生石膏以清泄里热，共奏表里双解之功。刘惠民曾诊治一位外感患者，因劳累受凉而出现发冷发热，头痛烦躁，周身酸楚，咳嗽流涕，吐白黏痰，舌苔黄，根部略厚，脉紧而数。他辨证为外感风寒，郁热入里，治当解表清里为主，遂予以麻黄、柴胡、桂枝配伍生石膏以表里双解，患者服药两剂而症状全无。

除了在外感热病中善用生石膏外，刘惠民在神经系统疾病中对酸枣仁的运用，也颇有见地。古今医家单剂使用酸枣仁的用量多为 10 ~ 30g，更有人提出，酸枣仁如果一次用量超过 50 粒，即有"发生昏睡，丧失知觉，使人中毒"的危险。但刘惠民主张，只要配伍得当，酸枣仁用量宜大，一般成人 1 次用量多在 30g 以上，最多可达 75g，并强调生熟并用。他曾经诊治一位神经衰弱的患者，头痛、头昏、失眠多年，劳累后加重，伴心烦、消瘦、便干，舌苔微黄稍厚，脉虚弱。刘惠民认为患者是因心肾两虚，脾胃不和，痰火内阻所致，治宜滋肾养心，健脾调胃，清热豁痰。方中重用酸枣仁，生熟各半，养心安神，用为君药；配伍菟丝子、枸杞子、黄精、天冬、柏子仁滋补心肾；栀子皮、淡豆豉清心除烦；白术、鸡内金健脾和胃。服用 20 余剂后，患者饮食、睡眠均有好转，舌苔、脉象已正常。遂嘱患者原方继服，以巩固疗效。

在治疗上，刘惠民强调并遵循中医辨证论治的特色，同时也积极吸取一切行之有效的治疗方法，包括民间单方、验方的运用。如他治疗慢性肠炎、过敏性结肠炎等慢性腹泻，大便稀溏时常用的苹果止泻方，治疗心、肝、肾性水肿及营养不良性水肿所选用的鲫（鲤）鱼利水方，都是在民间验方的基础上改进而创拟的，且临床疗效显著。

二是注重整体，辨证精准。刘惠民临证分析病因病机时，非常重视整体观念，认为脏腑之病并非孤立存在，而是相互关联，相互影响的。譬如，他在治疗胃痛时，认为胃痛的发生常因情志不畅、饮食不调所致，其病机多为"不通则痛"，病位虽在胃，但与肝、脾、肾、心密切相关。因此，在辨证的基础上，主张以"通"为治疗原则，并结合疏肝解郁、理气健脾、滋肾养肝、养心安神等治法。这就充分体现了重视脏腑为本、整体调理的学术思想。又如对神经衰弱的诊治，刘惠民亦强调以调理脏腑，整体治疗为主。此病的发生多源于肝、肾、心、脾的功能失调，故治疗上多从调理心、肝、脾、肾着手，重视滋补肝肾，养心健脾。

刘惠民在临证中不但重视整体观念，而且审证精准，胆识过人。一老年患者患癔病性木僵，僵卧不动，不语不食，大便十七日未行，衰竭之象日渐加剧。他诊后，认为患者貌似虚极，但舌苔黑燥，脉弦实滑数，多日未行大便，脉证合参，符合"大实有羸状"之象，乃热极伤津，阳明热结之大实征象，故以攻实为主，补虚为辅，攻补兼施为治则，先用攻结泄热存阴，再以补气生津养阴之法，用药数剂患者大有起色，后续加调理，终得康复。

三是用药精细，医护并举。刘惠民曾对他的学生说，任何疗效的取得，如果没有药物和护理两方面的配合，任凭医者的医技再精湛也是枉然，所以他强调"医药护并重"。这是刘惠民的综合治疗思想，在当时中医界是一种创新。

传统的药物理论既包括药物的性味归经、升降浮沉、功效主治，又包含品种辨析、炮制方法、煎服方法等内容。前者往往备受医者的重视，而后者常常被忽视。刘惠民对药物十分重视。他精通药理，熟谙药性，认为药物的品种是否道地、炮制是否规范、煎法是否适宜，都是影响药效的重要因素。同时还强调在处方中应对这些内容仔细注明。

在处方用药方面，如台党参、川黄连、杭菊花等，均写明其品种产地。在炮制方面，如枳壳标以"麸炒"、酸枣仁标以"炒捣"、白术标以"土炒"、厚朴标以"姜汁炒"等，都明确其炮制方法。尤其对有毒中药的炮制，刘惠民尤为重视。如在治疗"痿证"时，他善用马钱子，然其功效峻烈且有大毒，内服不宜生用，需经砂烫后方可降低毒性，且便于粉碎，因此刘惠民处方中皆写明使用精制马钱子粉。此外，他还重视药物的煎煮方法，特别是煎法比较特殊的，处方中均予以注明。如阿胶标明"烊化"、琥珀则"研粉冲服"、冰片需"后入"等。由此可见，刘惠民处方用药十分精审。

临证中，刘惠民还强调对患者要护理得法。例如对感冒、流感等外感热病，他每用发汗方药即嘱患者入晚服药，汗后注意保温、避风，避免外出，以防外邪复感。另外嘱咐发汗不宜太多，以免耗津伤阳等。儿童服用发汗药，家长应全程监护。他还效仿张仲景《伤寒论》中桂枝汤的用法，药后啜粥以助汗出。刘惠民对患者有无汗出、汗出多少甚为关注，常因时而宜。如冬季，嘱患者盖厚被以取大汗；若在春季，则盖薄被以取小汗；而至秋季则盖薄被以取中汗。

　　在对慢性杂病的长期诊疗中，刘惠民也建立了一套服药注意事项：一，忌口。服药期间忌食牛羊肉、无鳞鱼、螃蟹、辣椒、韭菜等，忌饮酒及生冷、不易消化的食物。二，服药期间注意调畅情志，忌气怒及情绪过分波动。三，服药期间应注意休息，不宜过度劳累。四，感冒及妇女月经期暂不服药等。特别说明的是，每于诊病之后，他总是亲自仔细交代病者及家属注意上述各项。

　　本文作者刘宇、于鹰，文章摘自山东中医药大学九大名医经验录系列《刘惠民》（刘宇主编，中国医药科技出版社出版），收录时略有删改。

青梧有凤　良师若兰
——记名老中医周凤梧

周凤梧（1912—1997），山东临邑人，著名中药方剂学家、教育家、临床家，山东中医学院（现山东中医药大学）教授。

周凤梧 1912 年 12 月 19 日出生于三世为医的家庭。16 岁高小毕业后开始学医。1940 年经济南市中医考试，领取执照，在济南市永安堂药店坐堂行医。曾任济南市医务进修学校中医部副主任、济南市中医学会副主任、济南市第一中西医联合诊所所长，济南市市中区人民代表大会代表，济南市政协第一、二、三届委员会常务委员等。

1956年6月，周凤梧调入山东省中医研究班学习，毕业后留任教员。1958年调入山东中医学院（现山东中医药大学）任教。曾任中医内科教研室主任兼附属医院内科主任、中药方剂教研室主任、临床中药学及方剂学硕士研究生导师、中国中医药学会理事、全国中医基础理论整理研究会委员、全国方剂学研究会顾问、山东中医药学会副理事长、顾问委员会主任委员、山东省医药管理局技术顾问委员会顾问、山东省红十字会副会长、《山东医刊》副总编辑、《山东中医杂志》《山东中医药大学学报》第一任编辑委员会主任，并被聘为齐鲁书画研究院画家、济水书画联谊会顾问、日照书画院高级画师及顾问。曾被选为山东省政协第四届委员会委员、第五届常务委员。早年参加九三学社，1986年加入中国共产党，1993年开始享受政府特殊津贴。

周凤梧从医50余年，执教30余载，精于医，练于药，熟谙岐黄经旨，敏于临证发挥，学识博深，勤于著述，发表的学术论文与出版的学术专著，在国内外极有影响。其所著《实用中药学》《实用方剂学》奠定了他在全国中医界的地位。周凤梧高尚的医德和精湛的医术为中医界所称道，为中医事业的振兴和发展作出了重要的贡献。

勤奋学习，艰苦创业

周凤梧曾祖、祖父、伯父都是中医，在当地负有盛名。他

16 岁高小毕业，便跟随伯父的弟子、表兄张文奇学习中医。张文奇是清末秀才，擅长书画，精通中医，许多患者慕名求医。周凤梧随师期间，勤奋学习，刻苦钻研，广泛阅读多种中医学的典籍，打下了坚实的中医理论基础。周凤梧 1937 年迁居济南。他登门求教擅长温病又精于儿科的王静齐、精通脾胃学说的吴少怀、学验俱丰的徐鞠庐三位名医，经他们教诲指点，周凤梧对医理大有感悟，其医术也大有长进。1940 年经济南市中医师考试及格，领取执照，正式开业。1945 年 3 月应聘在济南市院前大街永安堂药店总店、大观园永安堂药店分店同时挂牌行医。

1949 年，周凤梧响应政府号召，成立济南市医务进修学校暨济南市中医学会，并任中医部及中医学会副主任，负责教务并开展中医学术活动。1951 年 5 月，他创立济南市第一中西医联合诊所，任所长，亲自遴选技术高明、学验俱丰的中医药人员 30 余人加入诊所工作。因为服务周到，疗效显著，不久就发展了 6 个门诊分所，职工达 300 余人。为适应群众诊病的需要和诊所的发展，在市中大观园东繁华地区购宅地 3.5 亩，建三层门诊楼 1 幢（即现在的市中区人民医院），为了方便群众，与 40 余家企事业单位签订医疗合同。为了提高职工业务水平和改善生活条件，购置 2 处交通方便、质量较高的宿舍大院，1 处制药部房产大院；建立中医、中药两个业余在职青年医药人员学习班，并亲自授课，听课人员座无虚席，闻名求教的人也很多。在周凤梧的亲自指导下，该所制药部自制的成药，如雄鸡化骨膏、杏仁止咳糖浆等，远销南北。1953 年秋，济南曾发生流行性乙型脑炎，该所研制的紫雪丹、安宫牛黄散、清热镇痉散等，供全市各传染病房抢救使用，疗效显著，与其他疗法配合，无一例死亡。周凤梧白天门诊，晚间授课，亲自抓药品炮制质量，不辞辛劳。在他勤奋经营、艰苦创业精神的带动下，职工们群策群力，事业蒸蒸日上，从无到有，从小到大，为济南市中医的集体医疗事业奠定了牢固的基础，为全市联合医疗机构的相继建立树立了榜样。

学识渊博，技术超群

周凤梧学识渊博，医理精深，长于内、妇、小儿诸科。坐堂挂牌行医时就已经名噪泉城，求诊患者络绎不绝。他不仅擅治内科杂症，而且对温病学亦有一定研究，尤长于治疗湿温、暑温、痧胀等时令病。在妇科疾病调治中，重视肾肝脾三脏的作用，以及三者之间的相互影响和因果关系；对于内、妇、儿科的治疗，始终注意顾护胃气。认为脾胃为后天之本，气血生化之源，本固而枝荣。胃为水谷之海，五脏六腑皆禀气于胃，得胃气者昌，失胃气者亡。处方时，遣药务求轻灵，慎用呆滞。特别强调小方在临床上的应用；反对药物堆砌，不讲法度，大方重量；反对矜奇立异，故弄玄虚。周凤梧一生克己奉俭，为人正直，从不折腰逢迎，不攀高附贵。对患者不分上下，一视同仁，一律热情相待，细心诊治，或汤剂，或丸散，或膏滋，总是千方百计地为患者解除痛苦，始终以救死扶伤为己任。贫苦患者，不收诊费，还助以药资。医院门诊，业务繁忙，周凤梧经常不能按时下班，但认真负责，仔细诊视，从不蹴就，且任劳任怨，态度和蔼。他不仅以精湛的医术和丰富的经验为人们留下了良好的印象，而且医德高尚，医风朴实，深受群众爱戴和敬仰。

诲人不倦，桃李芬芳

周凤梧不仅"精于医""练于药"，而且"敏于教"，他认为要教好一堂课，必须充分准备。为查找有关资料，丰富课堂内容，收到良好效果，他经常为此废寝忘食。对于求教者，总是平易近人，有问必答，耐心教诲。对于后学，则更是诲人不倦，关心备至。尝言：医虽小道，是乃仁术，如后生不敏，尽管已卒业于高校，倘束书不读，或复习而不能达其意，将以救人，适是以杀人者多矣。常谆谆告诫：钻研任何学问，自学很重要，但一遇疑难，还必须有人指点，时刻准备请教，虚怀若谷，披沙拣金，日积月累，方可升堂入室。尤其中医药学，博大精深，干到老，学到老，科学一途，无止境也。

山东中医学院 1958 年 8 月建院初期，由于师资缺乏，不能单独分科任教。几年中，周凤梧承担医史、金匮、内科、妇科、中药、方剂等多门课程的教学，任务繁重，但他一丝不苟，备课认真，为人师表，深受赞许。在号召老中医带徒的指示下，领导安排收教徒弟 2 人，其中邹积隆曾任山东中医药大学校长，刘持年曾任该校方剂教研室主任。指导培养的 14 名硕士研究生，均成为中医医疗、教学、科研的精英骨干。周凤梧在大学任教 30 余年，培育学生达数千之众，可谓"桃李满天下"。周凤梧对此深感自豪。他曾说："吾以区区坐堂中医，竟能执教于高等学府，欣慰之至。每当见到学生们满怀信心地奔向祖国四化建设岗位的时候，由衷地感到'得天下英才而教之，一乐也'。"凡全国各地来信请教，或送文稿请求审阅者，他不管水平高低，总是认真审订，及时邮复，从未因事繁任重而推辞。周凤梧学识渊博，在国内颇有影响，各地慕名邀请讲学者甚多。曾应邀去北京中医研究院和北京中医学院合办的全国中医研究生班讲授《桂枝汤证治及其加减作用》及部分临床经验；在省内，曾先后赴各地市中医学会参与学术交流活动，讲授过《谈组方法度及加强小方研究应用的意义》《中国医药学是一个伟大的宝库》《三金胡桃汤、内金胡桃膏治疗泌尿系结石》《色姜黄与片姜黄辨》《天麻的应用与鉴别》《谈谈中药炮制的重要性和中药材的质量问题》《中医阴阳学说的基本理论》等，备受欢迎。

倾心治学，勤于著述

周凤梧从事中医临床和教学工作 50 年，倾心治学，勤于著述。先后主编和编著出版的著作有《黄帝内经素问白话解》（1958 年，人民卫生出版社）、《中医妇科学》（1973 年，山东人民出版社）、《中药方剂学》（上、下两册，1976 年，山东人民出版社）、《实用中药学》（1981 年，山东科学技术出版社）、《实用中医妇科学》（1985 年，山东科学技术出版社）、《黄帝内经素问语释》（1985 年，山东科学技术出版社）、《实用千金方选按》（1986 年，天津出版社）、《古今药方纵横》（1987 年，人民卫生出版社）、《实用方剂学》（1989 年，山东科学技术出版社）等多种中医基础、临床、中药、方剂著作。其中，他编写的《中药方剂学》，发行全国，印数 8 万，时未 3 月，销售告罄。《实用中药学》出版后，已印刷 3 次。1986 年编写的《黄帝内经素问白话解》和《实用中医妇科学》两书，向全国发行后，很快就销售一空。《实用方剂学》向全国发行后，作为教学、医疗的学习参考读物，深受欢迎，已 4 次印行。

另外，周凤梧还编著了《神农百草经150味浅释》(1959年)、《中药函授讲义》(1966年)、《土单验方选编》(1976年)、《长寿篇》(1984年)、《药性赋注解》《汤头歌注解》(1985年)等专供教学、临床参考和老年养生之用的教材和讲义。

以上著作共计620余万字，在国内外产生重要影响。有的多次再版，仍不能满足读者需求。除上述著作外，周凤梧还主编了《名老中医之路》第一、二、三辑（3人合编，均由山东科学技术出版社出版），书中收录近代全国名老中医89人，史料翔实，对中医后学起到了极大的启迪作用。第一、二辑问世之后，反响极大。此两辑已2次重印。读者朱炳林阅后曾以"到处逢人说凤梧"为题著文，发表于《中国中医药报》(1991-6-24)，文中最后说："……要不是当年周凤梧他们深感抢救名老中医经验刻不容缓，我们也就得不到这份宝贵的医学财富。随着时间的流逝，已经成书的3册《名老中医之路》更加光彩照人！周凤梧他们做了件功德无量的好事，我哪能不逢人便说呢？"周凤梧还在全国中医药杂志、报刊上发表过理论性的文章和临床报道60余篇，颇有指导意义。

周凤梧从医几十年来，夜以继日，不遗余力，很少去剧场影院，常叹"时乎时乎之不再来"！年届八旬，仍写作不辍。他经常说："我为中医事业每完成一项任务，辄觉身心轻松，精神欣快，这是人生最高的奖赏、最大的享受，也从著述中获得了不少的教益。"

认真审订，严格把关

1979年以来，周凤梧担负着《山东中医学院学报》《山东中医杂志》和《齐鲁中医》的主编工作，每月审订稿件达 15 万字之多，对每篇文章必逐字逐句地推敲和修订，以期帮助作者达到选用要求。文不成熟，决不签发，不因人取文，以文稿质量作为第一要义。他曾因某教授的文章内容苦涩乏味，坚退不取。但对青年则鼓励前进，长沙阀门厂翻砂工人万方在 1979 年写了一篇处女作《医史研究三议》，投了几家杂志社均被拒之门外，拒不选用，改投《山东中医学院学报》。周凤梧见到此稿后，对工人写史并未鄙视，反以编者的名义写了按语："万方同志提出的问题是值得重视的。应当在医史研究和医史教学中清除非历史学的观点。"并刊载于 1980 年第 1 期《山东中医学院学报》。发行后，确实引起了中医史学界的重视，该同志于当年被调进湖南省湘潭师专中国科技史研究室当了老师。1985 年第 1 期《山东中医学院学报》又选登了万方写的《自学医史浅陋谈》一文，周凤梧写了评语："一个初中程度的人，自学成才，而且有如此深湛的造诣，实在令人钦佩！'百善勤为先，万恶懒为首'，'业精于勤'，诚哉斯言！本人可为青年人的模范，本文可给后学以启迪。"可以看出周凤梧对青年一代抱有极深的感情和期望。他常说："一个刊物内的每一篇文章，要看它能够给读者多少东西，作为取舍标准；故凡高谈阔论，空泛无物，或华而不实之作，概爱莫能取焉。"体现了他对编辑工作的认真负责。

振兴岐黄，壮志不已

周凤梧为山东中医药事业的发展与振兴，呕心沥血。年逾古稀，仍老骥伏枥，壮心不已，为山东及全国的中医药事业作出了突出的贡献。

早在建国初期，周凤梧便放弃了个人繁忙的门诊业务和可观的收入，毅然响应政府号召创办济南市第一联合诊所，筹组济南市中医学会，为济南市中医药事业奠定了基础。

周凤梧自 20 世纪 50 年代调入山东中医学院，以其雄才博学，在山东的中医药学术团队中起着举足轻重的作用。历任中华中医药学会山东分会副理事长，协助理事长刘惠民等，大至规划中医工作，小至一个学术会议，甚至于省科协布置的一些自然科学基金中医方向研究项目或论文评选，他都亲自主持。周凤梧对中医工作敢于提出个人见解，坚持正确的意见，知难而进。甚至忍辱负重，遭人责难。但他昂首直前，表现了一个正直的中医人的正统气概。正如周凤梧在《光明中医》题词所言："我是四代中医，只要为了中医事业的振兴，责无旁贷，甘愿鞠躬尽瘁，死而后已。"

生性豁达，酷嗜国画

周凤梧是个心胸豁达的快乐之人。本来学校里给他安排了更宽敞明亮的住宅，他却眷恋着趵突泉，不肯搬离。在泉畔三室一厅的旧式小楼里，他的书房既是画室又是诊室，还是会客厅。但他总把小屋收拾得清净雅致，命名"四乐斋"。其意为：奉献是乐，助人为乐，书画最乐，知足常乐。并特制一方印，用于偿还画债。

周凤梧 1931 年毕业于济南国画学校，从师名画家黄固源。周凤梧攻花鸟、虫鱼、人物、走兽，尤其擅长画虎，形神兼备。索画者，积纸盈尺。作品《月季》载于《济南市卅年美术、书法作品选集》（济南市文学艺术界联合会印制）。《孤芳独赏难争艳，万紫千红总是春》被选入全国各民主党派成员作品送北京展览。还有《群芳争艳》《旭日苍松》《虎啸生风》《鸳鸯》《梅雀》等作品先后被邀送淄川蒲松龄纪念馆、临邑邢侗纪念馆、《浙江中医学院学报》《上海中医药杂志》《红专》杂志，《中国中医药报》《中医报》《杏林春雨》报纸展藏、刊登，并流传到美国、加拿大、日本、韩国等地。曾有人代售其作品，周凤梧说："我的画一钱不值，给钱不卖。只是以艺会友，所谓'秀才人情纸半张耳'。"

成绩优异，奖励有加

周凤梧先后多次受到省市和单位的奖励。1954～1956年被评为济南市医务先进工作者，1956～1957年被评为山东省卫生先进工作者，1963年被评为山东中医学院附院先进工作者，1978年被评为山东中医学院先进工作者，并颁发科研成果奖状，1985年被山东省政府授予优秀教师称号，同年山东中医学院向其颁发从事中医事业40余年荣誉证书，1986年被评为山东中医学院优秀共产党员、优秀教师，1987年被山东省教育厅授予从事教育工作30余年荣誉证书。1987年在山东省高等学校优秀科研成果奖励大会上，《黄帝内经素问语释》荣获著作一等奖，《实用中医妇科学》荣获著作三等奖，同年《大蒜的医疗作用》荣获山东省优秀科普作品二等奖，"小儿消食片"荣获山东省科学技术进步奖，《古今药方纵横》获山东省教委著作二等奖。1990年荣获山东中医学院颁发的"在指导研究生工作中，教书育人，为人师表，成绩优异"荣誉证书。《实用方剂学》于1991年1月荣获山东省教育委员会科学技术进步著作一等奖，并荣获北方十省市（区）优秀科技图书评选委员会 1989 年度优秀科技图书二等奖。1993 年 10 月开始享受政府特殊津贴待遇。周凤梧谦恭谨慎，从不夸耀自己。他常说："荣誉只能说明过去，在研究中医科学事业上，永远有攀不完的高峰。"且言行一致，直到最后仍在勤奋写作，为提携后进而积极工作着。

周凤梧对中医药事业，兢兢业业，耕耘不辍，取得了不朽的成绩，作出了积极贡献。有人曾为周凤梧题一轴条幅，可作为他一生的写照。词曰："钢笔是武器，阵地是处方，三个指头探明病魔来路，一双慧眼望穿罹患迷障。一生戎马倥偬，两鬓吐絮飞霜。指挥无数扶正祛邪的战斗，培养几多杏坛精兵与良将。半个世纪的风风雨雨，写就十部辉煌的乐章。抽暇翰墨自遣，丹青百花齐放，笔下莺歌燕舞，纸上寒梅生香。"

本文参考《周凤梧学术经验辑要》（刘持年主编，山东科学技术出版社，2001 年）、《中华中医昆仑·周凤梧卷》（张镜源主编，中国中医药出版社，2011 年）、《"四乐斋"里话忧乐——访山东中医药大学教授、中医药学家周凤梧》（王永新，山东政协报，1997–7–11）编辑而成，原载《山东中医药大学报》2016 年 4 月 15 日第 8 期，收录时略有删改。

伤寒大家　名师垂范
——记名老中医李克绍

　　李克绍（1910—1996），字君复，山东牟平人。著名医家、伤寒学家，山东中医学院（现山东中医药大学）教授。著作有《伤寒解惑论》《伤寒论串讲》《伤寒论语释》《伤寒百问》《漫话胃肠病的中医治疗》《金匮要略浅识》（合作）等。

　　李克绍于 1910 年 10 月出生在山东省牟平县龙泉乡东汤村的一个农民家庭。他 7 岁入学，读完四年制国民小学，又入高等小学读了 3 年，毕业后在东汤村西头龙泉小学办的读经补习班攻读了 5 年，主要课程是四书、五经、古文等，奠定了李克绍深厚的古文基础，也为他自学中医创造了有利条件。

　　李克绍 19 岁当上了小学教师，在从事教学工作的 10 年中，因感农村缺医少药，他常利用课余、晚间、假日的时间，口不绝吟，手不停抄，终于在无师自学的情况下，粗通了《黄帝内经》《难经》《伤寒论》《金匮要略》《神农本草经》等经典著作，也阅读和背诵了很多后世医家的方药、杂病等医籍，1935 年参加烟台中医考试时以第二名的优异成绩被录取。

　　李克绍取得合法行医执照之后，便弃儒从医。曾在原籍自设药房开业，在当地群众中颇有威信。后在烟台、大连等地挂牌行医。中华人民共和国成立后，在威海市联合诊所工作，1956 年，联合诊所被国家接收，改为卫生所。1959 年被调到山东中医学院任伤寒教研室讲师，后晋升为副教授、教授。1978 年成为首批硕士研究生指导教师。曾任伤寒教研室主任、中华中医药学会仲景专业委员会顾问，并被聘为张仲景国医大学名誉教授。1984 年参加九三学社，翌年加入中国共产党。

　　李克绍博览群书，学识深厚，医理精湛，从医从教 50 余年，发表了大量学术论著，在国内外极有影响。尤其值得一提的是李克绍所著《伤寒解惑论》，见解独到，观点新颖，可以说是当代《伤寒论》研究的突破性成果，影响远及新加坡、日本等地，深受国内外中医界好评，奠定了李克绍在《伤寒论》研究史上的地位。

锲而不舍，自学典范

李克绍认为中医能愈病，既然中医有良好的疗效，相信有效果必有其所以然的道理，于是坚定了学习中医的信心和决心。李克绍家境并不充裕，学医又无家传师承，从旧社会一个普通的小学教员，到晚年成为国内外知名的中医学家，靠的是孜孜不倦、锲而不舍的进取精神。他早年爱好广泛，书法、音乐、戏剧、文学等，无不涉猎，而当立志学医之后，便放弃了这些爱好，把全部精力放在医学上。他数十年日日晨起必读，夜晚笔录，已成习惯。而且，无论在家或外出，有暇便读，常废寝忘食。李克绍读书每遇难解之处，总是苦思冥想，直至得出满意的解答才肯罢休。由于家境清贫，买书不易，常常借书手抄。正是这样认真地边读边抄，才使青年时读过的医学典籍，一直都能背诵如流。李克绍常说："无师传教，养成了苦思的习惯；买书不易，锻炼了背书的功夫。"又说："强记硬背，功夫不白废。""读书百遍，其义自见。"这种刻苦的自学精神，是李克绍学医成功的经验之一。

李克绍衣着俭朴，饮食简便，情志恬淡，不慕名利，始终把研究学问、追求知识作为人生最大的乐事。他几十年如一日专心致志于中医学研究，直至晚年，仍手不释卷，勤于写作。正是经过终身不懈的努力，才使他无师自通，为中医事业作出了突出的贡献，奠定了在当代伤寒学术史上的地位。《人才》杂志曾发表署名文章，介绍他的自学经验，作为自学成才的典范。

治学严谨，善于读书

李克绍素以治学严谨著称，最反对在学术上人云亦云，不求甚解。他读医书，也看注解，但决不盲从，而是认真探讨，反复论证。他常说:"读书虽多而不求甚解,充其量不过一书贾尔。"在多年的自学研究过程中,他逐渐形成了一套读书与研究问题的方法。

(一)博览群书,由博返约

李克绍认为,中医学的根基是《黄帝内经》《难经》《神农本草经》《伤寒论》《金匮要略》等,这些经典著作对于中医的生理、病理、药理、诊断、治则等都有重要的指导意义。但仅靠这些经典著作还不够,因为这些著作,毕竟是原则性的理论较多,若不加以阐发论证,不结合临床经验,仍不易学深学透。这就要求学者,除经典著作外,还要广泛地阅读其他医家著作,尤其是历代名家的著述。但只博读还不够,还要由博返约,从全面资料中归纳出几个重点,从不同的现象中找出规律,不下功夫,不学深学透是做不到的。比如陈修园在其著的《医学三字经》中有:"迨东垣,重脾胃,温燥行,升清气。""若子和,主攻破,中病良,勿太过。""若河间,专主火,遵之经,断自我。""丹溪出,罕与俦,阴宜补,阳勿浮。"他把李东垣的用药规律,归纳为"重脾胃,升清气";把张子和的用药规律,归纳为"主攻破";把河间诸说归纳为"专主火";把朱丹溪的《格致余论》等归纳为"阴宜补,阳勿浮"。这就是由博返约。这样的归纳,言简意赅,易于掌握,也便于记忆。

对于金元四大家,李克绍从其治疗技巧上做了进一步归纳。东垣诸方之所以补而不壅,全在于补中有行。如升麻、柴胡、陈皮、木香等气分药,都是他常用的配伍之品。河间诸方之所以寒不伤中,全在于寒而不滞。其常用药如走而不守的大黄、芒硝自不必说，就是守而不走的芩、连、栀、柏等也都与枳实、厚朴、木香等气分药合用，使寒苦之药，只能清火，不至于留中败胃。虽然有时也纯用守而不走的苦寒剂，如黄连解毒汤等，但这是少数。子和主攻破，毕竟是施与经络闭塞或肠胃郁滞之实证，如果不实而虚，即非所宜。丹溪养阴，也是在误服金石燥烈药，元阴被劫，相火妄动的情况下才相宜；如果阴盛阳衰，亦为大忌。

李克绍在学习中还把四家学说进行了归纳：张子和的攻破，是祛邪以安正；李东垣的重脾胃，是扶正以胜邪。当正虚为主时，采用东垣法；邪实为主时，采用子和法，二者并不矛盾。刘河间之寒凉，是泻阳盛之火；朱丹溪之补阴，是治阴虚之火，两家都能治火，只是虚实有别。通过李克绍这一归纳，主次有别，临床就可以根据邪正虚实，取各家之长，对证选方，并行不悖。这就是由博返约。

（二）尊重古人，不迷信古人

李克绍认为，任何名家权威，都会有千虑之一失。这就要求我们既要尊重古人，又不迷信古人。读书要善于选精去粗，瑕瑜分明。他举《黄帝内经》《难经》为例，《黄帝内经》《难经》是中医理论的宝库，但这些宝贵的经典著作中，也存在着脱离实践的糟粕。如《灵枢·经水》以中国江、河、淮、湖、海等比拟十二经脉，意义就不大。《灵枢·阴阳二十五人》认为，人从7岁起每加9岁，如16岁、25岁、34岁、43岁、52岁、61岁，皆形色不相得者的大忌之年，这更是形而上学。《难经·四十一难》解释肝脏为什么有两叶，认为是"去太阴尚近，离太阳不远，犹有两心，故有两叶"。《难经·三十三难》用五行解释肝肺，不但把五行讲成教条，且说肝在水中生沉而熟浮，肺在水中生浮而熟沉。其说法也与客观事实不符。还有《难经·十九难》的"男子生于寅""女子生于申"等，星相等引用这样的术语，还有可说，若在有关生命的医学著作中引用，岂不荒谬！

所以，李克绍强调，读经典著作要一分为二。即使对其注疏，阅读时也要有分析、有判断。因为有的不是错在经典原作上，而是错在注疏上。如不加以分析，照搬不误，就会自误、误人。李克绍举《伤寒论·辨脉法》中的"风则伤卫，寒则伤荣"为例，认为不管这是王叔和加入的，还是《伤寒论》所固有的，都是似是而非不可捉摸之词，尽管这种学说已经延续了近2000年，也不要人云亦云，不懂装懂。再如伤寒传经之说，本来一部平易近人的外感、内伤辨证学，却用什么循经传、越经传、首尾传、表里传、传足不传手等虚构之词，把《伤寒论》越讲越离奇，越讲越糊涂，越讲越脱离临床。如此读了不加批判，就不如不读。

（三）钻得进去，跳得出来

李克绍认为学习中医学，根据内容的不同大概可分为两种情况：一种是以物质为基础的，如生理、病理、药理等，这些必须仔细钻研，学深学透，牢牢记住，不可似懂非懂。另一种是属于象征性和概念性的，如五行生克、"心为君主之官"等，这些只要明了其指归、大意就可以了，不然会钻牛角尖，走进死胡同。如前面提到的"风则伤卫，寒则伤荣"，对这个问题的分析，李克绍就采取了钻进去的方法。什么程度算是风？风又为什么选择了卫？什么程度算是寒？寒又为什么选择了荣？这不是钻牛角尖，是正确的学习态度。李克绍为了解决这个问题，查遍了自己所能找到的一切注解。公认的说法是：风属阳，卫亦属阳；寒属阴，荣亦属阴。那么风之所以伤卫，寒之所以伤荣，是以阳从阳，以阴从阴的缘故。李克绍认为这样的注释太玄妙了，不能人云亦云。于是结合《黄帝内经》，详细阅读，仔细推敲，终于发现，并不存在什么"阳从阳""阴从阴"的奥秘。太阳中风和伤寒，有汗和无汗，只不过是卫气受邪后的开阖失司而已。这样，从病理得到了正确的解答，就是钻进去了。

李克绍认为，钻进去与跳出来是辩证的统一。如吴鞠通跳出伤寒圈子，并非他不钻研伤寒，相反地，是已经在伤寒方面下了很大的功夫，但在临床上单走伤寒这条路又走不通，才跳出伤寒圈子而另走新路，撇开六经辨证，改用三焦辨证；不用辛温发汗，改用辛凉解表；不必先解表后攻里，也可以表里双解或先泄下，使下后里气通而表邪亦解。这足以证明，只有钻进去，才能跳出来。

（四）不求甚解，必求甚解

李克绍认为，作为治学方法而论，不求甚解与必求甚解这两种方法要根据不同的学习内容来评价。如中医这门学科，其名词术语有象征性的、概念性的，也有属于实质而具体的。如"三阳为父""三阴为母""三阴三阳的开合枢"，以及"肝为将军之官""肺为相傅之官"等，这些抽象的概念只求明白大意，弄清精神实质就可以了。这也可能是陶渊明不求甚解的真正含义。若硬将这些术语与"父""母""将军""相傅"相对证，指这指那，说长论短，就必求深反凿，陷进去而拔不出脚来。至于另一些，如"阳不归阴""清阳下陷""血中之气""气中之血""引火归原""滋水涵木"之类，都是生理、病理、药理的具体说明，属于实际性问题，则必须寻个究竟，不能轻易放过。

（五）自学善思，教学相长

李克绍的学习，既无师承，也无益友，基本上是自学。李克绍在自学中，遇到的难题很多，多冥思苦索，而一旦有所悟，却又记得非常牢固，比只听人讲深透多了。所以李克绍对于医学中的某些问题，常有与他人不同的看法。这可能是他思维不受"框框"的束缚，破旧就比较容易的缘故吧！所以，他常说："凡事都要一分为二，缺乏良师益友，迫使我主观努力，坏事也变成好事。"

即使有良师益友，仍需通过自己的主观努力，把师友的见解化为自己的知识。李克绍认为，对老师一定要谦虚，但老师也是普通人，不会白璧无瑕，处处正确。学习就应采取这样的态度。转教学生，也应提倡学生采取这样的态度。李克绍还说："余在《伤寒论》的教学中，就有几个问题，是在同学提问的启发下才得到解决的。"

临证灵活，斫轮老手

李克绍对中医理论，学得扎实，用得灵活。其辨证常出新意，其用药常出奇兵。故临床处方，有其独特的风格。善用经方，但又不限于经方，常以己意自制新方。处方用药颇得仲景心法，轻巧而灵活，药简而效速。

李克绍曾说，初学中医时有一个想法，就是不全面掌握中医，绝不临床看病。这个想法经实践检验，真是太幼稚了。内外妇儿，伤寒杂病，头绪纷繁，千变万化，要掌握全面，非倾注毕生精力不可。而且要学就要结合临床，如果脱离临床，又想学得全面，岂非纸上谈兵？可是李克绍是在没有老师指导的情况下自学中医的，无师指导搞临床，比无师指导啃书本难度更大。因为啃书本，李克绍有古文基础，而搞临床却没有基础。因此，对于行医来说，走的弯路更多。弯路多，失败的教训也就多了。但是这些失败的教训，正好可以作为后学者的借鉴。

（一）"医之所病，病方少"

李克绍之医学，是自背书起始的；李克绍之行医，亦是自背书起始的。1935 年，在烟台参加中医考试，李克绍是凭着背书熟，被录取为第二名，成为正式医生。李克绍接诊的第一个患者，是所在村的一个年约四旬的男性，自诉气短，别无他证，经过医生多次治疗无效，李克绍想起《金匮要略》"夫短气有微饮，当从小便去之，苓桂术甘汤主之，肾气丸亦主之"，于是采取第一方：茯苓、桂枝、白术、甘草，原方与服（当时尚不会加减变化），不想只服下 1 剂，症状竟完全消失。自此背书、行医的信心也大增。

此后，求诊的人逐渐多起来，李克绍原先所设想的全面掌握之后再行医，实际也不可能了。在行医初期，主要是以背为用，照搬照抄。虽取得了一些疗效。但还有一些病是书上没有见到过的，便无从出方，开始感觉所读的书、所记的方太少了。"医之所病，病方少"这正是李克绍那时的心理写照。

李克绍认为对"医之所病，病方少"，应当辩证地看。他开始临证时，为了避免临时手足无措，胸中总要先储备一些成方。在病家邀诊时，必先问问患者哪里不痛快？如说头痛，就把有关治疗头痛的方子默想一遍，记不清的再查一遍书，务必在赴诊前胸有成竹。既至临证，又往往把所见的症状硬往所记的方子上套，就连脉诊，也往往是这个方子需要什么脉，而患者的脉仿佛也正好是这个脉。总之，常把患者的脉症，强行纳入事先想用的方剂范围之内。如此，有些病自然治不好。"病方少"，说明作为一名中医应该多读书、多背方。但方子背了不少，临证也有成方，为什么还治不好病？这时李克绍逐渐认识到，看书少绝对当不了好医生。为什么呢？关键是过去的所谓"学"，只是皮毛，实际上中医"辨证论治"的真谛没有真正学到手。有了这一番认识之后，李克绍的学习和临床有了一个新的飞跃。

（二）胸中无半点尘者，才可临床

李克绍认为著书、作注、看病都必须摆脱一切先入为主的框框，并且指出：所谓飞跃，指的是不再重视成方了，而开始重视"辨证论治"，重视辨证思维和方法的研究。他逐渐在临证前不准备成方了，而是注重运用中医基本理论和四诊方法，去观察患者的各个方面，抓住疾病的本质，选用对证之方，并且在无成方可用之时自组方，这些自组方也确实取得了满意的疗效。李克绍有些自创经验方，如鼻渊方、肾炎方、迁肝方、肺胀方等，药味不多，效果很好。就在此时，他才真正尝到了中医的甜头，走进自由王国。

李克绍经过死套成方的失败后，深深感到自己临床的"尘"太多了，书也读"死"了。知常达变，活法无常，随证治之，才是中医的精髓。所以，他指出：只有胸中无半点尘者，才会临床行医，诊病处方。只要胸中无"尘"，临证随手拈药组方，也会效如桴鼓。

李克绍自从摆脱教条，注重辨证之后，不但临床治病比以前更有把握，而且对于阅读医书，也觉得和从前不一样。从前他只喜欢看有方有药的著作和开门见山的医案，而对于理论性的著作和需要自己分析的医案，就看不进去。可是对辨证有了深刻体验之后，治学态度发生了根本性的转变，不但喜欢看理论性的著作，而且看病案也有了自己的分析鉴赏和批评能力。从教以后，李克绍始终对现行的各科临床教科书不满意，认为在"辨证"上写得不深不透，分型分得太死，在一定程度上接近于教条。因此，李克绍主讲的《伤寒论》课程，从来不用统编教材。

诲人不倦，一代良师

李克绍从教近40年，可谓桃李满天下。李克绍不但学术观点独到，教育思想和方法也颇具特色。他教育学生，首先提倡要善思。力主用辩证思维和逻辑思维学习中医，主要开发学生发现问题、解决问题的能力。他认为强记硬背固然重要，而对学习中医来说辨证论治的思维方法更为重要。所以他讲课往往是引而不发，课堂有"三问法"，就是：是什么？为什么？怎么样？他常说，中医的流派太多了，仁者见仁，智者见智，彼亦一是非，此亦一是非，如不善于分析，不善于思考，就必然如坠五里雾中。

李克绍教学的另一个特点是，处处注重与临床相结合。他认为中医理论虽然具有思辨性的特点，但最终理论是来指导临床的。研习中医学切忌脱离实际，空谈理论。

李克绍行医，始于医疗条件最差的农村，不但有大量的实践机会，而且广大劳动人民生病后，多任其自然发展，因此得以观察到不少疾病的初期、发展、转归的全过程，所以能从临床的角度，把教材的内容讲得更加生动形象，学生不但喜欢听，而且记得牢。有些毕业多年的学生，还经常提到，他们至今对李克绍讲授的《伤寒论》记忆犹新。有些学生说，他们临床之所以喜用经方，与李克绍教学有方是分不开的。

李克绍八十高龄时，虽然不给本科生授课，仍然带着研究生，一心一意为培养中医接班人而努力工作着。他平时寡言笑，但每有学生或青年教师来访，请教学术问题时，便口若悬河，常谈至深夜。有人劝他注意娱乐和休息时，他总是说："'得天下英才而教育之'就是古人的三乐之一。"

李克绍还以身作则，教育青年一代奋进不息。古稀之年，仍手不释卷，孜孜以求。他常引孔子的话"及其老也，血气既衰，戒之在得"以激励自己，"戒之在得"说明李克绍虽已迟暮之年，进取之心仍很坚强。

本文参考李克绍学生姜建国主编《李克绍学术经验辑要》（山东科学技术出版社，2000年）编辑而成，原载《山东中医药大学报》2016年4月22日第9期，收录时略有删改。

博极医源　乐育良才

——记名老中医徐国仟

　　徐国仟（1921—1995），山东省黄县（今龙口市）人，山东中医学院（现山东中医药大学）教授，博士研究生导师，全国教育系统劳动模范，全国著名中医学家。

立志习医，负笈京华

徐国仟 7 岁入本村私塾读书，习《三字经》《百家姓》《增广贤文》等传统启蒙读物，学习刻苦。1928 年就读于烟台信义小学，1933 年转入崇正小学，1934 年考入崇正中学，1937 年毕业。1938 年继续私塾学习，四书五经之外，经史杂记无所不窥，学识广博。由于母亲常年患病，四处求医但疗效不明显，于是便立志学医，并于 1941 年考入华北国医学院学习。该校 1931 年由北平四大名医之一施今墨创办，并任院长。课程以中医为主，兼设西医基础及外文课，学制 4 年，先后培养了 10 余届毕业生，是当时著名的中医教育机构之一，名医聚集，声震华北。该校课程设置较为合理，加之西学东渐，新潮涌入，教师思想开明，博古融今，为当时中医界最高学府。教材都是学院教师自编，首先讲解"医学大意"，包括医学史、中医基础理论、各科治疗等，作为医学入门；同时开设古文课，为阅读古籍医著奠定基础；此后再学《黄帝内经》《难经》《伤寒论》《金匮要略》等经典著作；接着学习中药、方剂、内、外、妇、儿、针灸、推拿、正骨等课；后期还讲授西医之生理、病理、解剖及临床课。授课老师都是北京的名医，如杨叔澄、顾膺陀、施今墨等。徐国仟在该校潜心求学，不仅掌握了中医基础与临床知识，而且学习了大量西医学知识，为以后从事中医事业奠定了良好基础。

1944 年，徐国仟以优异的成绩毕业。经同学孙一民介绍，成为施今墨入室弟子，随施老诊病，继续临证深造。施老虽然诊务繁忙，但对患者不论贫富贵贱，一视同仁，总是耐心仔细地为患者诊察，这种高尚的品德给徐国仟留下了深刻印象，成为他一生的行医指南。施老医理精深，临证经验丰富，用药严谨，既严格遵从古方，又灵活化裁应用，敢于创新，并且勤学苦读，总是利用诊治之余，研讨医理，苦读经书。这种刻苦读书的精神深深触动并影响着徐国仟，形成了其毕生治学苦读的性格。

悬壶芝罘，活人济世

1945 年秋，施今墨远赴南京。为生活所迫，徐国仟不得不另谋出路。后经人介绍，在母校华北国医学院担任庶务工作，后又在工厂帮忙。除工作外，他仍抽出时间学习，钻研医理。1947 年冬，徐国仟返回烟台，取得了行医执照，开始在烟台正式悬壶应诊。因其医学基础深厚，又经名师指点，往往药到病除，应手取效。不久便名震芝罘，声遍胶东。求诊问疾者越来越多，疑难大病也接踵而至，这更激励着他加倍钻研，不断学习。对医理的体悟和临证实践相结合，中西医结合诊查方法也不断熟练，医术日臻精湛，不仅小病随手而愈，疑难大证也往往能得心应手。

朝鲜战争爆发后，徐国仟积极响应党"抗美援朝"的号召，发挥自己的专业特长，积极投入爱国卫生运动中，他一面为群众治病，一面参加卫生防疫工作，受到了党和政府的表扬。1953 年，政府号召公私合营，徐国仟带头筹建烟台市第二联合诊所，并出任所长。同年，被选为烟台市中医学会副主任。徐国仟积极工作，为烟台市的中医事业呕心沥血，竭尽所能，受到了烟台人民的好评，被选为烟台市第一届人民代表大会代表，烟台市第一届政协常务委员。在此期间，徐国仟急患者之所急，想患者之所想，为许多患者解除了痛苦，积累了大量的临床经验，成为远近闻名的名医，同时也为以后的教学、科研打下了坚实的基础。

投身教学，培育良才

1956 年，徐国仟被选派到山东省第一届中医研究班学习。在这里，集中了当时山东各地中医药的名家和后起之秀，学习与研究并重，"如切如磋，如琢如磨"，浓厚的学术空气和自由研究的氛围，使徐国仟如鱼得水。经过 1 年的学习与研究，1957 年以优异成绩结业，被分配到山东省中医药研究所，担任教学工作。徐国仟作为骨干教师，曾为第一、二届山东省西学中学员讲授中医学经典著作《伤寒论》。同年，他被选为第二届山东省政协委员。1958 年，山东中医学院成立，徐国仟作为创校的第一批教师，开始了教书育人的生涯，时任伤寒温病教研组主任，主讲《伤寒论》等课程。之后，还先后讲授过《温病学》《中医基础学》《内科学》《中药学》《方剂学》《妇科学》。深厚的医学功底，宽广的学识，为其教学奠定了基础。1960 年，徐国仟被确定为讲师，成为山东中医学院最早的讲师之一。

在教学过程中，徐国仟废寝忘食，对所讲课程进行了深入研究。特别是在讲授《伤寒论》的过程中，除了逐条背诵外，还参阅了几十种注解本，做了大量读书笔记，并在此基础上编写了大约 30 万字的《伤寒论讲义》，于 1959 年油印，用于西学中班及本科班的教学，收到了满意的效果。

徐国仟对《伤寒论》有十分精深的研究，并形成了自己独到的见解。首先，仲景《伤寒论》是一部临床写实之作，当师其法而不泥其方。徐国仟认为，《伤寒论》是一部以三阴三阳为纲，以辨证论治为中心的朴实的实践医学著作，是一部临床写实之作。其中既有仲景临证成功的经验，也有失败的教训。从这些经验和教训中，高度地概括出了中医辨证论治的法则。这些宝贵的医疗经验之所以历两千年而不衰，在于它的实践性和灵活性。因此，读《伤寒论》必须先读原文，独立思考，但不能死于句下，当师其法而不泥其方，应于无字处悟医理，做到触类旁通，灵活运用。仲景之书示人的是规矩准绳，临证是中医学术的活水源头。其次，由博返约，穷其极而致中。徐国仟治学强调"博学慎思"。他常从"读懂一本书"入手开始一个专题的研究。而要想真正读懂一本书，仅限于读这一本书是不可能达到目的的。因此，徐国仟在研究《伤寒论》原书的同时，致力于东汉时期政治、经济、文化的研究，探索其产生的历史背景。又上探《黄帝内经》《难经》《神农本草经》，追溯《伤寒论》的学术渊源。徐国仟认为学术有其承继性，《伤寒论》的产生必受先秦医著的影响。如三阴三阳病六经说、六经传变日数说、发于阳者六日愈说、六经病欲解时说以及"名曰纵""名曰横"等均与《黄帝内经》《难经》有着千丝万缕的联系，只不过仲景赋予了其新的内容。仲景之药亦本于《神农本草经》，如术不分苍、白，芍不分赤、白等。若不了解这些知识，"桂枝去桂加茯苓白术汤"之用芍药而不用桂枝就不好理解。《伤寒论》成书后，研究者不下数百家，如不探其流，如何识仲景伤寒学术之博大精深？于是，徐国仟下探诸家，博识众长，穷极其理，然后由博返约，《伤寒论》研究中的某些观点不攻自破；穷两极而致中和，熔《伤寒论》各学术流派于一炉。再次，医圣经书，亦当一分为二。徐国仟认为，对《伤寒论》要有一分为二的认识，不能因为仲景是医圣，其书是经书，便奉为至宝，不动一字一语。既要看到它对后世的巨大贡献，又要看到其时代局限性，如该书在辨证上详于"寒"而略于"温"；在用药上重于"辛温"而忽于"辛凉"，即是其不足之处。学术总是在不断地发展，故宋代庞安时、许叔微、郭雍等人，即提出当于辛温药中加大青叶、知母等凉药，并初步补充，为温病学的形成开辟了道路。

徐国仟对中青年教师既耐心引导又严格要求。首先教会他们学习和备课的方法，然后对讲稿进行细致审阅，一个字、一个标点都要严格把关。徐国仟自己更是以身作则，每讲一次，均重新备课，吸收新的观点，补充新的内容。在学术上，徐国仟倡导"百家争鸣"，要求大家独立思考，大胆创新，不拘于一家之言，他常说："有争鸣才有发展，有争鸣才有统一。"这些做法，不仅促进了学术的发展，而且对青年教师的成长起到了良好的作用。对于研究生，徐国仟要求更加严格，教导他们要认真而刻苦地读书，他常说："学无捷径，唯有苦读。"只有博览群书，知识才会渊博，思路才能宽广。然后由博返约，才能做到融会贯通，不迷不误，取得事半功倍的效果。徐国仟从不约束他们的思想，而是鼓励他们在了解导师学术思想的基础上尽量博采各家之说，充分发挥个人的才能与智慧，进而提出自己的新见解。这样的要求，对学生影响很大，十几位研究生大都养成刻苦读书、勤于思考的好习惯，不论毕业后在哪一学术领域工作，都取得了优异成绩，有多人已成为所在学科的学术带头人。

徐国仟将毕生精力奉献给了中医教育事业，同时，也受到了党和人民的推崇。1962年光荣地加入了中国共产党。1978年

5月被评为副教授，成为山东中医学院第一批高级职称获得者；1980年又晋升为教授，成为当时山东中医学院4名教授之一。他还先后担任了中华中医学会山东分会理事、顾问，中华中医药学会中医基础理论学会山东分会副主任，中医高等院校全国统编教材编审委员会委员，山东中医学院学术委员会委员、学位委员会委员，山东省卫生厅医学科学委员会委员，济南市人民代表大会代表等职。

致力文献，皓首穷经

1964年，国家科委把《素问》《灵枢》《针灸甲乙经》等7部中医古籍列入重点研究项目。是年3、4月间，原卫生部中医古典古籍著作整理语译工作第一次会议在南京召开，山东中医学院承担了原卫生部下达的《针灸甲乙经》的校释工作。因为徐国仟在20世纪50年代就与周凤梧、王万杰等编写了中华人民共和国成立后第一部注释《素问》的著作《黄帝内经素问白话解》，受到中医界的普遍欢迎，因此，学院领导选派徐国仟参加《针灸甲乙经》的校释工作。1977年，原卫生部又下达文件，恢复这一研究工作，山东中医学院成立中医文献研究组，由徐国仟担任负责人，在当时十分困难的情况下，组建编写班子，重新开展整理研究工作。在徐国仟的带动下，大家夜以继日，收集资料，点校整理，注释研究，数易其稿，终于圆满地完成了这部百万字的巨著，1979年9月由人民卫生出版社出版。1978年11月，中医文献研究小组改为中医文献研究室，为专门的中医古籍整理与研究机构，徐国仟出任研究室主任。他带领研究室的同志与河北新医大学中医系合作，又完成了《黄帝内经素问校释》的编写工作，1982 年由人民卫生出版社出版。此后，中医文献研究室又对《内经素问吴注》《六因条辨》进行了整理研究。为了加强中医文献学的理论研究，提高古籍研究与整理人员的业务水平，1984 年编写了山东中医学院第一部中医文献学讲义《中医文献概论》和《字典辞典常识》，亲自在山东省医古文进修班讲授。1985 年，经山东省编制委员会批准，山东中医学院中医文献研究所正式成立，徐国仟所开创的山东中医文献研究队伍日益壮大，研究工作真正步入了正轨。从文献研究组到研究室、研究所，每一次发展均浸透着徐国仟的心血。今天中医文献研究所已成为山东省重点学科、国家中医药管理局重点学科和国家重点学科，徐国仟一代人的筚路蓝缕之功是不可磨灭的。

徐国仟认为中医学的活水源头，一在中医临床，二在中医文献。中国医药学在数千年的发展过程中，不仅为维护中华儿女的身体健康和中华民族的繁衍昌盛作出了巨大的贡献，而且还留下了许多宝贵的医学著作，在浩如烟海的医学文献中蕴藏着巨大的宝贵财富，有待于我们去挖掘和发扬。但中医古籍年代久远，历经辗转传抄、虫蚀剥脱，错误较多，如不及时整理，则有失传的危险。因此，整理中医文献是中医事业的当务之急，是振兴中医的百年大计。另外，经过数千年的积淀，中医文献中存在着许多耀眼闪光点，这正是中医学发展的基点和源泉，努力挖掘并发扬光大，才能使中医学不断前进。因此，只有认真地开展中医文献的整理研究工作，才能更好地发掘中医传统理论和丰富的治疗经验，才能更有效地为中医教学、科研和临床服务。

　　中医文献的整理研究是一项艰巨而复杂的工作，不仅要有深厚的中医基础理论功底，还要有文献整理所必备的目录学、版本学、校勘学和训诂学知识，更要有宽广的文史哲知识。为了适应这项工作，徐国仟经史子集无所不览，笔记杂传无所不涉，数十年如一日，阅读了大量的书籍，为从事中医古籍整理奠定了基础。在这期间，徐国仟担任着中医古籍评审组（华北、山东片区）成员，中医古籍评审组（山东片）组长，先后参与起草和审定了《中医古籍整理点校本编辑体例、抄写规格和标点注意事项》等一系列文件，撰写了《中医古籍注释的范围和方法》等论文，为中医药文献研究与整理的规范化做了大量工作。与此同时，作为课题负责人之一，承担着卫生部重点中医古籍整理项目《针灸甲乙经》的校注工作和《伤寒瘟疫条辨》的点校工作。徐国仟默默无闻地做着艰苦的工作，不仅对自己承担的项目按期保质保量地完成，而且对项目组（山东片）所有编写的古籍整理初稿，逐一认真审阅，即使寒暑假也不休息。

　　为了培养中医药文献研究的学术梯队，使中医药文献研究事业后继有人，徐国仟积极培养中青年学术骨干。针对中青年教师古汉语基础差、中医文献研究知识贫乏的情况，他制定了"传、帮、带"的工作方法，以老带青，老中青结合，边工作，边学习，边提高，培养出一批中青年文献专家。1988年，徐国仟又主编了山东中医学院系列教材《中医文献学》，在本科学生中开设选修课。为了培养更多的中医文献研究人才，徐国仟还积极倡导在山东中医学院创办中医文献专业本科班。经教育部批准，于1991年面向全国招生。作为全国唯一的布点专业，教材建设又刻不容缓地摆在了面前。徐国仟和所里的全体教师一道，进行了中医文献专业系列教材的筹划与编写，并亲自担任了《中医药文献学概论》《目录学》《版本学》3部教材的主编和《中医药文献检索与利用》一书的审稿工作。

徐国仟晚年，一是致力于《伤寒论》学术史的断代研究，并指导研究生完成了《〈伤寒论〉学术研究史略》研究；二是《〈伤寒论〉文献通考》的编纂。后者作为山东省教委重点学科建设的规划课题，也在徐国仟的努力下基本完成。

徐国仟一生宁静淡泊，生活俭朴，皓首穷经，勤于著述。在他平凡身后，留下了不平凡的巨大精神财富——他主编或参编的主要著作有：《伤寒论讲义》《黄帝内经白话解》《灵枢经语释》《针灸甲乙经校释》《黄帝内经素问校释》《六因条辨》《内经素问吴注》《伤寒瘟疫条辨》《针灸医籍选》《针灸甲乙经校注》《中医文献学》《中医文献学概论》《目录学》《版本学》。

徐国仟对事业执着追求的精神、渊博的学识，"中庸""平和"的治学风格，兼容并蓄的学术特点，虚怀若谷的处世风范，得到了学校师生的尊敬。党和国家也对徐国仟的工作给予了高度的评价。1978年，徐国仟领导的中医文献研究组荣获全国医药卫生科学大会"医药卫生先进集体奖"；1985年，《内经素问吴注》获山东省教育厅三等奖；1987年，《伤寒瘟疫条辨》获山东省教育厅三等奖；1989年，《针灸甲乙经校释》《黄帝内经素问校释》分别获得国家中医药管理局中医药科技进步二、三等奖；1989年，徐国仟被评为全国教育系统劳动模范，并被授予"人民教师奖章"；1991年4月，被授予山东省高等学校优秀思想政治工作者称号；1991 年 9 月，被授予山东省高等学校先进科技工作者称号；1992 年 10 月，徐国仟成为山东中医学院首批享受国务院政府特殊津贴的学者；1993 年 6 月，徐国仟被评为山东省高校优秀共产党员，同年 11 月，获得中华国际医学交流基金会"林宗扬医学教育奖"；也是在本年度，徐国仟被评为全国优秀教师，并荣获全国优秀教师奖章；1994 年被评为全省卫生系统先进工作者。

徐国仟致力于中医教育事业，几十年如一日，勤勤恳恳，兢兢业业；他教书育人，为人师表，为中医药事业培养了一大批人才；他严以律己，宽以待人，团结同志，谦虚谨慎，有很高的群众威信；他有高度的事业心、责任感，教学工作循循善诱，一丝不苟，取得了一大批研究成果；他廉洁自律，生活俭朴，从不计较个人得失，始终保持着优良的生活作风。徐国仟的一生，是为党的中医事业勤勉奋斗的一生，无私奉献的一生。

本文由徐国仟学生王振国提供，原载《山东中医药大学报》2016 年 5 月 6 日第 11 期，收录时略有删改。

悬壶济世　桃李芬芳

——记名老中医张珍玉

　　张珍玉（1920—2005），山东平度人，别号虚静，教授，博士生导师，全国著名中医理论家、临床家。张珍玉出生于中医世家，16 岁随父习医。20 世纪 40 年代开始独立行医，50 年代成为当地家喻户晓的名医。20 世纪 50 年代青岛市中医学校成立，张珍玉作为首批优秀青年中医被安排进修。1956 年，山东省中医进修学校成立，张珍玉作为首批师资培养对象被推荐入校。1958 年，

作为高水平师资培养对象被选派赴南京参加卫生部主办的中医教学研究班深造。1959 年，入山东中医学院执教，成为山东中医学院中医基础理论学科创始人和奠基者。自 1978 年开始招收硕士研究生，1987 年开始招收博士研究生。2002 年，批准为全国老中医药专家学术经验继承人，开始带徒。他治学严谨，多次主持自编教材，参加全国统编教材的编写。编著、出版高校教材和学术著作 20 多部，发表学术论文 100 余篇，主持指导完成及获奖多项省部级科研课题。积数十年理论研究与临床实践经验，创立了"治咳之要在宣降""脾胃分治论"，以及"肝失疏泄"包括"肝气逆"与"肝气郁"两证等广为学术界公认的新理论。荣获全国优秀教师、中华中医药学会成就奖、山东省科技兴鲁先进工作者、山东省卫生系统先进工作者、山东省有突出贡献的名老中医药专家、山东省名中医药专家等称号，享受国务院政府特殊津贴。曾任山东省第四、五、六届政协委员。曾任中华中医学会中医理论研究会委员、黄帝内经专业委员会顾问、中华中医学会山东分会理事、常务理事、中医基础理论委员会主任委员等。

习医之路，薪火家传

张珍玉出生于中医世家，其父悬壶青岛，医术精湛。1936 年，张珍玉 16 岁中学毕业后迁居青岛，开启以父为师的习医之路。第一步从背诵内容浅显易懂的《医学三字经》《药性赋》《濒湖脉学》《汤头歌诀》学起。父亲要求甚严，经常抽查，提出其中一句，要求必须熟练地往下背诵。两年时间，他全部背熟四书。继之转入第二阶段的学习，攻读《素问》《灵枢》《难经》

《伤寒论》和《金匮要略》等医学典籍。家父的观点是学无捷径，多记多背，打好基础，临证时才能得心应手。得益于严父的教诲，张珍玉很快有了扎实的理论功底。同时，经过数年随父见习的耳濡目染，已较熟悉临床常见病证和诊病常识。以此为基础，他开始了第三步习医经历，结合临床实践，加深理论理解。如随父见习时，见一位患者头痛，家父投以大承气汤，遂问其理。家父说：患者便秘拒按，苔黄脉洪，是阳明腑实证。阳明之热邪循经上冲，干扰清窍，故头痛。阳明经行于前，故痛位在前。至此他才真正领悟了"胃家实"之意。理论得到临床实践的一次次验证，大大激发了他学习中医的兴趣和热情，学习更加主动，学习的内容也向更深入和广泛发展，相继涉猎了《本草备要》《本草经疏》、金元四大家之著作、《景岳全书》《医宗必读》《西溪书屋夜话录》《医林改错》等名著。

经历了随父见习后，张珍玉转入门诊实习。他先诊过患者，再向父亲汇报病情，说明理法方药，对证了，才让开方，否则，父亲再给讲解。一次，他诊断一个胃痛患者，处方柴胡疏肝散，父亲问其思路，他说：患者饭前痛，喜按，嗳气，乃胃虚肝气乘之，肝气犯胃，治应疏肝和胃。父亲听后，点头称是。家父的一次次肯定，更加激发了他的自信心。经过一段时间见习和实习，张珍玉开始独立看诊。首次独立出诊，由于紧张，忘记问诊就匆匆切脉，许久也没有诊出是什么脉，只好反问患者哪里不适，患者却答："你试过脉不知是什么病吗？"借家父之"光"，患者给"小医生"竖起了下台的梯子：我咳嗽吐白痰，喘气困难，遇冷犯病，已经十几年了。回去问问令尊，再开方。他揪着的心这才放松下来，又切了脉，脉弦滑。回到家中，将诊病过程如实禀报，并开出二陈汤加味的处方，恭候家父教诲：此为外邪诱发痰喘咳嗽，应有解表药，小青龙汤加减更对证。经历一次次磨炼，成就了张珍玉在而立之年的精湛医术。如他曾诊治一远亲，如死状，医院不予治抬回家中，请他处方，他仅凭患者目赤一症断为阳厥，予四逆散两剂而苏。另一男性患者已过而立，久患胃疾身羸但脉弦大，他诊毕说："此脉症不合谓之逆，此疾难已。"未开处方，不久患者果然去世了。

著书育人，重视思路

1956 年，张珍玉被选调到位于济南长清县灵岩寺的山东省中医进修学校任教。从医疗到教学，对张珍玉来说又是一个人生的转折点和考验，没有教学经验，学校刚成立也没有教材。他边备课，边教学，边编写教材，根据教学目的要求，分类选编了《黄帝内经摘要》。他既体验到了初涉教学的艰辛，更体会到了教学相长的快乐。如学生问："脑为奇恒之府，中药并没有入脑的药物，临床上怎样治疗脑病。"他通过查阅资料，认真思考，结合临床体会，和同学展开讨论，终于得到结论：心主藏神，为五脏六腑之大主，肝主藏血，肾主藏精，生髓而通于脑，因此，脑病中医临床多从心肝肾辨证论治，而临证脑病实多治心，虚多治肾。

1959 年，张珍玉登上了山东中医学院的讲台，同样面临着教学内容和教材问题，他潜心研究教学内容和教学规律，致力于编写适应不同层次学生的教材。20 世纪 60 年代出版了本科自编教材《黄帝内经摘要注释》，并参编了全国中医院校本科试用教材（二版）《中医诊断学》；70 年代参编全国高等医药院校中医院校本科教材《中医学基础》；80 年代先后担任国家卫生部高等医药院校中医专业教材编审委员会委员，主持自编了山东中医学院首届本科少年班教材《中医学导论》《脏象经络学》《病因病机学》，参编全国高等医药院校教材《中医基础理论》；90 年代主编全国高等医药院校专科教材《中医学基础》。

从 20 世纪 60 年代始，张珍玉先后承担《中医基础理论》《黄帝内经》《中医诊断学》《中医各家学说》《难经》等多门中医基础课程的本专科教学工作。张珍玉在严谨的治学环境中学医，在实践中习医，造就了他深入浅出、生动形象的教学方法。

他在教学中，常仿家父施教之法，考查鞭策学生。如他治疗一小儿尿频案，以健脾益气法，处以四君子汤加味。分析病案时，他首先提问学生这一治疗思路的相关经文是怎样说的？见学生犹豫不能作答，他提示在《灵枢·口问》篇。学生找到答案："口问"篇云"中气不足，溲便为之变"。

张珍玉教学重视培养中医学思维方法。他在八十高龄给全校师生主讲"中医理论与临床"的专题讲座时，讲到活血化瘀药的组方用药规律，提出：《伤寒论》活血化瘀方，如抵当汤、抵当丸、桃仁承气汤等，为什么不用红花？这是如何用中医思维方法认识药物的问题，中医理论强调"近乎天者亲乎上，近乎地者亲乎下"，一般而言，花、叶、子有向上、向外生长之性，治上焦病；而根有下行、内收的趋向，多用治下焦病。红花是"花"，有上行之功，而《伤寒论》所治瘀血在下焦，故不用红花。所以后世的生化汤、少腹逐瘀汤等都没用红花。他说：只有沿中医学的思维方式，在中医理论指导下去分析和认识药物才叫中药。虽然处方中写的是中药名，但是在现代药理指导下应用，那就不能称其为中药方。他还善于从日常教学的点点滴滴中培养学生的中医学思维方法。1999 年临床遇到一高血压患者，查体血压高，仅舒张压高，无明显临床体征。当时学生不知从何辨证，他提出：血压是借助仪器测到的客观指标，完全可以纳入中医学思维模式中为我所用，从阴阳角度分析，收缩压属阳，舒张压属阴。阴中复有阴阳，舒张压高说明是阴虚为主，从滋阴入手，以六味地黄汤加减治疗而愈。张珍玉重视培养中医学思维方法的教学方法可谓是抓住了学好中医的命脉。

重视经典，学以致用

　　张珍玉特别重视中医经典理论的研究，他常说：中医学之所以富有生命力，在于其理想的临床疗效，而好的疗效源于中医理论的指导，中医理论的根基就是《黄帝内经》《难经》《伤寒杂病论》等经典之作，重视中医理论研究必须从深入研究中医经典著作入手。积多年研究《黄帝内经》等经典理论的成果，他分别于20 世纪 60 年代出版了独著《黄帝内经摘要语释》，主编《灵枢经语释》；20 世纪 70 年代公开发表了《病机十九条临床应用》《简论〈金匮要略〉》《〈黄帝内经〉的五郁及其临床意义》；80 年代出版了独著《内难经通论》，并在《山东中医学院学报》连载了《读〈内经〉札记（一）～（八）》等多篇代表他经典理论的论著、论文。文中不乏他研读经典的真知灼见，经典指导临床的体会。诸如"邪之所凑，其气必虚之虚，有整体之虚、局部之虚和暂时之虚的不同"；更有他以经典理论指导临床，效如桴鼓的验案，如以《素问·至真要大论》"诸寒收引，皆属于肾"之论，指导治疗一男性阴茎勃起痛患者，投与肾着汤加胡芦巴 3 剂而愈。

对经典著作的研究，张珍玉提倡"学以致用""古为今用"的研究思路，反对为经典而经典的研究方法，将经典理论验之于临床，真正体现了读经典，做临床的思想。如他曾治一患者，女，42岁，头发全脱5年有余。详诊之，患者素日少言懒动，动则气喘，易于汗出，舌脉如常。治以补肺固卫，益气和血，以黄芪益气汤加减，汤、丸并用，3个月后，患者黑发全生，一如常人。这一"脱发治肺"的思路，正是基于《灵枢·经脉》"皮肤坚而毛发长"，《素问·痿论》"肺主身之皮毛"，《难经》"损其肺者，益其气"等经典医理，是张珍玉研经典、做临床的体现。20世纪90年代张珍玉明确提出"脱发治肺"新观点，自创黄芪益气汤一方为主加减，治疗脱发，疗效甚佳。方药组成如下：生黄芪20g，党参15g，当归9g，炒白芍9g，炒白术9g，桂枝6g，桔梗6g，茯苓9g，炙甘草3g。水煎服，日一剂，两次分服。

临床辨证，脏腑为要

张珍玉不仅具有坚实的理论基础，还善于将理论与实践有机结合，积累了丰富的临床经验。他在实践中既重视理论对临床的指导作用，更强调要总结临床，深化理论，提高疗效。当今社会，由于竞争激烈、生活节奏加快、人们精神紧张、心理障碍，以及人际关系不和等因素而患病者日渐增多。张珍玉敏锐地观察到了这一临床现状，于20世纪80年代始深入研究中医肝主疏泄、调畅情志的肝藏象理论，结合大量的临床实践提出：诸病皆可从肝论治理论。明确指出：肝失疏泄分太过、不及两端。肝之疏泄太过，治宜"疏肝"，方用《景岳全书》之柴胡疏肝散化裁。肝之疏泄不及，治宜"舒肝"，方用《太平惠民和剂局方》之逍遥散化裁。张珍玉临床擅长从肝论治经前期综合征、胃脘痛、头痛、遗精、痛经、子宫肌瘤、前列腺炎等诸多病种，均取得了显著疗效。1996 年，他治疗一遗精患者，辨证属肝郁化火、火扰精室，治以舒肝解郁为主，佐以清心泻火，方选逍遥散合三才封髓丹化裁，12 剂病告痊愈。在张珍玉肝失疏泄理论指导下，2000 年成功研发的治疗经前期综合征肝气逆证新药经前平颗粒，为众多女性患者解除了病痛。

张珍玉从事中医临床 60 余年，临证强调辨证论治，特别重视脏腑辨证，积累了丰富的诊疗经验。他结合多年理论教学与临床实践提出了"治咳之要在宣降"理论，他认为，咳嗽的辨治，当首分外感与内伤，究其治法，亦不外两途：外感重在宣发，佐以肃降；内伤重在肃降，佐以宣发。宣与降的侧重，既应注意药味的比例，又须留心宣降剂量的比例，还需根据肺失宣降的程度，酌配升降药对，参以调理气机的动药。自拟桑薄清宣汤一方，临证加减治疗外感咳嗽，常获神效。桑薄清宣汤基本方药有桑叶、薄荷、牛蒡子、板蓝根、桔梗、炒枳壳、紫菀、川贝、甘草。

"脾胃分治"理论是张珍玉的主要学术特点之一。他强调脾胃虽同为后天，但两者生理病理特点有别，在治疗上亦应当区别对待。治脾胃病总以甘味为主，其中辛甘入脾，辛苦入胃；治脾当升，治胃宜降，脾胃同治，各有侧重。张珍玉的"脾胃分治"理论指导治疗胃脘痛、泄泻、食少等脾胃病证，临床疗效显著。

张珍玉临床辨证论治，疗效显著的验案不胜枚举，体现了灵活化裁古方的特点，且对于不少疑难杂病，亦常有出乎意料的治疗效果。如知柏地黄丸加减治愈不射精案；柴胡疏肝散合四君子汤加减治愈咬牙案；逍遥散加减治愈血精案、乳泣案；逍遥散合四君子汤加减治愈触按腰腹嗳气案、腋下汗出案；参苓白术散加减治愈夜半子时手足麻木案；补中益气汤加减治愈食后头痛案；瓜蒌薤白半夏汤合逍遥散加减治愈纵隔囊肿案；白头翁汤加减治愈冬季菌痢案；银翘散加减治愈口疮案……可谓辨证中肯，效如桴鼓。

医德仁术，芳名流传

张珍玉医术名扬四海，医德更是有口皆碑。他在几十年的行医过程中常见仁术之举：对所有求诊患者不论是乡村贫困农民，还是城镇大款；不管是平民百姓，还是政府官员；也不管是中国人抑或外国人都一视同仁。他常说：作为一名好医生，对患者既要严肃认真，又要和蔼可亲，因此，他在临床诊察过程中，体贴患者不愠不躁，询问病情，认真仔细一丝不苟。患者贸然到家中造访，他从不厌烦；有人忘记"挂号"，他照看不误；四面八方的各种求治信件，他在百忙之中都一一回复；为了能让尽可能多的患者得到就诊机会，更是为了让学生多见识一些病种，他到85岁高龄时仍坚持门诊，一般从早晨7点多工作至中午12点多，有几次他感冒还带病坚持门诊，不仅让学生，更让求诊的患者感动不已。他临证用药以药性轻灵，药味少，药量小见长，堪称经方一派，临证时，不需吃药的便不开药，3剂药能愈的不开6剂，廉价药能解决的不用贵重药，既节省了药材避免了浪费，又减轻了患者的经济负担，被患者称为"给老百姓看病的医生"，更体现了"医乃仁术"的真谛。张珍玉高尚的医德医风，展现了一代名医的优秀品质，更为我们树立了楷模，指明了今后努力的方向。

养生之道，身心并调

张珍玉到 85 岁高龄时，除耳朵需借助助听器外，仍精神矍铄，反应灵敏，思路清晰，一直工作在教学和临床带教一线，直到生命最后一息。张珍玉自有他独到的养生之道和秘诀。

张珍玉推崇《素问·上古天真论》"食饮有节，起居有常，不妄作劳"的养生之道。他常说：生命在于运动，通过运动才能使人体经脉气血流通畅达，健运脾气，保证饮食的充分消化吸收，这样身体才能健康，疾病就不会产生。但对人体而言太过不及都是病，因此运动必须动而中节，特别是对老年人，动而适度是运动养生必须遵守的。同时，运动要持之以恒，才能达到运动健身的效果，他在 2002 年《家庭中医药》的专访中说道：调神调身，贵在一个"恒"字。他的养生信条是：身以常动，起居定时。自 20 世纪 50 年代开始，他每天早晨上山，既不打太极拳也不练气功，只是上山走一趟，约 1 小时；不论严寒酷暑，风雨无阻，坚持锻炼，40 多年来从未间断；生活比较有规律，无论冬夏，都是早 6 点起床，晚 10 点睡觉，夏季中午睡半小时到 1 小时。

对于饮食，张珍玉遵循《素问·脏气法时论》"五谷为养，五果为助，五畜为益，五菜为充"的膳食结构，日常少吃油腻、多吃青菜水果等，也喜欢吃些酸的水果和酸味汤菜，几乎每顿饭都要吃点醋，以增加食欲，帮助消化。更主张饮食有节，强调"食无过饱"，他自己坚持不论三餐饮食谱如何，总以七八成饱为度。

张珍玉重视精神调养，他推崇《素问·上古天真论》"恬淡虚无，真气从之，精神内守，病安从来"之论，强调只有"形与神俱"，才能"尽终其天年"。他常以"淡泊以明志，宁静以致远"勉励学生，指出"虚能引和，静可生悟"，并常将"虚""静"二字书于案头，作为自己修身的座右铭以自勉，这也可能就是他对人生的追求和诠释。他常说："人的一生不可能是平坦顺利的，生活中遇到坎坷在所难免。因此，要保持一颗平常之心，以平常之心对待一切人和事，就能做到在挫折和困难面前不苦恼，不气馁，保持乐观，学会面对，才能适应环境的变化，保持心情愉快，保证身心健康。"他提出"名誉不争，学术不让"的人生格言，一生淡泊名利而专致于中医事业；面对社会上开大方，卖贵药，坑害患者的不良风气，他提出"医乃仁术，自我为之"，并一以贯之地践行；面对物欲横流的社会大潮，他能安心定志，强调"君子爱财，取之有道"，以大医之心面对广大民众。

张珍玉的业余生活也格外充实，他虽非书法家，但其字极富艺术感和个性，不少患者都珍藏着他亲笔书写的病案和处方，以做纪念；为鼓励学生奋发图强，他赠予学生"学海无涯"以勉励。他提笔作画行笔洒脱，画出的牵牛花栩栩如生，他还下得一手好棋。他常说："这些活动并非只是娱乐，而是通过书画的过程修养身心，特别是锻炼大脑的灵敏度，提高对问题的认识和分析能力。"张珍玉将"静以养心"的养生理念，渗透到自己生活和工作的方方面面，更是在"润物细无声"之中，达到了一种宁静而致远的境地，为我们留下了一笔宝贵的精神财富。

本文作者为张珍玉名医工作室魏凤琴，原载《山东中医药大学报》2016年5月13日第12期，收录时略有删改。

济世大医　以德育才

——记名老中医周次清

　　周次清（1920—2003），山东莱西人，终身教授、主任医师、博士研究生导师。

　　周次清原名周玉洁，1920年12月出生于山东莱西县寨户村的一个农民家庭。1936年考入莱西县第二小学。翌年，学校为日寇所炸，便辍学回家，跟族伯周鸣岐学医，并先后师从李月宾、王铭浩、王应五诸先生，学习眼科、外科及针灸。1942年，考入莱西县立中学。毕业后，在青岛市开设新生药社，立志以医问世，济世活人。1953年，筹建成立四方区中医联合诊所，并任所长。1957年4月，经青岛卫生局推荐进入山东省中医药研究班学习。结业后，留省中医药研究所从事临床与研究工作。山东中医学院成立以后，他被调至中医学院从事中医教学工作，并继续从事临床研究。周次清从事中医事业近60年，临床经验丰富，擅长内科杂病，特别对于心血管疾病的治疗与研究有较深造诣。他在临床治疗中强调要调理气血，反对头痛医头，脚痛医脚的思维与处理方法，重视整体治疗。在心血管疾病治疗中，突出辨证与辨病相结合，注重中西汇通，倡导中西医理论应互相印证，互为弥补，共同发展。

周次清除课堂授课和诊务之外，还带研究生，带教进修、实习人员，以其广博学识及丰富的临床经验，提携后学，共培养各类高级人才60余名。自1978年以来，他发表论文近30篇；主持的"益气活血治疗冠心病的临床和实验研究"获得山东省科委科技成果二等奖，并成功研制了国家级治疗冠心病的中成药"正心泰"，获国家中医药管理局三等奖；进行了"电子计算机冠心病辨证论治系统""微电脑在冠心病治疗中的应用""中药降脂药的研究"等研究；研制成"周次清辨证论治冠心病电脑软件"；主编著作《中医内科学》《中医临床研究与进展》《英汉实用中医临床大全》（内科学）、《名医经验集》《名医精华》，主校《四明心法》等20余部教材和著作；历任伤寒、温病教研室与内科教研室主任，是山东省名中医药专家、全国名老中医学术继承人指导老师。1988年被评为山东省首批科技拔尖人才和山东省优秀科技工作者，享受国务院颁发的政府特殊津贴，1990 年被国家人事部和国家中医药管理局确定为首批名老中医药专家。1995 年被评为全国优秀教师。兼任中国中医药学会老年学会委员、中国中医药学会山东内科学会副主任委员、中华医学会山东心血管分会副主任委员、山东省中医药科学技术专家委员会副主任委员、山东省干部保健专家咨询委员会委员、卫生部药品评审委员会委员等。

大医之路

（一）早年诵习，奠定根基

　　周次清跟族伯周鸣岐学习中医时，背诵了《药性赋》《汤头歌诀》《濒湖脉学》《医学三字经》等，并经常侍诊于前辈左右，抄习诵读，渐有所得。在此基础上，他认真学习了《黄帝内经》《伤寒论》《金匮要略》等经典著作，并做到终身温习。直到 80 多岁时，他仍能熟练地背诵这些经典著作的大段内容。他还涉猎选读历代各家名著，以不断充实、拓展自己的专业知识，及时解决临床出现的新问题。他常说，经典著作是源，各家学说是流，有源有流才能根基深厚。他对明清医家的著作情有独钟，经常背出亲验有效的小方，并给学生们讲解，如数家珍。周次清兼好琴艺，善于玩味字画、工于传统手工。他说，中国传统文化中的各门学问都是相通的，接触一些传统的东西，对体悟中医很有帮助。

（二）熟读叔和，更重临证

　　1953 年，在政府的支持下，周次清组织成立了青岛四方区中医联合诊所，并任所长兼内科主任，因医技精良、品术端正而誉满一方。为了进一步拓宽医学知识，他进入青岛市创办的中医进修学校，当时有人指责"中医学习西医是不务正业，是背经离道"，但他却抓住这个契机，打下了深厚的医学基础。1956年，他被推荐到山东省中医药研究所研究班学习，结业后留该所工作。1958年，山东中医学院成立，他以学验俱丰而被调入该院任教，并先后担任伤寒温病和内科教研室副主任，且继续从事临床研究。

周次清认为，多临证才能积累经验。接触的患者多了，自然能摸索出规律，找出每个患者的特点，然后根据患者的反应，就能很快判断出患者属于什么病，属于这种病的哪种情况，从而提高看病效率。

周次清年逾古稀，仍坚持按时门诊，按时查房，风雨无阻。他还经常答复来信，审阅稿件，并挤时间看书，总结经验，撰写论著……从早忙到晚，天天如此，甚至废寝忘食、通宵达旦。在他心里只有中医事业，只有他的患者。

（三）不耻下问，勤学善思

周次清在学习西医的过程中更是痛下功夫，对许多西医知识的掌握与熟练程度甚至超过西医专家，这得益于其不耻下问，勤学善思。他非常善于向西医学习。在传染病（温病）病房工作期间，他对经常出现尚未涉及的西医问题绝不放过，每次查完房后就挤出时间向西医请教。为了锻炼自己的听诊能力，提高听诊水平，在西医大夫查完房后，他进行反复听诊，经过长期练习，终于练就了一双灵敏的听诊耳朵，其听诊水平令做心音图的医师都惊叹不已。

周次清是善于思考者。他认为学习西医就是为了弄清病变机理，对中医治疗更有帮助。只有清楚患者何处病了，与其他组织器官的关系，才能做到心中有数，用药有度。如患者出现早搏是何原因？是心肌炎引起的，就必须治其心肌炎，而不是单纯纠正早搏。若心肌炎患者出现 ST 段下移，也不是单纯扩张冠状动脉，而同样应治其心肌炎。心肌炎病变好转了，早搏自消，ST 段自然恢复。

每到冬天，有许多肺心病患者住院治疗。周次清发现，西医大夫几乎对所有的肺心病患者都用青霉素治疗，且效果很好。经过认真思考，领悟到此类患者是外感引发了宿病，故用抗生素有效。他由此体会到，中医治疗本病也应当从外感论治，不应单纯"强心"。

（四）德艺双馨，方为大医

周次清把为患者治病当作自己的天职，每当治好一个患者，特别是治好一个疑难重症，他的高兴劲绝不亚于患者本身。"患者需要我，我也需要患者。"这就是患者在他心目中的地位。

1989 年，某县医院请周次清去搞医疗联合，要求大夫多开药、开好药，为医院创收。他了解真相后，在金钱和医德面前，毅然选择了后者，愤然返回。"业精于勤，医善于德"，这是他给该医院的赠言，也是他做人的准则。

不用任何宣传手段，找他看病的人却总是蜂拥而至，有本市的，有外地的……上班时间，患者把诊室围得水泄不通，经常到点下不了班。回到家，无论是节假日还是晚上，慕名找他看病的人也总是络绎不绝。无论认识不认识，他都从不推辞，细心诊治。家里的人也都成了他的"接待员"，倒水、递烟、擦桌子……多年来已习以为常。人们形容医院为"患者之家"，而他的家也成了名副其实的"病人之家"。

周次清是省政协委员，并在许多学术团体兼职，他经常外出参加会议、学术讲座、会诊，每到一地，都有许多患者希望能让他给看上一看。他从不摆架子，总是有求必应，不顾路途的颠簸和疲劳，满足患者的要求。

最让人动容且心痛的是，在周次清身患不治之症住院治疗时，仍有许多患者来病房求治，由于周次清身体已很虚弱，在给患者处方之后，常常大汗淋漓。一位从东北求治于周次清的妇女，曾跪求侍奉他一周以表谢意……

（五）他山之石，可以攻玉

周次清是一位"开明的老中医"。他具有科学的态度，善于接受新事物，主张中西医真正的结合，并极力倡导尽可能地利用多学科知识、现代化手段来研究中医、发展中医，将中医学推向臻于完善的境地。

在他的房间里，四壁林立的书架上、壁橱里，到处都是书，除伯父留下的手抄本、先师传给的秘验方、名老中医经验和中医历代书籍外，就是西医学书籍、各种医学杂志……周次清花甲之年仍坚持每天读书到凌晨。正是这些书籍加实践，使他向医学的广度和深度不断进军。他80多岁时，仍能熟练背出年轻时学的解剖学的歌诀。人们都知道他是心血管病专家，实际上他对许多疾病都有独到的经验，治愈了很多疑难杂症，如手指再植不活、神经性肌肉萎缩、妇女不孕、小儿高热、肿瘤等，真正是"全科医"。

他临床看病，望、闻、问、切，四诊合参，如病情不明，积极应用现代医学手段，如叩诊、听诊、心电图、透视、化验等。他对疗效的判断不只限于临床症状的消失，还着眼于客观指标的改善，如治冠心病心电图要恢复，治慢性肾炎蛋白尿要消除，把中医临床提到了一个新的高度。他的心脏听诊，娴熟而准确，就连西医的心血管专家都佩服不已。即便是轻度的二尖瓣狭窄、轻度的二尖瓣脱垂、第四心音……他都能准确地捕捉到。

周次清在处方用药上有一个显著的特点，就是在中医理法方药的基础上，吸取现代药理研究的成果，如对气虚之高血压患者，在补气药中选用具有降压作用的黄芪，而不用有升压作用的人参，熔中西医之长于一炉，为中医的处方用药增加了新的内容，提高了临床疗效。他的处方，法中有法，方中有方，药简效宏，韵味无穷！

（六）失败是成功之母

由于疾病千变万化，周次清也有失败的时候。他常说，人非神仙，不能包治百病，难免失败，但要善于从失败的病例中吸取经验教训。曾有位高血压患者，患病20多年，辗转诸多医院，都是徒劳无功。周次清也使出了治疗高血压的浑身解数，可血压硬是降不下来，他也一筹莫展、束手无策了。最后他考虑到患者还有"五更泄"的毛病，便改弦易辙治疗"五更泄"，投以温补肾阳、健脾止泻的"四神丸"加味，10多剂后，患者的"五更泄"好了，并感觉头也不晕不痛了，一量血压，降下来了。就是从这个病例中，他悟出了一个非常重要的道理，即在辨证治疗上要做到"有时求无，无时求有"，既有"框框"又没"框框"，进入了一个更高的层次。

正是有一股钻劲和不怕失败的精神，有善于总结经验教训的品质，周次清处方用药达到了炉火纯青的境界。一次，有位患者拿起周次清开出的方子瞟过一眼后，没好气地问道："我病了这么长时间，请了好多大夫看过多无效。大老远跑来，您只给开了6味药就能治病？多给开几味吧！"周次清回答道："药不在多，对症就行，药证相对，肯定有效。你的病只能用这几味药，多一味不行，少一味也不可。"周次清处方多在7至9味药，很少有大方。令人惊奇的是，他开的方子别人稍加改动，他都能辨别出来，其用药已臻化境。

周次清一生辛勤耕耘，收获颇丰。他集几十年之所得，结合西医学知识，对中医的许多疑难和模糊问题提出了颇有见地的观点，对中西医结合、对中医学的发展、对启迪后学和指导临床具有重要意义，并得到医学界的高度评价。他为中医事业一直奋斗到生命的最后时刻，在生命中的最后几天还谆谆教诲学生们：为了中医的出路，一定要痛下功夫，好好学习，勤于思考。即便是张仲景再世，若不能跟上时代，亦必不会看病！时代变了，人变了，病变了，方药也要变！

学术之魂

周次清以毕生的心血凝练了学中医、用中医、思考中医的丰富学术思想。

（一）中医整体思想

周次清认为，中医学的一个显著特色是从总体上对天、地、人的联系的把握，在认识和治疗疾病时，强调"天人相应""五脏相通，脏腑相关"，注意从各器官的联系上、以发展的观点进行辨证论治，重点在于调整人体的阴阳气血，使之平秘协调，提高机体自身的抗病能力和恢复健康的能力。整体治疗是全局性的，局部变化与整体相联系并制约于整体，可以通过调整整体功能达到治疗局部的目的。如对于冠心病的治疗，不能单从其局部表现入手，因为冠心病的出现，还与机体阴阳气血和脏腑功能失调有密切关系；治疗高血压，不能单纯用降血压的方法，因为血压升高是机体为了克服血液供求不平衡的一种代偿反应，血压升高并不是单纯的消极的病理变化，所以不应当把它当作压制的对象，而应当帮助机体建立自身的调节机制。

（二）诊病须合三辨

周次清在中医诊疗疾病讲究辨证论治、辨病论治基础上，结合长期临床实践经验提出了"辨人识体"的观点。因为辨证论治是共性的东西，辨人识体是个性的问题，二者互相补充、相辅相成。临床上常见到一种现象，辨证论治正确，辨病论证也正确，但就是治不好病，甚至越治越坏，其根本原因就是忽视了"辨人识体"。一旦着眼于"辨人识体"，因人而异，抛弃一些有形的或无形的"框框"，有时看似药不对症，却往往收到很好的疗效。另外，要正确理解西医所说的"正常"和"不正常"在不同人体上的意义和差异，有些现象看似不正常，而实际正常。

如有的人平时脉搏每分钟50余次，无任何自觉症状，各种检查也无异常发现，虽然属于不正常的"迟脉"，但在这个人身上是正常的；有的人血压在160/100mmHg时毫无症状，如果降到120/75mmHg时，就头痛眩晕，这又不正常了。因此，临床诊治疾病要具体问题具体分析，因人而异，知常达变，绝不能千篇一律，胶柱鼓瑟。

（三）中西有机结合

周次清积极主张中西医结合，将中医的辨证论治与西医的辨病求因和局部分析结合起来，在认识疾病上，既能突出中医的特点，又能符合西医的理论，努力寻求中西医的相同点、不同点、交叉点和结合点，使中西医真正结合起来。特别是他在突出中医自身的辨证论治研究基础上，努力探索每一种西医所认识疾病的中医辨证论治规律，主张充分运用现代科学技术和手段来研究中医、发展中医，弄清中医"证"的实质和辨证论治的规律。如对心功能不全的论治，认为心肾阳虚是其根本，根据西医的认识，分为心肾阳虚、水气凌心犯肺的左心功能不全和心肾阳虚、水湿泛滥、肝血瘀阻的右心功能不全，参照西医"强心、利尿、扩血管"的原则，从而采取不同的治疗方法。

（四）治病须明病机

周次清治病以抓住疾病特征，因人施治为根本。他在长期实践中对许多疾病的病机关键进行了深入研究和总结，影响深远。

1. "气虚血瘀"是冠心病的病机关键和证治根本

冠心病是中老年人心血管系统的主要疾病，临床多发于40

岁以后及女性绝经期以后，并随着年龄的增长其发病率不断增高，这说明冠心病的发生与年老体衰有密切的关系。而人的衰老决定于人体肾气的盛衰，肾为五脏之本，阴阳之根，心肾相交，心本乎肾。在病理情况下，肾脏阴阳的虚衰和失调往往会造成心脏阴阳的虚衰和失调。肾精亏虚不能化生气血，气血不足，运行失常，心失所养，从而发生"心痛"。肾阳虚衰不能温煦脾阳，脾肾阳虚，阴寒内盛，则血运失常，或运化失职，痰浊内生。肾阴不足，肝失所养，多致肝阳上亢、肝气郁滞而气滞血瘀。上述诸种因素如气滞、血瘀、痰浊、寒凝阻滞心脉，从而发生胸痹、心痛。寒邪侵袭、七情内伤、饮食失节和年老体衰等致病因素引起人体内部阴阳失调、气血失和的病理变化贯穿在冠心病的全过程，这是病之本。气属阳，血属阴，正常情况下气血阴阳保持相对平衡，"气血冲和，万病不生"。反之，则如《素问·调经论》所说："血气不和，百病乃变化而生。"可见气血失和是导致诸多疾病的因素，而对冠心病来讲，更显得尤为重要。

2. 高血压病"初期大多始于肝，进而影响到脾，最后归结于肾"

周次清认为高血压病的病因病机可归纳为肝的阴阳失调、脾的升降失司、肾的阴阳虚损三个方面。

（1）肝的阴阳失调：如长期精神紧张或恼怒忧思，以致肝失疏泄，便可出现"肝气郁结"；肝气郁结，久而化火，又可形成"肝火上炎"；火邪耗阴伤津，从而出现"阴虚阳亢"；如肝阳升动无制，即可演变为"肝风内动"。这一系列的病理变化，均可导致本病的发生和发展。

（2）脾的升降失司：恣食肥甘厚腻或饮酒过度，损伤脾胃，脾失健运，湿浊壅遏，聚湿成痰，痰浊中阻，升降失司，气机逆乱，上扰清窍，或湿浊久蕴化火，火灼津液成痰，夹肝风上犯清窍，从而出现眩晕、头痛等症。

（3）肾的阴阳虚损：劳伤过度或年老肾亏，则可出现"上气不足""髓海空虚"，而致眩晕、头痛。肾藏五脏之精气，肾虚具体又有肾气虚、肾阳虚和肾阴虚之分。由于脏腑相关，在本病中肝、脾、肾三脏的关系最为密切。肾阴不足，肝失所养，则可出现"肝阳上亢"；水亏不能济火，又可导致"心肾不交"；肾阳虚衰不能温煦脾阳，可导致脾失健运、湿痰内生。这些错综复杂的种种变化，均可出现在高血压病的病程中。

就一般情况而言，高血压病初期大多始于肝，进而影响到脾，最后归结于肾。本病属"阴虚阳亢"者为多，是本病中医辨证的一般规律，但不能将高血压病与"阴虚阳亢"等同起来，必须全面正确地认识高血压病的病因病机。

周次清除看病、讲学、搞科研外，耄耋之年仍不辞辛苦带研究生、继承人，共培养各类高级人才 60 余名。学生们在各自岗位上传承着他的学术思想，发扬光大中医事业，真正是"桃李不言，下自成蹊"。

心存中医心念中医一生追求是中医；

以德育人以术救人一生造福为他人。

这是周次清一生的写照，也是后生们对他的纪念。

本文作者为周次清的学生刘桂荣，原载《山东中医药大学报》2016 年 5 月 20 日第 13 期，刊发时略有删改。

雅负绝学　医界"辞典"
——记国医大师张志远

张志远（1920—2017），山东德州人，自号蒲甘老人，斋名"抱拙山房"，教授，国医大师。他幼秉庭训，读经书，习医术，于经、史、子、集多有涉猎。青年时代悬壶鲁北，享誉一方。他为人率直，不逐功名，不贪利禄，数十年如一日，孜孜以求，终成一代名医。1957年始执教于山东中医进修学校，致力于新中国中医药人才的培养。1958年转调山东中医学院，潜心从事中医医疗、教学、科研实践。张志远医、教、研并举，知识渊博，

经验丰富，主编《中国医学史》《中医各家学说》《中医妇科学》《医林人物评传》《医林人物故事》等，主审《山东中医药志》、法文《中医名词字典》，辑有《张志远医论探骊》，穷40年之心血著成《中医源流与著名人物考》《张志远临证七十年医话录》《张志远临证七十年碎金录》《空谷足音录》《诊余偶及》《蒲甘札记》等，发表论文400余篇，《张志远临证70年医论医话》《张志远临证70年习方心悟》《张志远临证70年用药手记》《张志远临证七十年日知录》《张志远七十年临证札记》等著作也已陆续出版。张志远雅负绝学，知识渊博，医界誉称"活辞典"；其治教风范，清新自然；其医论精湛，立意高远，启迪灵悟，驰名当今医坛。张志远培养研究生近20名，均成为医教研各领域的带头人，为发扬光大中医事业而努力奋斗。

大医习业之路

张志远学医、习医、成家之路，颇有大医习业之风，其经验可供后人借鉴，其治学方法足能给人启发。

（一）传统文化为根基，勤学博览是舟楫

张志远自幼受家庭影响，天资聪颖，刻苦好学，加之师长们的严格要求，很早就奠定了坚实的古文和文化基础。稍长，即涉猎经、史、子、集，而成为有名的学者。对天文、地理、历史、哲学以及各门现代学科知识无不采撷，尤对易学深有研究和体会，以至影响了其医学生涯。

及习医后，举凡《黄帝内经》《难经》《伤寒论》以及后世诸

家之书，更是无所不读，促使其医学理论日趋丰厚，造诣渐深。为广见闻，开阔思路，还广泛搜求各种史料（正史、野史）、笔记、小说等，虽鲐背之年，未尝释卷。尤其注意科技新动向，对新兴之系统论、控制论、信息论、耗散结构论等，亦颇有兴趣，主张多学科研究中医，使之现代化。因其学识渊博，人称"活字典"。张志远认为应读有所用，学以致用，要正确选择材料，讲究其时效性、价值性，熟知者、过时者一目十行；生疏者、有用者精读细研。所以，他90多岁时仍能背诵许多书籍的重要原文，尤其是经典（儒学经典、医学经典）原文，更是了然于胸。他还积累了大量的读书卡片、笔记，据不完全统计有十万张以上的卡片，一千多万字的笔记，成为研究中医药的宝贵资料和财富。

（二）师传承授入门径，刻意创新登堂室

张志远少时学医，得到父辈及老师的指点，要求先理解中医基本概念，继而掌握基础理论，然后诵读脉法、汤头歌诀等；再修临床课，始习外科、儿科，继承了父辈外、儿科经验，又转向内、妇科，尤长于妇科。他既善于在临证中观察前辈们的诊疗模式，又善于思考和总结，认为只有在前人经验的基础上，日新其用，开辟新路，中医才有生命力。因此，他继承家学，且不断发展，诸如对妇科不孕症等疑难病的辨治，总结出"妇科十治"。对各家学说的研究也主张思想革新。

中医学术，博大精深，学习中医有规律可循。中医历数千年仍存者，乃其基本理论及可靠的治病方法和疗效。自《黄帝内经》以来，基本理论之模式不变，而防治疾病的方法却代有发展。这就要求初学者先掌握基本理论，澄清源流，了解中医学术

发展规律，开启思路。还可根据需要，不失时机地挖出治病法宝，丰富学识、经验。但是，临床实践也尤为重要。通过临床，一可以加深对中医学的理解；二可以验证所学正确与否；三可以发现前人的片面与不足，提出问题；四可以找出解决问题的方法、途径。如此，则前人的理论与经验就能得以发展，临床疗效就能不断提高。如自制崩漏丹，就是集众家之长，又结合实践的产物，治疗崩漏有突出疗效。

（三）勤求古训出新知，博采众方寻妙方

张志远于中医经典中下苦功，特别是在师长们的熏陶下，对《伤寒杂病论》喜爱有加，钻研不辍，其根据前辈们的用药经验结合自己体会总结出经方"十八罗汉""四大天王"等用药特色，认识药物透彻，应用药物准确，能大大提高临床疗效。每当他把这些体会、心得传授给学生们时，都深受大家的喜爱和好评。

张志远于经典之外，更是广搜博采，举凡民间单验秘方、名家经验效方、各种各类书籍所载药方，甚至僧人、道士、武士等所藏之方，均是学习记录的对象，至今搜集了大量的效验秘方，亲自验证后常常用之于临床而收佳效，他还毫无保留、不辞辛苦地将这些资料整理成篇，出版传世。

（四）他山之石可攻玉，现代医学须熟知

张志远强调，无论中医、西医，皆各有长短，善为医者，应巧于取长补短，而不可立门户之见。他自20世纪50年代即注重学习西医，不仅熟练掌握其基本知识，而且能用其长，灵活地将客观化验检查结果与中医诊治相结合，弥补了中医过于抽象，或

"无证可辨"时的不足。如对肝病的辨治，常参考化验结果，及时修订治疗方案，取得满意效果；对心脏疾患，亦参照心电图等的提示，分辨病情，投予经验方药，往往收效更捷。当然，他也非唯"客观指标"论者，更反对中医西化，因二者是两种理论体系，如西医的"炎症"不能等同于中医热证；西医注重局部、"标"的治疗，中医则相反。其关键是以现代医学检测做参考，辨治不离中医理、法、方、药。

学术经验举要

（一）倡论"医易相关"说

张志远认为，《周易》乃"群经之首"，其对中医学的形成和发展影响重大。

他认为，《周易》虽无阴阳二字，但其认识自然、分析事物的"两点论"却很科学。其中乾、坤乃阴阳之肇基。因此，一部《周易》所体现的主题就是阴阳变化规律，为《黄帝内经》的阴阳学说奠定了基础。《黄帝内经》有关阴阳的特性、阴阳的关系及其变化，以至对自然的认识，无不与《周易》相通。特别是易学"两点论"的思维方式，框定了中医思维模式，如其中的上下、内外、出入、进退、损益、吉凶、否泰、存亡等分析事物变化发展的方式，开启了古医家之悟门。

如《周易》乾卦九五之"本乎天者亲上，本乎地者亲下"，即为《素问·阴阳应象大论》"其高者因而越之""在下者引而竭之"的滥觞；后世张元素的药物分类、李杲的升阳举陷方剂、张仲景的承气汤，以及吴瑭之温病三焦治疗大法，均沿用了"上下"互相对待关系的理论。

《周易》之卦变不离"盈亏",每卦都有"一"(阳)、"--"(阴)组合的不同,从其阳与阴的变化,可知其损益。鉴于此,《黄帝内经》即有"病发而有余,本而标之,先治其本,后治其标;病发而不足,标而本之,先治其标,后治其本",形成了中医补虚泻实之治则,从而指导了中药的分类遣用,或攻邪,或扶正,用于治病,以求"阴平阳秘"。

其他如"内外""水火""刚柔""动静"等应用于医学,对中医理、法、方、药均产生了深刻影响。在易学思维模式中诞生的阴阳、表里、寒热、虚实之八纲辨证,宣通、补泻、轻重、滑涩、燥湿之十剂,充分体现了"医得易之用"的观点。即便中医史上"贵阳抑阴"观的出现,亦是《周易》中"天尊""大哉乾元"肇其端。

(二)剖析流派,研讨学说

张志远认为研究医家的正确方法应是考证人物、辨析学术渊源、提炼学术思想并举,以便全面掌握。对每位医家,应按其师承、私淑关系、学术倾向、临证特点划分流派,归于系统;同时,也不拘于流派,而应突出医家各自的特点,否则就会以偏概全。如叶桂的胃阴学说、久病入络说,即属温病学范畴之外的贡献。

探讨各家学说应注意补偏救弊,对医家评析应平正通达。每位医家都有自己的学术渊源、学术背景,因而,其主张自各有别;对医学的贡献突出在某一方面,不可能面面俱到。这就要求学者善于把握各家之长,综合为一体,以便获得较为系统、完善的学说。所以,后人不能以某位前贤倾向于某种观点而非之。实际上，他们强调某种理论的重要性，并非轻视其他理论，如刘完素主火热病机学说，但他必不会以苦寒药来治寒证；李杲倡脾胃论，但他也不会以升柴来治火逆。当然，古代医家都有长有短，如张从正主张攻邪已病，对正气不足之治显属缺憾；赵献可善补命门水火，于其他脏腑则重视不够等。此外，研究者亦不要拘于前人或他人之定论，而应仔细考察，以免认识片面。如叶桂善养胃阴，但其对胃阳不足的调治，知者甚少。叶氏既重胃阴，亦重胃阳，对治胃阳虚之证有丰富经验，如胃中无火的食谷不化，主用辛甘温煦，鼓舞胃阳，常少加附子以理胃阳，且颇具匠心地用粳米理胃阴，以得通补两和阴阳之妙。叶氏还明确区分了胃阳与脾阳，胃阳受伤属腑病，应以通为补；脾阳不足，可用升柴顺其性以补之。

张志远对医家的生平、著作进行了严格考证，填补了不少空白；对医家学术辨析与验证，亦多精辟之论。如《成无己学术思想发微》《丹溪相火论评析》《论景岳阴阳观》《张仲景〈伤寒杂病论〉考析》《吴瑭生平史略》《温病学派大师叶桂》《张锡纯用石膏》等论文，均是其悉心研究成果。尤其强调临床实践乃研究各家学说不可或缺的途径。因前人的理论、经验均来自实践，只有在实践中才能理解、运用，并判断其正确与否。

张志远认为，学习河间学派，重点掌握：第一，将外感病机列为重点，从剖析《素问玄机原病式》入手，研究该学派对《素问·至真要大论》病机十九条精神实质的认识。注意领会"六气都从火化"（叶桂《临证指南医案》木乘土"芮案"）及"诸涩枯涸，干劲皴揭，皆属于燥"等原文的含义。这些论述是刘完素补充《黄帝内经》遗缺的一大贡献。同时注意学习用运气学说来研究疾病的发生发展及四时用药规律。第二，要了解"病之一物非人身素有"，若欲解除病邪，使人体得安，当首先攻邪。第三，要明白内在相火在纵欲、酗酒、膏粱厚味的激发下，最易妄动，一旦妄动，便会耗伤阴精，损及津血，导致阴虚阳亢，产生阳有余阴不足的病理现象。要结合摄生学，加深理解物极必反、过则为害的养生道理。第四，寒凉直折，滋阴润养，为标本兼治，是丹溪运用河间学说广开滋阴降火门路的重大发展。大补阴丸一方，属血肉有情之品，是壮水之主以制阳光的有效方药。

　　易州学派和河间学派一样，也是受特殊环境的影响而逐渐形成的。探讨这一学派的学术思想，第一，要了解该学派注重的"运气不齐，古今异轨"观念，提倡从实际出发，化古为新，批评按图索骥、刻舟求剑的继承方法。第二，要了解该学派因受《中藏经》《金匮要略》《备急千金要方》《小儿药证直诀》的启发，以脏腑为核心，侧重人体内部病理机制的研究，并在《黄帝内经》"土生万物"理论的启发下，创立了脾胃学说。第三，应明确脾胃、元气、阴火三者之间相互依赖、相互制约的关系。如元气的营养和补充，来源于脾胃，脾胃盛衰可决定元气的消长，元气强弱又主宰着阴火的起伏。三者之中，脾胃发挥关键作用。在了解三者关系的基础上去理解和掌握"内伤脾胃，百病由生"学说。第四，要了解"药物归经"论是起源于《黄帝内经》"嗜欲不同，各有所通"（《素问·六节脏象论》）、"五味各走其所喜"（《灵枢·五味》）的理论，知道张洁古、李东垣的特点即为补中益气、升阳举陷；掌握常规药谱，如凡头痛皆用川芎，随证加引经药，太阳经病加蔓荆子，阳明经病加白芷，少阳经病加柴胡，太阴经病加苍术，少阴经病加细辛，厥阴经病加吴茱萸。

各家学说，实践升华

　　张志远认为，东垣脾胃论有其要点，即脾胃为水谷精微化生之源，气是根本；中州土衰元气上趋，则阴火上升。东垣从师于元素之门，在张元素脏腑病机学说的启迪下，强调内科杂病的形成，多来自内伤，人赖元阳之气以生，此阳气须并于脾胃；人赖地阴之气以长，此阴气要化于脾胃；人赖阴精之奉以寿，此阴精必源于脾胃；人赖营气之充以养，此营气则统于脾胃；一旦脾胃功能失职，则身体所需的阳气、阴气、阴精、营气等重要物质会受到损害，发生疾病。在李氏全部著述中，首先指出的为"热中"之变。张志远认为，此证"皆以饮食失节、劳役所伤"，为"中气不足当补之证"，虽然有发热现象，也不属实的范围，他依据自己经验，提醒人们若"认作外感风寒有余之病，重泻其表，使营卫之气外绝，其死只在旬日之间"，千万不要犯医疗错误。所以清代末年扬州叶子雨云，大师扶危救困，"生平得意，莫如补中益气"（《金匮要略阙疑》），应作如是观。李东垣认为脾胃损伤之因，约有三个方面，一是饮食因素，二是劳动过度，三是精神刺激，喜、怒、悲、忧、恐能资助"相火"，火胜则乘土位，燔熏中州，无论何因，都能削弱对元气的物质供应，或直接灼散其体。强调元气为人身之本，脾胃乃化生之源，似雾露之溉，若脾胃之气既伤，无以宜五谷味，熏肤、充身泽毛，行雾露之溉，内而五脏六腑、十二经络，外则四肢九窍，筋、骨、皮、肉、血、脉皆弱，"元气不能充，此诸病之所由生也"。张志远认为，凡脾胃亏损，临证要验证"阴火"之说，运用东垣理、法、方、药；由喻昌"大气论"了解气虚下陷是否"热中"的现象，试用张锡纯升陷汤。张志远不仅理论上有建树，而且始终重视临床，善于师法古人而勇于创新。尤其对妇科有独到经验，内科证治亦多体会，如学习喻昌"大气论"及张锡纯"升陷汤"法，自拟通阳解痹升气化痰蠲饮汤（黄芪、肉桂、苍术、茯苓、薤白、柴胡、升麻），用治大气不足、痰饮凝集之胸闷下泻，疗效显著。其他如在治疗冠心病、高血压、肾炎、尿毒症等方面均有特长；还在临床实践中体会到，张介宾将六味地黄丸去掉三泻为纸上谈兵，不足为训，如此之类，皆足资后学借鉴。

本文作者为张志远的学生刘桂荣，原载《山东中医药大学报》2016年5月27日第14期，收录时略有删改。

医文并茂　理用兼优

——记国医大师张灿玾

　　张灿玾（1928—2017），字昭华，山东荣城人，山东中医药大学终身教授，博士生导师。

　　张灿玾从事中医医疗、教学、科研工作70余年。1984～1988年任山东中医学院院长，任职期间，在指导专业设置、学科建设、中医文献整理研究、教材编写等方面，均有新的进展，并取得了重大成就。兼任中华中医药学会文献分会常委与

仲景学说分会顾问、全国高等中医药教材建设顾问委员会委员、山东中医药学会副理事长。在报刊发表论文 100 余篇，其中《试述标本学说的精神实质》一文，获山东省自然辩证法研究会优秀论文奖，《遗精方治遗精梦泄》一文，被收入《中国特色医疗新技术》一书，并被评为优秀学术论文一等奖。出版学术著作 20 余部，主编中医文献专业教材 3 种，参编著作 20 余种，校注与校点中医古籍 10 余部。百余万字专著《中医古籍文献学》，获山东省教委科技进步一等奖。2004 年出版专著《黄帝内经文献研究》。1988 年、1995 年两次被山东省委、省政府评选为山东省专业技术拔尖人才，享受国务院政府特殊津贴。1999 年 12 月，被山东中医药大学聘为终身教授。2003 年 9 月，被中华中医药学会授予中华中医药学会成就奖及终身理事。2003 年 12 月，被山东省人事厅与卫生厅授予山东省有突出贡献的名老中医药专家及山东省名中医药专家称号。2006 年 6 月，被中共山东省委授予山东省优秀共产党员荣誉称号。2009 年 5 月，被国家人力资源和社会保障部、卫生部、国家中医药管理局授予国医大师荣誉称号。评为国医大师后，相继出版《温病学讲义》《感证治法与类方》及"十二五"国家重点图书出版规划项目《张灿玾医论医话集》《中医文献学（修订版）》《黄帝内经文献研究（修订版）》《保元堂三世医案》等专著。

整理文献，翰墨耕耘

张灿玾从事中医文献研究，前后达五十余年，不仅整理中医古籍成绩斐然，还著有史志著作及中医古籍理论著作。

（一）古医籍整理研究

中华人民共和国成立以后，由政府组织的有规模的中医古籍整理工作有两次，分别为七本古医籍的校注语译工作及十一本古籍整理工作，张灿玾均参与其中。

1964 年 3 月，根据国家十年规划第三十六项"整理语译中医古典著作"精神，卫生部中医司指定由南京中医学院作为牵头单位组织实施，其中《针灸甲乙经》的整理研究，由山东中医学院负责，后由徐国仟、张灿玾等十人完成。原由河北中医学院负责的《黄帝内经素问》与《灵枢经》二书，后因任务太重，《黄帝内经素问》一书，转由山东中医学院张灿玾负责，后由张灿玾、徐国仟、宗全和三人主编完成。此二书于 1989 年分别获国家中医药管理局科技进步二等奖与三等奖。本次由政府组织实施的古籍整理工作按统一编写计划完成，是在前人校注的基础上，进行了综合性的整理研究，出版后很受读者欢迎，对后来的中医古籍整理研究，具有一定影响。

1983 年 4 月，在沈阳召开了中医古籍整理出版座谈会，落实了卫生部中医司中医古籍整理十一种重点课题，其中《针灸甲乙经》一书，指定张灿玾任主编。8 月，卫生部中医司在青岛召开全国中医古籍整理出版规划落实工作会议，落实中医古籍整理分片负责、分级管理的工作方式，全国划为十片，张灿玾任华北山东片学术牵头人。张灿玾素以治学严谨著称，在承担《针灸甲乙经校注》研究期间，他虽然身兼院长之职，但从未放松对研究工作的重视。1996 年，《针灸甲乙经校注》由人民卫生出版社出版发行，并得到国家古籍整理出版规划小组的资助。1997 年，该书获国家中医药管理局基础研究类二等奖。此书充分显示张灿玾数十年来，在临床、理论、文献研究方面的知识积累，在祖国传统文化如文、史、哲、艺等方面的研究水平，也是他在中医古籍研究方面的代表之作。

（二）古医籍点校

张灿玾还与所内其他同志承担了一些部级二类医籍及自选医籍的点校，计有《松峰说疫》《六因条辨》《小儿药证直诀》《内经素问吴注》《经穴解》《石室秘录》等书。其中有些书自问世以来，从未正式刊印，仅存稿本。幸赖张灿玾等点校，方能流传于世。如《经穴解》作者为明末清初山东淄博岳含珍先生，此书现仅存几种抄本，在整理的过程中，还意外地得到了岳含珍先生的另外两种著作，即《针灸闻岐》与《幼科闻岐》抄本，并将此二书附于《经穴解》之后。此书出版，不仅有利于针灸学术研究，且对于保存古籍，防止亡佚起到了重大作用。其中，《经穴解》点校本获山东省教委科技进步奖三等奖，《松峰说疫》点校本获山东省教育厅哲学社会科学优秀成果奖三等奖，《黄帝内经素问语释》获山东省教育厅科学技术进步奖著作奖一等奖。

多科临证，博采众长

张灿玾对内、外、妇、儿科的常见病多发病有丰富的治疗经验。自调入山东中医学院之后，他教学、承担古籍整理任务之余，经常在学校附属医院门诊带学生实习。1964年在济南市传染病医院中医科工作，兼带学生见习，是年夏，济南地区乙脑流行，时因中医科汝兰洲主任身体不好，对乙脑的治疗便委托张灿珥负责，张灿珥顺利地完成了任务。他在济南铁厂卫生所期间也是边讲课边应诊，并多次带学生去外地医院实习和下乡巡回医疗。之后，他虽在行政岗位任职多年，但始终不曾放弃应诊。暇时于家中为患者看病，而且始终坚持多科应诊，博采众长。

张灿珥在高校工作多年，在中医理论、中医文献、中医临床及中国传统文化方面，特别是通过综合知识修养促进和带动临床技术水平上有较大建树，在理论与实践结合、继承与发展并重的基础上，形成了他颇具特色的诊疗思想与治学思想。

（一）辨证宜多面化，临证宜个性化

中医学术流派纷呈，就外感来说，有六经辨证、三焦辨证、卫气营血辨证之别；从内伤来说，有脏腑辨证、经络辨证，又有通行之八纲辨证等。内科病方面，更是学派众多，既有金元四大家别具特色，又有明代温补学派盛行一时，外科方面，有全生派、心得派、正宗派等，每一派均有自己的长处与特点。张灿珥认为不宜固守一家，宜博采众长，兼收并蓄。他临证既用经方，也用时方，据病情灵活选用。此所谓"辨证宜多面化"。此外，临证宜个性化，同样一种疾病，在不同体质的人身上发病，其症状表现、发展、转归均有所不同，故治疗时应因人而异。如同是感受风寒之证，在阳盛与阳虚的人身上发病，在年老与壮年之人及小儿身上发病，其发病特点、转归均不同，不可固守一方，应灵活辨证施治。故学术可以分派，医者不可守派。

（二）治病宜标本兼顾，急则治其标，缓则治其本

张灿珥认为，疾病的发展变化是十分复杂的，应分清主次缓

急，采用急则治其标，缓则治其本或标本兼顾的原则进行治疗。有些疾病，如咳喘、大出血、剧痛、高热等病，若不及时治疗，会危及患者生命，应采用急则治其标的方法进行治疗。待病情相对稳定后，再考虑治疗本病。有些疾病，标病不急，可采用治本或是标本兼顾的原则进行治疗。对于久病之人，应以脾胃为本，因脾胃是后天之本，若是脾胃受伤，则化源不足，疾病则迁延难愈。

（三）用药如用兵，治病如执政

张灿玾认为，用药如用兵，治病如执政的思想，早在《黄帝内经》中已有多处论及。治病用药如用兵，犹如排兵布阵，进退有章有法；治病又如执政，有王道与霸道之分。陈士铎将春秋战国学术繁荣时期滋生的"王道"和"霸道"引入中医治疗中，谓："补正祛邪，王道也；单祛邪不补正，霸道也。补正多于祛邪，王道之纯也；祛邪多于补正，霸道之谲也。补正不敢祛邪，学王道误者也；祛邪又敢于泻正，学霸道之忍者也。"对于外感实邪或是热毒炽盛，正气不虚者，应用霸道；内伤多为七情所伤，饥饱劳役，日积月累，正气日渐削夺，其来渐，其势缓，其伤深，应用王道进行治疗。

（四）用药须注重双向及多向配伍

人体健康是一种阴平阳秘的状态，此为阴气平和，阳气固密，阴阳平和协调保持相对平衡。故张灿玾用药注重药性辛苦升降的平衡。注重补中有泻、泻中有补，散中有敛，敛中有散，辛开苦降并用。

（五）治病善治人

张灿玾认为治病应详细询问患者的病情，决不可"相对斯须，便处汤药"。医生治疗疾病是一个双向活动，不仅医生应认真负责，还要善于做患者的思想工作，争取患者的合作。且有的病是由情志方面的原因引起的，此时更应注意对患者情志的疏导，情志因素解决了，患者甚至可不药而愈。此即"治病善治人"。

治学严谨，思想独到

从张灿玾行医七十余年的历史来看，他不仅形成了个人的诊疗思想，而且在学习与实践中，也形成了他个人的治学思想，主要包括以下几个方面。

（一）基本功的培养和训练是从医的重要基础

张灿玾青少年时期，仅读完六年小学，便辍学从医。由父亲教一些中医启蒙读物，凡是规定要读的书，必须达到能熟练背诵的程度，同时需参阅诸多相关文献。在四年左右的时间里，对中医学的基本理论、基本知识和中医诊疗疾病的一些基本技能已经了解和掌握，打下了比较好的基础。以《伤寒论》为例，此间仅仅是选读了一部分，通过后来的努力学习，他可以把《伤寒论》三百九十八条原文在一个小时内全部背完；对《金匮要略》的大部分经文都能够背诵；对《温病条辨》和《温热经纬》的重要条文，基本能背诵；对《黄帝内经》的重要章节，亦能背诵。张灿玾由此领悟到，只有熟悉经典，才能活用经方，因此强调基本功的培养和训练，且必须通过长期不懈的努力，才能取得满意的效果。

（二）临床实践是体验中医理论和建立中医信念的关键

张灿玾出身于中医世家，亲见祖父和父亲为患者看病的情景，学医期间，又亲自参与了力所能及的医事活动。司药、制药，以及某些饮片的加工炮制、丸散膏丹的制造，主要由其负责。另一方面，经常闻见祖父和父亲如何运用望闻问切的诊病方法，以及他们对患者的病因病机的分析等，都对其有重大的影响。亲眼看到很多危重患者，通过治疗起死回生，由此，对中医理论和疗效坚信不疑。在其行医之后，应用中医治疗了不少危重患者。因此，张灿玾认为要建立对中医理论的信念和中医疗效的确认，最好是早临床和多临床。只有通过实践，才能解开心目中的诸多疑惑。所以在他多年的工作中，虽然承担了繁重的教学、科研和行政工作，但始终未放弃应诊。

（三）集临床、理论、文献于一体，是加深掌握中医学术的需要

从张灿玾从医历程可以看出，集临床、理论、文献于一体，是加深掌握中医学术的需要。张灿玾行医历程大致可分为三段。第一段，主要从事临床。在农村工作时，来诊的患者不分科，接

触到的病种很广泛，包括内、外、妇、儿、五官等各科。除正骨、外伤、产育、针灸外，各科的常见病、多发病他都看过。到山东中医学院执教以后，又多次带学生在内科门诊实习。后虽由于多种原因未能再从事临床工作，但仍不时有亲友及慕名者求诊。通过临床实践，不仅解决了理论和实践结合的问题，而且不断强化了理论对实践的指导，实践对理论的体验。第二段，主要是从事教学工作。执教后，从事过本科班、进修班、师资班、西学中班、大专班、中专班、研究生班等多层面、多门课程的教学工作。教学是对中医理论的进一步强化和深化，临床是对中医理论的验证和检验。在教学过程中，对中医理论的理解更加深入、广泛，这对进行中医学术研究是十分有益的。第三段，主要从事中医文献的整理研究工作。通过种种实践活动，真正体会到中医古籍整理和中医文献研究有自身的规律、方法和研究对象、研究目的，对继承发扬中医学术具有十分重要的意义。因此，张灿玾认为，能把临床研究、理论研究和文献研究结合为一体，方可完整地、全面地、系统地把握中医学术，真正体验到中医学术的博大精深。

（四）医文并重是中医学的一大特色

中医学术是在中国传统文化这个大背景下形成的。因此，医学所涉及的内容，与天文学、地理学、历法学、气象学、术数学、哲学等密切相关。所以，要学习和研究中医学，在很大程度上需要借助文史哲的相关知识，去解释其中诸多难点、疑点，运用古汉语当中的相关知识，如语音学、语义学、语法学、文字学知识和方法，才能扫除文字方面的某些障碍。从而说明对医学问题的研究，要解决某些高难度的问题，离开文献学的知识、思路和方法都是难以做到的。因此，医文并重对一个高明的医家来说，就显得非常重要。

（五）博览群书、兼容并蓄，是学术水平不断提高的源头活水

张灿玾的少年时代，在父亲的严格要求下，养成了喜欢读书和藏书的习惯。通过几十年的收集，个人藏书有五千余种，为自己创造了一个非常好的研读条件。他在医学领域里面能够做出卓著的成绩，跟这个条件是分不开的。张灿玾阅读面很广，除医学之外，他对文史哲、文学艺术、戏曲音乐等都有兴趣，从这些领域受益匪浅。他父亲常说不可拘于一家之言，"有是证，用是药"，不管经方还是时方，不管古代的还是近代的，只要是具有其适应证，都可以用。正是因为在学习过程中博览群书、博采众长，提供了源头活水，方可达到健康成长的目的。

（六）坚持继承发扬，是立于不败之地的指导方针

根据张灿玾个人几十年的学习和实践体会，中医学的发展必须遵循中医学自身的规律，在继承的基础上去发扬光大，这是唯一正确的道路。继承和发展是学术发展过程中紧密相连的两个环节，在学术上，任何一个学科都需要不断继承前人的成就，然后再去进行新的发展和创造，使它不断地提高。中医学这个伟大的宝库，谁都不敢说已经完全把它都继承下来了，在乏人乏术的情

况下，更是如此。因而，继承发扬至少也应该是较长时期发展中医学术的指导方针。

文兴艺趣，摄生养性

张灿玾自少年时起，由于工作和学习的需要，培养和激发了多种兴趣与爱好，使生活的内容更加丰富，生活的质量更加优异。在艰难、压力、经济、病伤的干扰下，他也更善于化解矛盾，调节生活，保养形神，以享天年。

（一）诗词、散文

张灿玾自幼喜欢诗词，自青年时期开始写作，一生写就1000余首，其中发表300余首，出版诗词专集《琴石书屋医余吟草》1部，自撰有《不愠居诗词稿》及《暮村吟草》。

张灿玾还常撰散文，借壮山河之多姿，凭吊古今遗事，以抒胸臆。如《泰山游记》《灵岩寺游记》《忆冒雨游西湖》《扬州游记》《金陵游记》《新疆纪行》《粤海纪行》《出塞纪行》等皆是。

（二）音乐、歌曲

张灿玾曾任村剧团导演兼乐队成员，会奏诸多民族乐器，如笙、管、笛、箫、唢呐、二胡等，后习西洋乐器小提琴，并自学五线谱。晚年又习古琴，为晚年生活复增乐趣。

张灿玾喜爱歌曲，搜集抄录昔年名曲成册，尝思杏林春风，惠及苍生，自编多曲，以颂岐黄大业，如《杏林习业歌》《医圣赞》《杏林颂歌》《杏林春》《医学经典赞》等，以示其对祖国医学之热爱。又谱《江山多娇》《可爱的故乡》《山东是个好地方》

等，充分体现其爱国、爱乡之情。

（三）戏剧

因受家庭影响，张灿玾自幼喜爱京剧，对文武场活，均可操作，尤擅京胡（包括琴师应工之大笛、横笛等）。来济后，偶为票友清唱伴奏。晚年兴至时，则操琴自娱。

（四）书法篆刻

张灿玾青年时期，稍习书法。因为以前中医处方皆用毛笔，故略知笔墨。在练习书法的同时，亦及于篆刻，不仅是书法的另一种美化艺术，亦可借篆刻，遣兴抒怀，自言其志。所以暇时读些篆刻技法书籍及印谱，自学操刀，体现了他的文情艺兴。张灿玾自集八十余方自治印谱，题名《篆刻学步》，除名章外，大量为闲章及藏书章。

（五）赏石抒怀

张灿玾迨至晚年，偶有闲情，喜自制山石盆景，以小见大，聊寄情怀。后渐及于对奇石之观赏。晚年有藏石百余件，俱为题名，且赋诗自赏，故别号"百石翁"。

本文作者为国医大师张灿玾传承工作室张鹤鸣，原载《山东中医药大学报》2016年6月17日第16期，收录时略有删改。

精研经典　躬身实践
——记名老中医刘献琳

刘献琳（1928—2000），字璞亭，山东曹县人。幼承家学，成年后弃文从医，拜当地名医李光济为师，寒暑两载，侍诊之余，朝夕苦读，终得真传。刘献琳怀慈悲之心精研医术，很快便以擅治杂病而名闻乡里。1958年春，刘献琳被推荐至南京中医学院教学研究班深造，结业后被分配至山东中医学院工作。先后担任山东中医学院附属医院内科副主任兼内科教研室主任、金匮教研室主任，是山东中医学院首批被评聘的副教授及硕士研究生导师，在教书育人，潜心临床的同时，笔耕不辍，著述颇丰，为我们留下了宝贵的精神财富。

熟读经典，探赜索隐

刘献琳常说，要想精通中医医理，须溯本寻源，从四大经典学起。研习经典，则推崇《素问·著至教论》中提出的"诵""解""别""明""彰"。

"诵"，是中医的"看家本领"。背诵伊始，虽不一定能通晓原文含义，但若能将经典条文烂熟于心，临证便可触机即发，且终身受益。刘献琳经常告诫学生，"背书要趁年少时"。刘献琳曾精选《金匮要略》重点条文213条编印为袖珍本《金匮要略原文选读》，供学生随身携带，深受大家欢迎。

"解"，即理解、通晓。知其然且知其所以然。例如，对《金匮要略》第七篇第2条，刘献琳通过层层辨析，认为此乃仲景借卫、气、营、血来说明肺痈的病理变化并揭示其辨证方法。文中"寸口脉微而数""微则为风""微则汗出"的"微"字，当遵《医宗金鉴》之说作"浮"字解，提示肺痈初起，邪在卫分，即"风中于卫""风伤皮毛"，其临床表现是发热恶寒，汗出，脉浮数；再进一步发展，则进入气分，文中虽未见"气分"一词，但"风舍于肺，其人则咳，口干喘满"，已是邪入气分的明证。肺主气、司呼吸，外邪犯肺，肺失清肃，则咳嗽加重，气喘、胸满，甚至腹满，咽喉干燥，口渴引饮。邪不在表，故不恶寒而恶热。迨至"热过于营"，则见发热不退，午后及夜间尤甚；热邪蒸腾营阴上承，故由热在气分的口渴引饮，变为"咽燥不渴"，并出现"多唾浊沫"的脓性痰液，提示病变进入成痈期。最后，因"热伤血脉"，使"血为之凝滞，蓄结痈脓，吐如米粥"，则标志着肺痈已进入脓溃期。

"别"，即区分、辨别。刘献琳对经典学习时遇到的问题从不轻易放过，或求教师友，或通过研读诸家注释，启迪思路。读注时，喜用"横向比较法"。即同时参阅数家关于同一问题或条文的注释，择其善而从之。例如，对《金匮要略》第六篇"男子平人，脉虚弱细微者，喜盗汗也"的机理，后世有主阴虚内热者，有主卫阳虚衰者，有云"脉证不合，必有脱简"者，有主阴损及阳，阴阳两虚者。刘献琳认为，本条既言"平人"，当指外无明显病态者；冠以"男子"，又隐含房劳伤肾，肾精不足之意。精血同源而属阴，血为气之母，气属阳。尤在泾、魏念庭之注，虽有简繁，但皆从阴阳两虚立论，且与脉证契合，堪称精注。在指导研究生学习经典著作时，刘献琳也要求他们通过这种"横向比较法"释疑问难，并逐条写出简洁的心得体会，以加深对条文的理解。

刘献琳认为学习经典著作，虽以反复诵读为基础，但要真正做到学以致用，除了博采众家之长，还需不断在学习中发现问题，提出问题，最终解决问题，这一过程，就是"明"。如对《金匮要略》第三篇之"百合病，见于阴者，以阳法救之；见于阳者，以阴法救之。见阳攻阴，复发其汗，此为逆；见阴攻阳，乃复下之，此亦为逆"一条，后世注家多围于"百合病"三字，解读为百合病的治法。对于文中的"阴""阳"，或从虚热、虚寒立论，或从表、里着眼，或干脆避而不释。刘献琳结合临床实际指出，百合病是一种阴虚内热的疾患，属虚寒者极少，将此条定位于百合病治法显然不妥。而百合病又确以正虚为主要矛盾，故仲景实则借此条导出虚证的治疗大法。也就是说，杂病虚证若见到阴（寒）证者，并非阴之有余，而是阳之不足，当扶阳以和阴；因寒证属阴，虚寒便是阳虚，扶阳则寒自除，故云："见于阴者，以阳法救之。"虚性病见到阳（热）证，亦非阳之有余，乃是因阴之不足，治宜补阴以配阳；因热证为阳，虚热便是阴虚，养阴则热自退。故云："见于阳者，以阴法救之。"刘献琳在近50年的教学临床实践中，正是通过不断地潜心钻研，质疑问难，一步一步达到理明识清。

"彰"，是指善于及时总结学习、临证中的所思、所疑、所悟，敢于提出新观点，推陈出新。例如，中风病舌强语謇者，后世多从风痰、瘀血阻滞舌本脉络立论，以祛风除痰、活血通络法治之，用解语丹或通窍活血汤者颇多。刘献琳根据《灵枢》"肾，足少阴之脉……其直者，从肾上贯肝膈，入肺中，循喉咙，夹舌本"之论，认为肾为先天之本，主藏精，精能化气，肾气包括肾阴和肾阳两个方面。其中，肾阴是肾阳的物质基础，对脏腑、组织、器官起濡养作用；肾阳则是人体生命活动的基本动力，是肾阴的功能表现，对脏腑、组织、器官有温煦生化作用。若肾虚其气不能上至舌下，亦可致舌强语謇。据此独辟蹊径，以地黄饮子随证加减治之，每获良效。

躬身实践，聚沙成塔

刘献琳临证精于思而敏于行，无论外感、内伤，均能通过娴熟地运用望、闻、问、切四诊，全面、准确地把握其病机、病位、病性及发展演变趋势，施以恰当治法。

方剂是治法的重要载体。刘献琳一贯反对那种"胸中无方"，强调"胸中有方而又不泥于成方"是医生的基本素质。所谓"胸中有方"，是指对经方及后世医家经千锤百炼而创制的一系列确有实效的方剂，从药物组成、剂量、规格、煎服方法、药后调护到其主要适应证，皆了然于胸。面对复杂的疾病，或集中一方之药力直捣病所，以迅速收功；或数方合用，组成"串方"或"连环方"，从多个层面祛邪扶正。对病因病机较为单纯者，多以一方为主，随证加减之；反之，则喜用"连环方"调治之。例如，治疗肋软骨炎，常用肋软骨炎汤。该方由瓜蒌薤白白酒汤、金铃子散、颠倒木金散、丹参饮及百合汤五方合并而成。刘献琳将温阳化饮、行气活血之品同炉共治，使温化水饮而无燥伤阴津之虞，行气活血而无耗气之弊。对于以胸痛、胸骨烧灼感、吞咽梗阻感或咽下困难为主要临床表现的食管裂孔疝，刘献琳亦常使用上方合二陈汤，每收奇效。

治疗胃脘痛，刘献琳抓住气血、寒热两大法门，以三合汤加减化裁，屡起沉疴。三合汤由良附丸、丹参饮、百合汤三方组成。其中百合汤善疗气痛，行气止痛而不燥；良附丸有温中止痛、行气活血之功；丹参饮行气活血、芳香化浊，对瘀血痰浊阻闭中焦之胃脘痛颇为适宜。若胃中灼热、嘈杂吞酸者，则再合左金丸，名四合汤。

总结归纳，执简驭繁

刘献琳善于将自己学习中的感悟、治病救疾的经验加以总结，并与大家分享。其在《论〈金匮要略〉的脏腑辨证及治疗要点》中指出，肺为五脏之华盖，主宣发肃降，五味中辛入肺，故仲景治疗外邪犯肺者，喜以轻清辛散之麻黄与苦辛温散之杏仁为主药。唯风寒者配以桂枝，如治疗刚痉之葛根汤；风热者配石膏，如治疗风水夹热之越婢汤；兼湿者，配薏苡仁，如治疗风湿日晡发热之麻杏薏甘汤。若肺气不足或上焦有寒不能制下，则见吐涎沫清稀而不咳、不渴、头眩、遗尿或小便数，即为虚寒肺痿。该病起于肺中虚冷，不能布散及摄纳津液，故仲景治之以甘草干姜汤辛甘化阳，培土生金。若气虚明显者，可加"性禀中和，不寒不燥，气冠群草，能回肺中元气于垂绝之乡"的人参和"味甘性温，质轻皮黄肉白，故能入肺补气，入表实卫"，有"补气诸药之最"美誉的黄芪。肺居上焦而喜清肃，若肺阴不足，或胃阴不足，虚热内生，上熏于肺，灼津为痰，则见咳嗽气逆、咽喉不利、口中浊唾涎沫黏稠难出、脉虚数的虚热肺痿，治用麦门冬汤止逆下气、润肺化痰。若心肺阴虚，百脉失养，则致百合病。该病临床表现虽然繁杂多变，但只要抓住心肺阴虚内热这一根本，以百合地黄汤随证加减治之，常可使阴复热清，百脉调和，诸证自已。肺主气而司呼吸，若寒饮犯肺，阻塞气道，可致咳嗽气喘、喉中痰鸣、胸中胀满之肺胀，或见咳逆倚息，短气不得卧，其形如肿之支饮。对此，仲景善用辛温宣散之麻黄，配温化水饮之半夏、细辛、干姜或生姜等，如射干麻黄汤、小青龙汤等。若饮郁化热者，可酌配生石膏，如越婢加半夏汤、厚朴麻黄汤。同时，注意散中有收，开合有度，酌配五味子、芍药等酸敛之品，以防发散太过，耗伤肺气。肺为贮痰之器，若患者咳嗽气喘，时时吐稠痰胶黏，胸闷如窒，或痰多色白，端坐呼吸不能平卧者，为痰浊塞肺之证，可见于肺胀、悬饮、支饮等，治宜泻肺涤痰，宜酌选皂荚丸、十枣汤、葶苈大枣泻肺汤等。

刘献琳将《金匮要略》所论杂病涉及脾脏者，概括为脾阳（气）虚、脾虚水聚、湿热蕴脾、寒湿困脾、脾不统血、脾阴不足六端。在治疗上，仲景多以人参、白术、甘草为主甘温益气，代表方剂为人参汤；若阳虚阴盛者，加蜀椒、干姜，如大建中汤；兼寒湿者，主以甘姜苓术汤。若脾虚不运，不仅容易招致外湿的侵袭，也可因水液代谢输布障碍而导致内湿或水气病。若湿热蕴脾，脾失健运，土壅木郁，"脾色必黄，瘀热以行"，则见目黄、身黄、小便黄的黄疸病。其中热重于湿者，偏重阳明，当以茵陈、栀子、大黄为主药，清热利湿通便，使黄毒从大、小便而去；湿重于热者，偏在太阴，当伍茯苓、泽泻等淡渗利湿之品，如茵陈五苓散。至于脾不统血之吐血、衄血或下血，则立足于温中摄血，可酌情选用柏叶汤及黄土汤、胶姜汤等。《金匮要略》所论杂病虽有 60 种之多，证型也较为复杂，通过运用脏腑辨证，有助于把握病位主体，从而使遣方用药更具有针对性。

刘献琳在总结其治疗面神经麻痹的经验时指出：该病属《金匮要略》中风病范畴。由风寒之邪，侵犯太阳、阳明经脉，气血津液运行不畅、筋脉失养所致，即所谓"贼邪不泻，或左或右，邪气反缓，正气即急，正气引邪，㖞僻不遂"，属外风，治之首推牵正散。运用该方时，需注意以下几点：第一，改散剂为汤剂，古人云："汤者，荡也。"该病初起，以邪气盛为主要矛盾，汤剂药力宏大，有利于速去其邪。第二，白附子用量宜大，牵正散由白附子、僵蚕、全蝎各等分，共为细末，每服 1 钱，温酒送下。古人认为，白附子有毒，常用剂量为 1 ～ 1.5 钱。然此药入阳明经，祛风化痰，通络止痉，善治头面诸疾，主行药势，刘献琳将其作为治疗面神经麻痹的主药，剂量常达 30g。经多年临床观察，疗效颇佳，未见不良反应。第三，配合祛风药，因本病系风寒之邪侵袭经脉所致，风自外入，当散而祛之，故宜配荆芥、防风、薄荷、羌活，以散太阳经之风邪；葛根、白芷以祛阳明经之风邪。第四，配息风止痉之蜈蚣，以增强全蝎、僵蚕祛风通络之功。

衷中参西，融会新知

刘献琳虽出身中医世家，但从不排斥西医，认为无论中医、西医，终极目标都是为患者解除病患疾苦，只有互相学习，取长补短，才能不断促进各自学术体系的完善，更好地服务于临床。其在《治疗病毒性肝炎的几点体会》一文中指出：急性病毒性肝炎，西医分为急性无黄疸型肝炎和急性黄疸型肝炎两类。中医所讨论的黄疸属于后者，其病因主要是脏腑功能失调，感染外邪。《金匮要略》黄疸病篇曰："寸口脉浮而缓，浮则为风，缓则为痹，痹非中风。四肢苦烦，脾色必黄，瘀热以行。"因风为六淫之一，古人所说的六淫之邪致病，除了物理性致病因素外，还包括生物性致病因素，故《千金翼方》卷18认为："凡遇时行热病，多必内瘀着黄。"古人所说的热病，应该包括西医学所说的多种传染病。因此，无黄疸型肝炎的证治可从古籍中的胁痛探求。其临床表现除胁肋胀痛外，多兼腹胀、倦怠乏力、舌淡胖、苔薄白，或食欲不振、胃脘胀满、恶心、呕吐、嗳气、苔厚腻等。在治疗上，刘献琳始终坚持"中学为体，西学为用"，注意把握三个要点：第一，认清标本。因急性黄疸性型肝炎多以邪实为本，正虚为标，且以阳黄居多，治宜清利湿热、利胆退黄，佐以解毒，基本方为茵陈蒿汤合四苓散，且方中茵陈用量宜重，一般在 30～60g，而大黄的用量应以服后保持大便微利为度，这对于排出体内湿毒，提高退黄效果至关重要。本着除邪务尽，祛邪安正的原则，刘献琳特别强调：治疗急性黄疸型肝炎，不可一见虚象即妄用温补，使病情反复。而无黄疸型肝炎，无论急性还是慢性，多以正虚为本，邪实为标，尤以肝郁脾虚者居多，治宜疏肝健脾，方用逍遥散加减。有郁热者，加黄芩、山栀、龙胆草等泻火以解毒；脾虚甚者，加黄芪、党参；肝气犯胃者，加苍术、厚朴、枳壳；肝区痛甚者，加丹参；肝阴不足者，加沙参、麦冬以柔肝养阴。第二，整体治疗，调养为主。在治疗无黄疸型肝炎时，即使呈现肝大而质韧，亦不可徒用攻破逐瘀之品，以免诛伐无过，影响病体康复。第三，对肝功化验异常的认识和处理：刘献琳通过多年的临床观察，总结出一套针对肝功化验指标异常的用药经验。黄疸指数高者，多属湿热毒邪蕴蒸，治之必用茵陈蒿、田基黄、玉米须，并酌选黄芩、黄连、黄柏、山栀、大黄等清热解毒之品，配茯苓、车前子、泽泻等淡渗利湿之品。而急性肝炎，或慢性肝炎活动期谷丙转氨酶升高者，若见舌红、苔黄腻、脉弦数或滑数，则为肝经湿热，治宜清泄肝热，佐以利湿化痰，方用龙胆泻肝汤合二陈汤加减。湿热去，舌苔退，谷丙转氨酶多会下降。若见胁痛隐隐、心烦、口干咽燥，尤其是舌红、少苔或无苔，则为肝阴亏虚，多见于慢性肝炎活动期，治宜养阴柔肝，选用沙参麦冬汤加减。肝硬化腹水多由慢性肝炎迁延不愈所致。腹水的出现，常提示肝硬化已进入晚期。患者除食欲减退、倦怠乏力、体重减轻、腹胀、腹泻等常见症状，以及肝脏质韧或坚硬，表面呈粒状或结节状，脾肿大，面色黧黑，黄疸等体征外，肝功能检查往往突出表现为蛋白质代谢异常，如血清总蛋白，尤其是白蛋白降低而球蛋白升高，甚至白蛋白与球蛋白比例倒置；血清蛋白电泳白蛋白减少，γ-球蛋白增加者，应扶正与利水并施，常常通过疏肝养血，益气健脾，使肝气条达，脾气健运，进而达到消除腹水的目的。倘若不能认识到腹水乃肝脾功能失调的病理产物，属病之标，而徒以利水逐邪法治之，必然会更伤正气，正气无力抗邪，腹水终难消除。

刘献琳认为，白蛋白属人体的精微物质，离不开脾的化生与健运，故在治疗肝硬化腹水时，除了以当归、白芍配柴胡养血疏肝外，常重用黄芪、党参、白术配甘草益气健脾，培土以荣木，健脾以利水。传统方法治疗腹水，多侧重于攻逐水饮或淡渗利水。刘献琳通过向西医学习，认识到此法极易因损伤肝肾之阴而诱发肝昏迷或大出血，不可不慎。基于此，刘献琳治疗肝硬化腹水时，十分注意逐水与养阴并举，喜随证配伍沙参、麦冬润肺以滋肾，使利水消胀而无伤阴之虞，实属上工之治。

淡泊名利，以德统才

作为医生，刘献琳在临证中不务虚名，唯求实效，接诊的患者再多也决不敷衍，尤其对初诊者，总是注意通过恰当的问诊，了解其发病原因、就诊过程、对治疗的反应等，全面收集临床资料，娴熟运用中医理论分析、归纳病机，明确诊断后拟定适宜的治法及方药，并详细记录在案。对于疗效不佳者，敢于直面，不文过饰非，反复推敲处置欠妥之处，及时予以修正。遇到自己经验较少的病证，亦不草率诊治，而是向其介绍术有专长的医生。由于善治杂病、怪病，刘献琳门诊量很大，但从没有亲疏远近之分，倡导公平就医；对于家境不好的患者，不仅精心诊治，还注意尽量使用简、便、廉、验之方药，为其减轻经济负担。

刘献琳禀性谦和敦厚，在学术上孜孜以求，注意向前辈学，向书本学，向包括西医在内的同行学习。例如，五参汤（党参、玄参、苦参、北沙参、丹参）是他人治疗房颤的一张方子，刘献琳通过临床应用，反复验证，发现该方不仅对房颤有较好疗效，经过适当加减化裁，还可治疗多种心律失常。如合银翘散治疗感冒后心动过速伴全身明显乏力者；合生脉散治疗心肌炎频发早搏属心肺气阴两虚者。

在学校工作近 50 年，刘献琳始终脚踏实地地对待工作，认真周到地对待患者，严格耐心地指导学生，谦虚真诚地对待同道，锲而不舍地追求真理，实事求是地对待成败，以精良的医术，渊博的学识，高尚的品格赢得广大患者及师生的尊敬和爱戴。

本文作者为刘献琳的学生张甦颖、陶汉华，原载《山东中医药大学报》2016 年 6 月 24 日第 17 期，收录时略有删改。

"五个一"成就超凡人生
——记国医大师尚德俊

尚德俊（1932—2020），河南济源人，第二届国医大师、全国中医药杰出贡献奖获得者，我国著名中西医结合外科专家、周围血管疾病专家，全国老中医药专家学术经验继承工作指导老师、山东省有突出贡献的名老中医药专家，享受国务院政府特殊津贴。

尚德俊从医从教 60 余载，一直从事中西医结合治疗周围血管疾病的临床、教学和科研工作，开辟了国内中西医结合治疗周围血管疾病之先河，创立了中西医结合治疗周围血管疾病的理论体系，先后担任中华中医药学会山东省外科学会主任委员、中华医学会山东省外科学会副主任委员、中国中西医结合学会周围血管疾病专业委员会主任委员、《中国中西医结合外科杂志》编委

会副主任等职。

尚德俊德高望重、医术精湛，治学严谨、造诣精深，为中医药事业传承创新发展作出了卓越贡献。他一生取得了多项重要成就、获得过多次奖励，但他总是谦逊地说"我其实没有做什么"。他从医从教从研的这 60 多年，可以用 5 个成语来概括，那就是，"一举成名""一马当先""一气呵成""一丝不苟""一片丹心"。

一举成名

尚德俊为人谦虚低调，在荣获"国医大师"称号前，他的事迹很少见诸报刊。但实际上，早在 20 世纪 50 年代，他在全国第一批西医离职系统学习中医班（天津市中医研究班）上就已经"一举成名"。

1955 年夏，尚德俊从山东医学院毕业，被分配到辽宁省锦西县卫生院（当时的县人民医院）。锦西县城当时狭小而荒凉，县卫生院条件也非常简陋，他一度怀疑自己能否留在那里。但他满怀对医学的热爱，到医院报到后不久，便调整好了自己的情绪，以满腔热情投身于紧张繁重的临床外科工作。

工作后不久的一个寒冬深夜，医院外科病房收进了一位急腹症患者。尚德俊在仔细询问患者病史和检查后，诊断为急性阑尾炎，并在时任院长许杰鼓励下，主刀施行了县医院的第一例阑尾切除术。手术利索轻快，全程仅用了 30 分钟。这次手术使他收获了信心和勇气。在当时设备、环境简陋的情况下，他积极开展了普外科、急腹症、肛肠疾病、创伤等疾病的诊治和手术治疗，并经常出诊到农村、矿区，为农民、工人看病。在工作中，尚德俊深感自己知识的贫乏，缺少临床经验。于是，他一边努力工作，一边发奋读书。那段时期，他经常读书至深夜，想把白天工作中遇到的疾病和难点，都在夜读中消化吸收或寻到答案。

一年左右的时间里，尚德俊在艰苦的环境里，广泛实践，学到了许多知识，为以后临床工作打下了坚实的基础。

1956年夏天，由于勤奋和工作出色，尚德俊被选派参加了全国第一批西医离职系统学习中医班（天津市中医研究班）。一开始，他并不乐意，总觉得自己是学外科的，不用学中医。但他还是带着复杂、疑虑的心情去了天津。

"既来之，则安之。"尚德俊到学习班报到后，并没有任意而行，而是按照"系统学习、全面掌握、整理提高"的方针，虚心刻苦，努力钻研。他经常在凌晨三四点时悄悄起床，去教室攻读中医经典名著——《黄帝内经》《金匮要略》《伤寒论》《神农本草经》，理解、记忆、体会、吸收。经过六个月的学习钻研，他逐渐克服了中医古籍深奥难懂的困难，系统学习了中医经典著作、中医基础理论及临床各科诊断和治疗知识等，并在学习班后期，到南京中医学院、江苏省中医院实习针灸、内科等，还特别到全国著名的苏州市中医院实习外科。在这段时间内，尚德俊跟随多位著名老中医、中医专家临证实习，虚心学习他们的诊疗经验、用药规律和特长，开阔了思路，学到了更丰富的知识。

1958年，尚德俊在学习之余，经过深刻思考，写出了《学习针灸疗法的几点主要收获与体会》和《针灸疗法治愈扭伤病例介绍》两篇论文，分别发表在《中医杂志》和《江苏中医》上。他也成为学习班上首个发表论文的人，而且《学习针灸疗法的几点主要收获与体会》被学习班的中医老师评为西医学习中医的最好论文。

1959年，经过近三年的学习，尚德俊初步掌握了中医基本理论和辨证论治，也真正认识到了我国传统医学所具有的独特理论体系和丰富的经验，最终，以优异的成绩被评为优秀学员第一名，获得卫生部颁发的唯一金质奖章和证书，并作为学员代表在毕业典礼上发言。在发言中，他表示"虽然结束了在中医研究班的学习阶段，但这不是从此停止了学习，而是重新走上学习和研究祖国医学的艰苦道路……"

在全国第一批西医离职系统学习中医班（天津市中医研究班）上的这次"一举成名"，时隔近60年，尚德俊提起时还是难掩心中的兴奋和自豪，他说道："我到现在就受过三次表彰，这是第一次，以后1978年的全国科学大会奖是第二次，荣获'国医大师'是第三次。"

一马当先

20世纪五六十年代，山东省内血栓闭塞性脉管炎的发病率很高。此前，莱西县卫生院的安省亮（1958年）和济南市中医院的李廷来（1959年）等，在山东省内首先报道了应用四妙勇安汤、顾步汤、阳和汤等治疗血栓闭塞性脉管炎的情况。从1959年开始，山东省立中医院（山东中医药大学附属医院前身）对血栓闭塞性脉管炎的辨证论治进行了临床研究。尚德俊在天津学中医时，看到中医老师应用针灸疗法治疗血栓闭塞性脉管炎取得疗效，引起了他极大的兴趣。后来，又读到著名周围血管外科学家王嘉桔教授的《治疗血栓闭塞性脉管病临床观察初步报告》等理论文章，使尚德俊真正开始踏入周围血管疾病领域。

1959 年，尚德俊从西学中班毕业后，被分配到山东省立中医院外科工作。除学习和继承著名外科专家张瑞丰、李廷来临床治疗血栓闭塞性脉管炎的经验之外，他辨病与辨证相结合，以病串证，同病异治，如饥似渴地学习治疗脉管炎的文献资料，了解最近研究动态。由于自己是外科专业，尚德俊便应用现代科学知识和方法，根据中医学理论，将外科知识融入其中。从此他踏上了漫长的中西医结合治疗周围血管疾病的临床、教学和科研之路，并在这一领域始终一马当先，取得了一个又一个突破：

1964 年，尚德俊在我国首先创制四虫丸，后相继创用活血通脉片、通脉安等药品，在治疗血栓闭塞性脉管炎等疾病上取得了不一般的效果。

1965 年，在南京召开的中医中药治疗血栓闭塞性脉管炎临床研究工作会议上，尚德俊做了关于《中医治疗血栓闭塞性脉管炎 80 例临床观察》的报告，受到了著名周围血管外科学家王嘉桔教授的高度评价。

1969 年，尚德俊撰写了约三万字的论文《中西医结合治疗 221 例血栓闭塞性脉管炎经验》，获得了有效率 87% 和治愈率 46.4% 的良好效果，并把截肢率降低到 9.5%。这样好的治疗经验，就算在如今也是难能可贵的。

1971 年 10 月，卫生部在济南召开了中华人民共和国成立以来首次全国中西医结合治疗血栓闭塞性脉管炎经验交流会议，由尚德俊和李廷来教授主持。尚德俊在大会上报告了血栓闭塞性脉管炎的治疗经验，并受卫生部委托，主编了《血栓闭塞性脉管炎防治手册》，于 1972 年出版，这是中华人民共和国成立以来第一部血栓闭塞性脉管炎研究专著。

1978 年，尚德俊的研究成果"中西医结合治疗血栓闭塞性脉管炎"荣获全国科学大会奖，他本人也被评为全国医学科研先进工作者。这是周围血管疾病研究领域迄今为止取得的最高奖。

在科学大会的鼓舞下，尚德俊一鼓作气，又总结了临床治疗周围血管疾病的经验。1979 年，学术专著《周围血管疾病证治》出版了，它总结了周围血管疾病治疗法则和颇具水平的辨证论治规律，是中华人民共和国成立以来，我国第一部周围血管疾病研究专著，从而结束了我国经历 20 年的血栓闭塞性脉管炎单病研究的历史。

1983 年，尚德俊出版学术专著《中西医结合治疗血栓闭塞性脉管炎》，全面总结我国中西医结合治疗血栓闭塞性脉管炎经验。

1983 年，全国中西医结合学会周围血管疾病专业委员会成立，尚德俊当选副主任委员。

1983 ～ 1988 年，尚德俊主持《中西医结合治疗周围血管疾病》笔谈，对血栓闭塞性脉管炎、闭塞性动脉硬化症、下肢深静脉血栓形成等 6 种疾病进行了深入的论述，连续在《山东医药》上发表，极受好评。

1990 年，尚德俊出版学术专著《中西医结合治疗周围血管疾病》，总结了 20 多年来临床治疗周围血管疾病的经验，在我国尚属首部。

1992 年，尚德俊出版学术专著《外科外治疗法》，是我国第一部外治疗法研究专著。

1993 年，尚德俊出版学术专著《外科血瘀症学》，是我国第一部外科血瘀证学专著，创立了外科血瘀证学和外科疾病瘀血理论，总结了外科（周围血管疾病）血瘀证及活血化瘀法治疗经验。

1998年，尚德俊出版学术专著《中西医结合治疗闭塞性动脉硬化症》，这是中华人民共和国成立以后，我国第一部闭塞性动脉硬化症研究专著。

2001年，尚德俊的学术专著《周围静脉疾病学》出版，是我国第一部周围静脉疾病研究专著。

2004年，尚德俊出版了近百万字的《中西医结合周围血管疾病学》，这是我国目前最完善的周围血管疾病学权威性专著，具有极高的学术水平和实用价值，是25年学习、实践的积累。

2009年，尚德俊出版学术专著《尚德俊外科心得录》，主要总结外科、周围血管疾病临床经验心得。

临床实践是学习发展我国中医药学的基础，是形成中西医结合研究思路的源泉。尚德俊不断地学习，不断地进步，不断地积累经验，逐渐成长起来，60多年来，出版6部外科专著，11部周围血管疾病专著。

尚德俊就这样一马当先，接连出版了系列高水平学术专著，全面系统地总结了我国中西医结合研究的进展和成就，对中西医结合医学的发展，对创立我国中西医结合周围血管疾病学，对推动我国周围血管疾病事业的发展，都作出了巨大贡献。

一气呵成

尚德俊写东西时，喜欢一气呵成，他总觉得一旦中间停下来，就会找不到感觉。所以，他的学术论文和著作几乎都不用打草稿。每当准备写论文或著作时，他都是利用周六晚上的时间集中写。经常周六一吃过晚饭，他就把自己关在书房，先列好提纲，然后按照提纲写作，通常天亮时，一万多字的手稿就能写成。因为写得太顺，且不用打草稿，成稿后就把手稿交付给了出版社，所以，他撰写著作的手稿都没能留存。

广泛阅读为尚德俊写论文得以一气呵成奠定了坚实基础。中学时期，尚德俊随叔父在上海度过，这段时期由于生活和环境都安定了很多，他有更多的时间去读书。其间，他阅读了许多苏联和国内的文学作品，无论是小说还是散文，他都爱不释手。《钢铁是怎样炼成的》这部小说，尚德俊在高中时曾用手电筒照着在宿舍被窝里读了三遍。工作后，尚德俊在广泛涉猎医学书籍之余，还阅读了很多散文和传记文学，鲁迅、冰心、丁玲等作家的作品是他的最爱。另外，他还喜欢自己写散文，先后撰写散文、述评等40余篇。广泛的阅读，给尚德俊打下了极强的文字功底，也奠定了他在撰写学术著作时一气呵成的基础。

广泛的临床、积累和思考是尚德俊写作时得以一气呵成的另一"秘密"。1964年，他出版的第一部学术专著《熏洗疗法》，就得益于随身携带的小本子。此前的几年，他走到哪就记到哪，谁也不知道用来干什么。直到著作出版，大家才知道，那个小本子上密密麻麻地写满了临床应用中药熏洗治疗的病例及治疗效果和反应等。

妻子秦川秋是尚德俊得以安心钻研学术，撰写能够一气呵成的坚强后盾。她曾是山东省千佛山医院的内科主任，深知自己的丈夫一生就是为医学而生，她能够做的，就是给他一个可以安心钻研学术温暖的家。多年来，她在背后默默地支持着尚德俊，在生活和学术研究上给予了尚德俊莫大的鼓励和支持。1998年，秦川秋因患腮腺癌离世，尚德俊在她赴京治病时，曾在给她的信件中这样写道："你担负了全部家务，付出了辛勤的劳动，使我安心进行学术研究，我发表的学术专著11部和论文70多篇，都有你的一半功劳。"为了表达自己对妻子的深爱和愧疚，尚德俊让三个孩子都随母姓"秦"，他想让孩子永远记住为这个家奉献一生的伟大母亲。

一丝不苟

尚德俊无论在学习、工作，还是日常生活中都一丝不苟。

山东中医药大学退休第二党支部书记康秋华谈起尚德俊教授时，佩服地说"尚老师真认真，太让我们感动了，每当支部有活动时，他都积极参与。有时我们考虑他年龄大了，走路又不方便，就把学习材料捎给他自学。他就会不高兴，坚持要跟大家一起学习。"

当年，刚到山东中医学院附属医院工作时，尚德俊跟随著名外科专家张瑞丰和著名骨科专家梁铁民等广泛临证看病时，随身带着小本子随时记录，绝对是个好学生。

看门诊时，尚德俊都是早去晚走。无论超过下班时间多久，只要病号往他跟前一坐，他都要从头到尾问个仔细，时间在他和患者之间似乎是完全不受限制的。哪怕是挂号处已经停止挂号了，看到农村来的患者，尚德俊都是照看不误。

尚德俊对同事也是非常认真。以前，发表学术文章都是需要科主任先审阅签字。曾有一位同事请尚德俊审阅一篇学术文章，尚德俊看了之后直接说："写得不真实，你治疗的病例有这么多吗？"这么一问，同事有点难堪："就是多写了几个……""那不行！你有几个就是几个，多写了这文章就不真实了。"那位同事多次修改之后，才算过了尚德俊这一关。

尚德俊对学生要求也严。他带的第一届研究生张恒龙到现在都完好地保存着老师在 30 多年前为他修改的论文，所有的修改意见都用红笔一条一条清清楚楚地罗列出来，连标点符号的改动都是恰如其当。

尚德俊对自己写的文字材料要求也很高，每个章节、段落，哪怕一个标点符号，他都要仔细斟酌。也难怪出版社尤其喜欢出版他的著作，因为收到手稿后几乎不用修改，就可以印刷了。

生活中，尚德俊起居也很有规律，饮食有节，坚持散步。饮食以蔬菜和粗粮为主，清淡饮食，早饭经常是一碗玉米糊、半个馒头、2 个鸡蛋；中午一碗青菜，半碗米饭或煎饼或窝头。一般情况下，他晚上 9 点左右睡觉，偶尔遇到好看的电视剧，就晚一会儿睡。

一片丹心

尚德俊不仅医术精湛，而且医德高尚，在 60 多年的从医生涯中，他始终以患者为中心，想患者之所想，急患者之所急。

1987 年，山东中医学院附属医院周围血管病科的床位极度紧张，很多患者住不上院。尚德俊看在眼里，急在心里，他主动与济南军区干休所商量合作办病房。听明来意，军区的医生问道："你们医院的大夫过来看病号、查房，也不能没有一点效益啊。"尚德俊摆摆手："不谈效益，我也不要提成，患者来找我看病却住不上院，我心里太过意不去，跟咱们这边合作就是为了解决他们的住院治疗困难。"就这样，合作开了 43 张病床，极大地解决了患者看病难的问题。

有一次，医院收了一位因脉管炎脚趾头坏死的患者，伤口感染绿脓杆菌，以致整个病房都弥漫着难闻的气味。当时又是夏天，捂上三层口罩进病房都熏得慌。医护人员实在受不了了，就在三层口罩中间再放上一层沾了酒精的纱布，但鼻尖残留的气味还是让他们饭都吃不下去。尚德俊却不在乎，他直接蹲下去给患者换药，换完药洗了手，好像什么事都没发生。

尚德俊从来不在其他医院做"挂牌专家"。他说："我不是不能两处跑，但我的病号这么多，不一定什么时候来找我，还有从外地来的，要是来了不能解决困难，这就是我对工作、对患者的不真诚。"

尚德俊对患者尽心尽责，赢得了患者们的一致好评。同时，他也以自己的行动潜移默化地影响着同事和学生。他极为看重病历的书写，要求科室医生在书写病历时，住院病历要填上门诊号，门诊病历上要填上住院号，这样交叉进行，正规书写，而且自己严格执行，每一份病历，他都认真工整地填写。"这样写病历的习惯我到现在都有。我的手腕处有腱鞘炎，但在书写病历的时候还是做到完善而工整，手腕再疼也坚持完成。不在老师身边这么多年了，但总感觉一直有人在监督着自己，还会有人来检查我的病历写得怎么样。这就是受益。"张恒龙说道。

尚德俊还把自己整理好的或是发表的资料主动送给学校图书馆，材料整整齐齐地包好，上面写上：珍贵资料，注意保存。理解他的，明白这是一位迟暮大医的良苦用心；不理解他的，可能觉得他不知谦虚，恃成就而骄傲。但他从来不考虑这些，他不怕被误解，一心想的是要把自己的研究成果毫无保留地奉献出来。

尚德俊对中医事业充满敬畏，刚荣获"国医大师"称号时他说："中医药博大精深，自己从医近六十年，在学校的培养和领导同事们的关心帮助下，我只是在很小的领域取得了一点成绩。如今，我年事已高，精力也大不如从前，在事业上难以再拓展，空有一片丹心。可痛心的是，现在的部分年轻人有那么好的条件，却不好好利用，治学不严谨，学问做得很不扎实。真希望能有更多的年轻人立志投身中医事业，踏踏实实为祖国医学的传承弘扬作出贡献。"

本文作者崔国军，原载《山东中医药大学报》2014 年 11 月 14 日第 29 期，收录时略有删改。

淡泊功与名　永远在路上
——记首届全国名中医丁书文

丁书文，1941 年 12 月出生，山东单县人，山东中医药大学附属医院心病科主任医师，博士生导师，全国名中医、山东省名老中医、山东中医药学会心脏病专业委员会主任委员。第三批、第四批、第六批全国老中医药专家学术经验继承工作指导老师，国家中医药管理局名老中医药专家工作室指导教师，获第四批师承优秀指导老师奖。2011 年 3 月，丁书文名老中医传承工作室授牌。

　　他出生在鲁西南农村，幼年时亲人的求医经历让他刻骨铭心，立志长大后"做个文化人，当个好医生"。

　　他初学西医，后来却凭着对中医的满腔热爱，最终成长为一名优秀的全国名中医。

他传承经典、创新发展、大医精诚，率先提出心系疾病热毒学说，将传统抗疟中药青蒿、常山引入抗心律失常的治疗，开拓了治疗心脏病的新途径。

……

他就是全国名中医、山东中医药大学附属医院心病科主任医师丁书文。

做文化人，当好医生

丁书文的从医梦，还得从他懵懂少年时讲起。

1941年，丁书文出生在山东单县一户贫困农家。祖祖辈辈在鲁西南这片宽广的土地上日出而作、日落而息。虽然父母为了生计，成年累月、起早贪黑地在地里操劳，但生活依旧艰难。原本无忧无虑的孩童时代，由于母亲的眼疾和四姐的严重哮喘，让全家人的生活蒙上了一层阴影。

"当时我也就十多岁，家里人生病后，都是我和父亲去请先生。记得我们那块儿有一位中医大夫徐老先生，很胖，慈眉善目，离我家有十五六里路。天还不亮，父亲就带上我启程了，用农村那种笨重的独木轮车，农村小路不好走，父亲在后面推，我就在前边拉，把徐老先生接到家后，先吃饭再看病，看好病后再推着车子送回去，顺便从他家抓药。回来再泡药、熬药，等吃上药，天已近傍晚。"回忆起当年那段为亲人艰难求医的经历，年近八旬的丁书文不胜感慨。

年幼的丁书文多么盼望自己快快长大，盼望着自己能当医生，治好母亲的眼病，治好四姐的哮喘。那时，农村有文化的，一是老师，二是赤脚医生，尤其是懂中医的老先生，更受人尊重。

"做个文化人，当个好医生"成了丁书文最大的梦想。美好的梦想像一粒种子，深深地埋在了他的心里，提醒他为之努力。

1949年，单县解放，人民当家作主。第二年，村里办起了学校，农民的孩子得以背起书包进学堂、学文化，丁书文和四个姐姐也能高高兴兴地上学了。

1960年夏天，丁书文以优异成绩从单县一中初中毕业。考虑到家里的经济压力，他放弃报考高中。经过紧张的复习考试，考上了菏泽医学专科学校。

踏入医学殿堂后的丁书文格外珍惜这难得的学习机会，在菏泽医专的四年时间里，丁书文得以较为系统地学习了医学基础知识，又通过半年的临床实习，初步掌握了一定的西医临床技能，熟悉了医院工作程序，为将来近六十年的行医路打下了良好基础。

"很多老师的精彩授课给我留下了深刻印象。还清楚记得讲微生物的王裕太老师，他中等身材，衣着朴素，声音洪亮，语速流畅，知识渊博，表达力强，能写会画，一笔即可画出一只小鼠。"丁书文说，那时虽然正值国家经济困难时期，粮食紧缺，食不果腹，但因为离梦想更近了一步，丁书文仍然感到很幸福，早起晚睡、寒窗苦读，学习成绩名列前茅。

丁书文回忆，那时中医课很少，但有一位教中医的卢老师，给他留下很深的印象，让他对中医产生了浓厚兴趣。

1963年末，丁书文与同班十几位同学去聊城专区人民医院实习。

　　"那时，患者从入院到出院都是一个人负责，收集标本也得自己送到化验室。来了患者后，写病历病程，查房时要汇报病历。白天来的患者必须当天完成全面查体及住院病历书写，晚上来的患者也要写个首次病程记录，以便第二天汇报。工作量大又繁杂，经常要加班加点，有时候熬到很晚就不回宿舍，干脆在病房或门诊走廊连椅上眯一会儿。等天一亮，又赶快去给病患抽血、留大小便标本、送检等，如果抽血不顺利，来不及吃早饭就跟随查房了。"丁书文回忆，那时条件比较艰苦，但却充实而快乐，中医临床也是在那时开始接触的。

结缘中医，如鱼得水

　　1964 年，23 岁的丁书文从山东菏泽医学专科学校毕业了，被分配到山东中医学院解剖教研室做实验员。

　　在外人看来，一个专科毕业的大学生，能分到省城的大学里工作，令人羡慕。可在丁书文的心里，这份工作没遂自己的心愿——他想上临床当个好医生。

　　来到山东中医学院工作后，置身于中医的环境里，睁眼见中医，张口说中医，这无疑激起了丁书文对中医的浓厚兴趣，也勾起了他的初心。于是，他利用业余时间读中医书籍，抄经验方，每天自学到深夜。日久天长，光经验方子，他就抄了好几大本。

　　1966 年春，丁书文的"春天"也来临了——在他的积极要求下，组织安排他去当时的济南铁路医院做临床医生。

　　"当时这所医院是山东中医学院的教学医院，中医学院的部分西医、中医老师在那里上班，中西医结合大家肖珙教授、中医大家周次清教授也去那里上班。"初涉临床，丁书文便有幸结识两位大家，并在日后把他领进了心血管专业的大门。

1968 年，丁书文从教学医院转到了山东中医学院附属医院。当时的山东中医学院附属医院卧虎藏龙，出诊医生大都是从各地选拔上来的有相当名气的纯中医。在这里，老一辈中医人严谨求实的工作态度、学术作风对他产生了很大的影响。

置身于中医大家集聚的环境里，身处谈中医、用中医的浓厚氛围中，丁书文像极了久旱遇甘霖的禾苗，抓住一切机会汲取养分。

"我当时实际上是边工作边学习，最高兴的就是有机会近距离跟名师学习。像建院初期老一代中医大家韦继贤、冯鸣九、叶执中；治疗胃肠病的李庭玉和张哲臣两位老大夫，李老是温热派，善用附子、干姜，张老是寒凉派，善用黄连、黄芩，两人学术观点、治病路径相悖，都很有名气。"回忆起当年岁月，丁书文笑着说自己"没有恪守门规，学习如饥似渴，就像一头小牛，多吃草、猛干活，这对我以后的发展产生了很大影响"。

1971 年，不满足"零打碎敲"学习的丁书文又报名参加了山东省西医学习中医培训班，得以比较系统地学习了中医基础理论知识。

20 世纪 70 年代初，山东中医学院附属医院内科开始实行专业分组，心血管专业组应运而生。当时，资深西医专家、全国首批西学中专家肖珙教授担任内科主任兼心血管专业组负责人。

丁书文在铁路医院工作时，因工作努力、学习勤奋，得到了肖珙的赏识。此时，肖珙毫不犹豫地把他吸收了过去。从此，丁书文走上了心血管专业诊治之路。

"肖珙教授是老齐鲁大学毕业，留在山医附院工作多年。

1958 年毛主席提出中西医结合，西医要学习中医，他是第一届西学中学员。1965 年肖珙教授来到中医学院，直到 1978 年又调回到山医附院。"忆及当年，丁书文很是感谢肖珙教授把他领进门，"他给省中医带来了中西医结合理念，他当科主任以后，科里业务发生变化，医院逐渐有了心电图机、心电生理记录仪等。当时还与山医附院联合查房、会诊，开展心房纤颤电击除颤治疗项目。肖主任临床经验丰富，我印象比较深的是他讲听诊，他主张最好隔一层内衣听诊，可以避免摩擦产生杂音，还教我们如何听第四心音……"

为了进一步提升业务水平，1978 年，37 岁的丁书文报名参加高考制度恢复以后首次研究生招生考试。

"当时，工作繁忙，家庭负担重，经济拮据，居住条件也差。全家 5 口人，居住在面积不到 16 平方米的小房子里，怎么复习？"回忆当年艰难备考，丁书文说只要自己主意拿定，困难再多都能咬牙克服——他每天早起晚睡，七八月份的济南特别闷热，别人都在室外摇着蒲扇乘凉，而他却在三十五六度的闷热环境里，苦学到深夜一两点钟。

功夫不负有心人，最终他接连攻克外语关、专业关，考取了山东中医学院 1978 级首届中医内科学硕士研究生，师从全国著名中医学家周次清先生。

作为山东中医学院的第一届研究生，也是周次清教授的第一个研究生，丁书文得到了导师的格外关注，导师的学术思想、处事风格也深深影响着他。

"周老师是我的授业恩师，是我人生当中最重要的人，我的很多临证经验、学术思维，以及做人处事的方法都来源于他。跟随周老学习期间，周老严格要求，定期布置读书目录，按时辅导讲解，检查读书笔记。跟随周老门诊抄方，在周老指导下研究冠心病病机与肾虚，补肾固本治疗冠心病的疗效，最终完成毕业论文《冠心病与肾的研究》。"忆及恩师，丁书文眼里难掩泪花。他说，周老自幼学习中医，嗜好买书、藏书、读书，精研中医历代名著，精通医理，学术细腻。从医六十多载，临床经验丰富，用药精练、蕴含深奥，法中有法、方中有方，临床遇到难题善于从经典中寻找思路、寻求答案。特别是周老五十多岁又积极接受西方医学，虚心向西医专家学习，态度谦逊，让西医专家钦佩不已。

1981 年，丁书文硕士研究生毕业，导师周次清教授把这位得意弟子留在了身边，师徒传承，手把手地教，带着丁书文打开了一扇通往广阔天地的大门。在周老身边工作期间，丁书文协助周老完成了益气活血治疗冠心病的课题研究，开发研制出正心泰胶囊。

衷中参西，德术并举

"凡大医治病，必当安神定志，无欲无求，先发大慈恻隐之心，誓愿普救含灵之苦。"这是唐代名医孙思邈《大医精诚论》中的一句，丁书文谙熟于胸，激励着他最终走向这样一位"大医"。

丁书文从事心血管内科临床、教学、科研 50 余年，作为国内知名专家与山东省内领军者，他在临床疾病的诊治方面，发挥中医优势，坚持中西医两种方法，对动脉粥样硬化、高血压、冠心病、心律失常、心肌病、心力衰竭等都有自己独到见解和丰富

的临床治疗经验。

半个多世纪的临床实践造就了他功底踏实、技术全面、思维周全，具备处置各种复杂危急重症的能力，造就了一位临床大将、中医名师，他的专家门诊每次都挤满了慕名而来的患者。

丁书文常说："敬畏生命、尊重患者，也是对大夫自己最大的尊重。"

虽然经验越来越丰富，名气越来越大，但丁书文却变得越来越和蔼、越来越谦虚，越来越尊重患者、尊重中青年同道。每次出诊，病患再多，丁书文都充满耐心，像对待老朋友一样，和声细语地询问病情，仔细把脉、辨证、开方……直到挥手送别患者。

1976 年的一天，丁书文正值夜班，一位脑瘤患者突然呼吸停止。他毫不犹豫地为患者实施人工呼吸，赢得了宝贵的抢救时间。

像这样的例子还有很多……

在临床实践中，丁书文十分重视中西医病证诊断。经他诊治的病例都有很明确的中医证候诊断、病机分析、西医疾病诊断。首诊难以明确诊断的，积极检查和会诊，在复诊时及时补充，疑难患者收住院后进一步诊治。对于学生及年轻大夫，他严格要求、反复叮嘱：病历质量反映医生的技术水平，一定要工整、认真地写好门诊病历，理法方药齐全，诊断明确，文字端正，便于长期保存、后期查询。

严谨治学，创新发展

20 世纪 70 年代初，国家发起冠心病、肺心病、高血压三病研究，周恩来总理很是关心，丁书文经历三病研究的全过程。

丁书文治学严谨，坚持创新发展，善于探索未知，对传统经典不盲目接受。在20世纪80年代，他发现典型的痰浊型胸痹患者，多使用宣痹通阳法的瓜蒌薤白半夏汤、瓜蒌薤白白酒汤等，辨证施治方法在理论上完全正确，但疗效并不理想。根据临床大量观察，他对胸痹的痰浊病机提出了质疑，发表了自己的独到见解，得到了导师周次清先生的认同。

此时，丁书文已到知天命之年。虽年过半百，但仍老当益壮、愈战愈勇。经过30多年临床积淀、学识积累，中西医知识、技术，乃至思维都已兼容通达。又参加10多年的国家新药评审、国家自然科学基金委生命科学部项目评审，他的眼界得到了极大开阔，激发了创新研究发展中医的新思维。他以宽广的学术视野、开拓的临床思路，驰骋在中医药发展的前沿阵地。

"最开始的研究主要是继承古人宣痹通阳法思想，用瓜蒌薤白组方，后来开始尝试活血化瘀法。70年代末80年代初，益气活血治法成为主流。"他回忆说，80年代末90年代初，他发现该法疗效提高滞缓，根据自己的长期观察研究提出心系疾病热毒论，将胸痹冠心病的治疗提升到益气活血解毒这一新阶段新领域。

此后，他带领研究团队从科研及临床方面进行了20多年的持续深入探索，构建起心系疾病热毒论的完整理论框架及临床实践操作范例。

丁书文进一步传承发展金元时期李东垣"火与元气不两立，一胜则一负"的阴火论，深刻诠释了气虚与热毒的关系，认为气虚是产生热毒病邪的根源，补气可祛除热毒病之源。针对冠心病、心律失常、心肌病、慢性顽固性心力衰竭等心血管系统危重病证，提出了益气活血解毒是其基本治法，并根据理论推断，益气活血解毒对恶性肿瘤、糖尿病等急慢性老年疾病将会有很好的防治前景。

只要太阳照常升起，开拓者的脚步便永不停歇。几乎在同一时期，丁书文还发现，胸痹冠心病临床疗效发展滞缓，对急危重痼疾病力不从心。通过长期临床观察及实践总结，他感悟到毒邪作祟是主因，认识到热毒已成为心血管疾病新的重要病机。由此，他在冠心病、高脂血症、心律失常、糖尿病等病的诊疗中确立益气活血解毒基本治法，高血压治疗确立平肝潜阳、降火解毒的基本治法。

丁书文心系疾病热毒学说的提出，进一步发展完善了中医理论，开拓了中医临床治疗的新路径，并在临床上广泛应用，减轻了病患脏腑损害，促进了病患心脏功能恢复。2006 年，心系疾病热毒学说获山东省自然科学奖三等奖。

淡泊功名，永不止步

从 1964 年 7 月第一次迈进山东中医学院大门算起，到跟随中医前辈学中医、用中医，到读中医研究生学习深造，再到后来一心扑在临床一线、忙于治病救人，丁书文再也没有离开过这方让他梦想成真的热土。在他看来，学校、医院就是他的根，他的家。2016 年，山东中医药大学附属医院喜迎 60 周年院庆，丁书文捐赠 5 万元购买了 200 多棵樱花树，用于医院这个大家庭的环境美化。

半个多世纪以来，是他身体力行倡导以清为补、以通为补、以调为补的养生保健新理念。

是他，在临床教学之余积极促进科研成果转化，协助周次清教授研制了正心泰胶囊、正心泰片，独立研发参龙宁心胶囊、心速宁胶囊等中药新药，先后获6项省部级科技进步奖，多项课题的研究成果达到国际先进水平。

还是他，发表《复方苤草合剂对兔动脉粥样硬化内皮细胞形态学的影响》《热毒学说在心系疾病中的构建与应用》等高质量学术论文90多篇，对中医药界产生了重大影响。

由他主编、副主编或参编的《中医临床实践与进展》《现代新药与检查》《临证经验荟萃》《中药新药临床研究指导原则》等9部著作视野开阔、编写精良、体系完备，为业内人士所称道，或长久造福后学之辈，在全国中医药高等教育中发挥着重要作用，高屋建瓴，至今还是中药新药开发研制工作中的重要参照。

《心系疾病热毒论》一书，系其20余年对热毒论探索研究成果之大成，于2016年出版。如今，年已八旬的丁书文仍笔耕不辍，又在伏案记述他的"医学人生"，誓愿把一生的珍贵从医经验和微妙临床体会留给后人。

2011年3月，丁书文名老中医传承工作室正式授牌。丁书文将他多年来积累的诊疗经验、积淀的学术思想、打磨出的系统诊疗方案，推广运用于临床，传授给年青一代。

十年树木，百年树人。丁书文与山东中医药大学附属医院共同奋斗的50余年，可谓栉风沐雨、筚路蓝缕，脚踏实地，砥砺奋进，一同成长。当年刚来校时栽下的幼苗，早已长成参天大树，他自己也从一名实验员，成长为国内中医心血管病知名专家、山东省内中医界心血管防治的领军者。

　　但熟悉丁书文的人都知道，功名于他从来不是心上事，唯有所热爱的中医药事业才是他的毕生追求。

　　如今，已近耄耋之年的丁书文不服老，仍坚守在临床、科研、教学、学科发展第一线——他每天坚持读书看报，重要内容剪下分类保存；他与时俱进、紧跟时代，用电脑，刷微信，自驾车出行；他追赶学术潮流，坚持每周数次出诊，主持相关研究课题，参加权威学术会议，进行学术讲座……对于自己的状态，他笑着说："从事业年龄来看，我还是中青年。今后，我还想在学术上有所创新发展。研究中医，永远在路上！"

　　　　　　　　　　　　　　　　　　　本文作者：刘宇

新时代的"四有"中医人
——记首届全国名中医王新陆

　　王新陆，1949 年 10 月出生，湖南人，农工民主党党员，全国首批百名名中医，教授，博士生导师，中华中医药学会首席健康科普专家。曾任第十一届、第十二届全国政协常委，山东省政协副主席，农工民主党山东省委主委，山东中医药大学校长，中华中医药学会第五届、第六届理事会副会长，世界中医药学会联合会中医特色诊疗研究专业委员会第二届理事会会长，山东中西

医结合学会第三届理事会会长，卫生部"健康中国"战略规划研究专家，国家中医药管理局中医药改革发展专家咨询委员会专家委员，全国易经学会常务理事。长期从事中医内科临床医疗、教学和科研工作，具有坚实的理论基础、深厚的专业知识和丰富的临床经验，尤其擅长内科杂病的治疗，出版学术著作40余部，发表学术论文200余篇。在2003年重症急性呼吸综合征（SARS），2008年甲流，2020年新冠肺炎等抗疫斗争中，均担任山东省疫情防控指挥部医疗救治中医药专家组组长，与全省中医药工作者逆行而上，全程介入、精准研判、科学施治，取得了巨大的成绩，为维护山东人民的生命健康贡献中医智慧，为防治新冠肺炎等疫情开出了"山东处方"，贡献了山东力量。

他是共和国的同龄人，做过知青、大夫，当过大学校长。几十年来，无论身在农村、医院还是高校，他始终坚守为人民群众解除疾患的初心，奋斗在医教研和管理一线，为中国的繁荣富强贡献中医力量。他就是新时代的"四有"中医人，首届全国名中医、山东中医药大学博士生导师王新陆教授。

有传承

中医药文化是中国传统文化的杰出代表之一，中医学是一门具有极强传承性的医学。几千年来，在师傅与徒弟口传心授的传承中，发展了中医的阴阳五行、气血津液、三因制宜、四诊合参、辨证论治等医学理论和治病方法。纵观王新陆的从医之路，正是一条注重传承的医学之路。

1969年，一直在城市生活的王新陆，响应国家"上山下乡"

的号召，来到山东省烟台市牟平区高陵镇祝家疃村，成为一名知青。当时，农村条件差，百姓缺医少药，老乡们常常带病劳动，王新陆看到中医药治病简、便、验、廉，就对中医产生了兴趣。"那时候农民非常清苦，生活拮据又缺医少药，我总希望能为他们做点什么。"王新陆回忆说，"我想着我读过书，学点医术或许能帮到他们。"抱着这样的想法，王新陆托人买了本《赤脚医生手册》用来自学，同时也间断地跟随当地为数不多的大夫学习，利用闲暇时间跟他们上山识药、采药，时间久了，便也懂了一些基本中医知识。偶尔跟着大夫给患者针刺、拔罐等，时有卓效，这更激发了王新陆对中医的浓厚兴趣，立志于学习中医，为患者减少些痛苦尽微薄之力。

1973 年，王新陆考取山东中医学院，从此踏上学习中医的历程。在校期间，他虚心求教，手不释卷，获得了优异的成绩。本科毕业后，王新陆被分派到烟台市中医院工作。在临床工作中，他感到确实能为一些患者解除病痛，但治病的疗效时有捉襟见肘，深切感受到孙思邈所言"读方三年，便谓天下无病可治，及治病三年，乃知天下无方可用"的意味，遂产生了继续深造学习的念头。

1978 年，国家开始招收首批硕士研究生，王新陆决心考研深造，最终顺利通过研究生入学考试，成为全国著名伤寒大家徐国仟教授的"首席"弟子。当时负责带教的还有另一位伤寒大家——李克绍教授，两位老师共同指导 4 名研究生。李克绍教授对四位同学的要求就是背诵《伤寒论》，398 条，一条也不能少。"那段时间，我们整天都拿着《伤寒论》，走路背、吃饭背，就连睡觉前也要默念几遍，我花了整整三个月才完全背下来。"王新陆回忆说。也正是这段经历,让他真正体悟到经典著作和中医思维的重要性,这也成了以后临证用方的源头活水。这前后,为求经解,王新陆还经常请教周凤梧、张珍玉、张志远等前辈,也曾到外地拜访任继学、邹云翔、王永炎等诸多名师,受益良多。诸位老师的谆谆教诲,如甘甜玉露,让王新陆在学术上飞速成长。

1998年,王新陆出任山东中医药大学校长。他谨记恩师教诲,着重培养学生的中医学思维,探索创办传统中医班。他认为,中医教育是发展中医事业的基础,而教育的关键在于人才和学术。中医事业能否振兴与发展,能否适应现代社会的需要,关键取决于中医学术的进步与中医人才素质的提高,归根到底就是人才培养。为此,王新陆不断学习、调研、深思,总结出中医人才的培养模式必须坚持多样化原则,主要培养学术型、临床型、传统型、中西医结合型、外向型、复合型、其他类型七类人才。他带领全校积极筹划,在政府各级领导的大力支持下,于2006年把上述七类人才中紧缺的传统型人才培养方案付诸现实,开设了纯粹的中医传统本科专业,只教授中医课程,不把西医内容及英语和计算机作为必修课,并让这些学生从入学便跟师侍诊。王新陆称之为"中医基因班",着力于培养一批在现代社会中有着深厚的中国传统文化积淀、真正意义上的中医,把中医事业的基因传承下来,用传统中医方法更好地服务于人类健康。

有疗效

王新陆一直重视中医的临床疗效,他认为疗效是中医的生命力之所在。"记得在楼德、绣惠、埠村(注:山东地名)开门办学时,上午老师讲经络、穴位,下午就带我们挨家挨户出诊,给患者针灸、开药。大胆、好学、机灵的同学上午在老师授课时听了穴位定位与主治疾病，又在自己身上反复练习，下午就在老师指导下给患者进针治疗了，也是有板有眼的，很像那么回事了，记得好些患者还专门给学生们送过感谢信。"王新陆回忆大学时期的学习经历时说："这种早实践、早临床、学以致用、急用先学、教中练、练中学的学习方法，让我们眼到心到、心到手到，为我们打下了扎实的中医基础。"

毕业后行医、学习，再行医、再学习，边行医、边学习。王新陆常常要求自己，不论身居什么样的位置，作为一名医生，都不能脱离临床一线。从最初任烟台市中医院院长、烟台市副市长，到山东中医药大学校长，再到任山东省政协副主席，王新陆都定期到医院坐诊。因为他认为，中医的价值在临床，中医的活力在临床，中医的生命力也在临床，中医如果不看病，看病如果没有疗效，中医就没有存在的意义了，唯有常临床，勤学习，才能成为"苍生大医"。

王新陆指出，中医看病有一个特点，就是不能分科太细，不能跟着现代医学亦步亦趋。中医产生于深厚的农耕经济背景，讲的是天人合一、整体协调、阴阳互补、五行生克、恒动辨证，与工业经济的标准化、统一量化，有很大的差别。所以在现在要学会弯道超车，学会用大数据来证明自己的全科医特质。从医40余年，王新陆诊治患者30余万人次，所治病症涉及内、外、妇、儿多个学科，尤其擅长内科杂病的治疗，临床效果非常好。

例如对于心血管疾病的诊疗，就其症状而言，王新陆总结为两组必然症，五组或然症。两组必然症，一是胸闷、心前区不适、心绞痛；二是心悸（惊悸、怔忡）。五组或然症，一是呼吸困难、气促、咳嗽、声嘶、咳血；二是易感冒、疲乏无力、发育迟缓、瘦小；三是发绀、杵状指（趾）；四是头晕、耳鸣、晕厥；五是关节痛、皮下小结、环形红斑。就其病机而言，胸闷胸痛的根本在于"瘀"；心悸怔忡的根本在于"虚"。就其治法而言，前者以"通"为主，后者以"补"为主，分别采用自拟方参红五圣丹和甘枣五参汤加减治疗，每获良效。曾诊治一名心律失常患者，7剂而愈，10多年来未曾复发。

对于肾病综合征，王新陆认为其发病多因风邪袭表、疮毒内燔、水湿浸渍、饮食不节、久病劳倦、禀赋不足等原因导致脾失转输、肾失开阖而致。病本在脾肾，肾失封藏是蛋白尿长期流失的根本病理机制，正如《黄帝内经》所云："肾者主蛰，封藏之本，精之处也。"脾气虚弱，清阳不升，精微下注而外溢也可以导致蛋白丢失。且蛋白丢失日久，势必伤气耗阴，导致本虚标实之证，迁延难愈。治疗时应该采取补脾肾、泄毒浊的方法，注意"善补阳者必于阴中求阳，善补阴者必于阳中求阴"的原则，使阴阳相济，并根据尿蛋白长期流失的临床特点，补涩并用。2011年12月，河北廊坊一马姓男孩因肾病综合征前来求诊，当时病情严重，发育迟缓，激素副作用明显，经王新陆诊治，使用自拟经验方配合透析，病情控制良好，后于2018年1月在解放军309医院成功进行肾脏移植手术，重获新生。

以上病案，仅是王新陆行医40年来诸多病例中的九牛一毛，如此种种，不胜枚举。但王新陆自己却说："手艺人在学习过程中有四重境界，即会、通、精、化。学会了，学通了，学精了，最后进入化境了，挥洒自如、出神入化。每想及此，就非常惭愧，本人才疏智薄，又不是非常有悟性，40多年了，仍在会、通之间徘徊，会未全会，通亦难通，只能老牛奋蹄，以勤补拙，不断努力才行。"

有创新

王新陆认为，中医学需要继承发扬，必须把"继承创新，不离大宗"作为发展的理念。他回忆在烟台市中医医院担任院长时，曾邀请李克绍教授到烟台做学术讲座。是夜，他和李老促膝长谈，谈及中医学的继承与发扬时，李老意味深长地说要"继承不离大宗"。继承是指基本理论、根本宗旨不变，认真发掘我们古老文化和传统医学的真精神所在，继承中医药核心理论的科学内涵和丰富的临床经验，保持和发展中医药的特色和优势。王新陆指出，创新是与时俱进不断发展，提出新思路，探索新方法，开展新实践，争取新突破。具体而言，病名的诊断、病机认识、辨证思想都要与时俱进，在适应现代社会发展的总趋势下给中医学以现代的诠释；宗者，本也，主旨之意，万变不离其宗，谓之大宗，不离大宗是不离中医之根本，保持鲜活的中医传承、中医脉络，中医的血缘不变。继承和发扬中医的关键是"吃透"，尤其是吃透中医学的精神和根本，这样才能使其真正走在社会发展前列。

王新陆在不断临床实践过程中，认识到用固有的思路不能够完全适应临床所需，于是渐渐地有了许多新的想法，经过反复临床验证，总结了一些规律，产生了新的学术思想。比如用于防治现代疾病的血浊理论。张元素说："运气不齐，古今异轨。"生活环境变了，疾病谱系变了，思维也不能守在原地。疾病谱系的变化是临床医学发展的原动力和火车头，它的改变决定了中医理论体系的改变与治疗方法的变革。金元时期出现的寒凉派、温补派、攻下派等诸多学派并存，百家争鸣，学说蜂起的现象，细究其原因，正是由于疾病谱系的改变，新的病种不断出现，古方今病已不相能。时至今日，由于医学的发展和生活水平的提高，自然界的风、寒、暑、湿、燥、火六淫致病渐退其次，而精神因素、环境污染、不良生活习惯等成为现代疾病的主要病因，这些致病因素均可作用于血，血液失其清纯状态，或丧失循行规律，均会影响其生理功能，扰乱脏腑气机，便成为很多疾病的发病基础，王新陆将其称为血浊。许多现代疾病，如代谢综合征、心脑血管病、糖尿病、肥胖症、高脂蛋白血症、痛风等，均有血浊的特征。王新陆创制化浊行血汤，化裁治疗此类疾病，疗效显著。不仅如此，王新陆治疗皮肤科疾病亦常从血浊辨证。曾有一位结节性痒疹患者，双侧手腕后有褐红皮疹伴剧烈瘙痒，以夜间及精神紧张时为甚，几经治疗未见明显效果，王新陆察其舌脉、症状后，认为辨证属血浊、肝郁，予以自创经验方化浊宁肤汤治疗，经治6周后皮疹及瘙痒消失，获得了较好的效果。血浊理论的提出，丰富了中医学对于血的生理、病理认识及辨治思路，丰富了中医学病因病机学说，为许多现代疾病的诊疗提供了新的思路和方法。同时，血浊理论的提出，使古代文献中抽象的"浊"有了具体而实在的意义，从而为临床治疗提供了更好的标尺，使现代科学与中医学之间具有了一个切实的结合点，促进了临床疗效的提高，为中医现代化提供了方向。2020年伊始，在新冠肺炎疫情肆虐全国之际，王新陆临危受命，出任山东省疫情防控指挥部医疗救治中医药专家组组长，指出"现代抗疫，西医在治疗中可以有效地纠正湿毒疫病患者的电解质紊乱问题，从而开拓了我们在瘟疫治疗、抢救中使用人参、附子这一类益气、健脾、温阳药物的新领域，取得了新经验"。为保障山东省乃至全国人民的生命健康贡献着自己的中医智慧。

王新陆在临床用药方面也有自己的独到见解，他把中药现代药理研究成果引入传统组方原则之中，将其称为"援药"。援，引也。援药，顾名思义，支援、支持之药也。许多中药对某些疾病有十分确切的现代药理作用，可直接作用于靶器官，对主病、主因、主症有针对性治疗作用，配伍到方中能起到迅速缓解病情或改善实验室检查指标的效果，成为方剂的重要组成部分，即君、臣、佐、使、援，构成了新的组方配伍方法。如荷叶、虎杖、山楂、何首乌、泽泻可以调整血脂；苦参、甘松、黄连抗心律失常；黄连、红曲、葛根降血糖等。恰当使用援药，可直达病所，收到事半功倍的效果。

另外，王新陆还主张把"主神明"的功能归属于脑，指出这并不是异端邪说，而是正本清源，毕竟医圣张仲景也曾说过："头者，身之元首，人神所在。"明清时代对脑主精神、神志的认识就更为明确，李时珍在《本草纲目》中直接提出"脑为元神之府"论，王清任的《医林改错》更是以解剖观察和临床实践为依据，提出"灵性记忆在脑"的说法。可以看出，历代医家对"脑主神明"都有论述，而且随着时代的发展逐步深化。所以，王新陆认为，强化"脑主神明"是有源之水、有本之木，既没有脱离中医藏象理论的核心，也没有被西医改造，而是中医自身在发展，是"继承创新，不离大宗"。

有包容

王新陆积极倡导中医革新和中西医结合，强调医学理论必须联系临床实际，认为中医学是在观察总结宏观变化的基础上发展起来的一门科学，具有自然科学和人文科学的双重属性，是不断向前发展的，可以借助现代科学技术，从中医的理论创新和标准化、规范化入手，进行中医改革。而中西医结合，正是促进中医学向前发展的一个好方式。王新陆同时也深刻地认识到，无论是中医还是西医，目标是完全一致的，都是为了治病，都是为了救人，从这一点上来说，中医和西医一定要结合在一起，才能提高临床疗效，福祉归乎于苍生。尺有所短，寸有所长，中医和西医应当取长补短，互相补充。不管是中医，还是西医，如果完全抛弃了对方，都不是科学的态度。

王新陆硕士毕业后，回烟台市中医医院工作多年，在中医临证上积累了丰富的经验，同时积极学习并掌握了系统的西医学知识，他任职烟台市中医院院长之时，要求医院里的中医医生具有同等级别综合性医院同年资西医医生的现代医学水平。他是这么要求别人的，自己更是身体力行。从医期间，他曾赴武汉协和医院等多所著名西医医院进修、学习，西医学功底深厚。他以西医学知识丰富中医，使其在临证中更加得心应手。

王新陆认为，要正视中西医结合的临床需求，可以把双方的优势互补作为研究的切入点。一是诊断优势互补，中医可以充分利用西医病因学诊断优势，检查和诊断疾病，例如肝炎、胆囊炎、脂肪肝、胰腺炎、胸腔积液、带状疱疹、肝癌、结肠炎等疾病均可出现胁痛，那么在诊断"胁痛"患者时，就应该利用现代检查手段，区别胁痛究竟为何因所为，这样不仅利于中医走向世界，而且可以帮助临床医师明辨预后，对指导治疗用药也颇多裨益；但如果遇到暂时不能明确诊断的疾病，就要充分运用中医对证候的认识。二是治疗优势互补。这主要可分为如下几个方面：首先是阶段性合理用药，中医药可以利用辨证论治的优势，对某些疾病提前介入治疗，例如糖尿病、高血压等疾病的早期阶段，可以用中药补偏救弊，燮理阴阳，调整脏腑，以达到未病先防、有病早治的目的。其次是用中药来对抗某些西药的毒副反应，例如中药可以减轻激素的副反应、缩短撤减时间，减轻化疗药物的毒副反应，增强放化疗患者体质，提高生活质量等。最后是联合用药，中西药各有其作用环节和优势，可采取联合用药的方法，以达到增效的目的。

王新陆传承近代著名医家施今墨先生辨病与辨证相结合的学术思想，指出"中医只有症状学而没有疾病学"。针对此问题，他提出可以充分运用中医学辨证论治的优势，以现代医学疾病分类学为纲，总结现代医学各种疾病的证候规律和特点，这是中西医结合的一条值得探索的临床途径。其代表性著作《王新陆中医内科治疗经纬》正是按照西医对疾病的分类和命名进行表述的，这种方法既可保持和发扬中医特色，又可促进中医的规范化和中西医结合。沿此方向不断努力，逐步总结出现代医学中每一种疾病的证候规律特点，中西医之间的共同语言就会越来越多，中西医才能实现真正的融合。中医和西医都是以人体为研究对象的医学科学，只不过是认识疾病的角度、方法和对疾病本质的理解等存在较大区别，但二者的出发点和目的是相同的，研究客体也一致，因此，其互补性是必然的。整体和局部的结合肯定是一个完美的结果。换句话说，中西医结合不仅是可行的，而且其结合可以提高人类生存水平。

中华人民共和国成立以来，我国中医药事业取得显著成就，为促进人民健康作出了重要贡献。习近平强调，要遵循中医药发展规律，传承精华，守正创新，加快推进中医药现代化、产业化，坚持中西医并重，推动中医药和西医药相互补充、协调发展，推动中医药事业和产业高质量发展，推动中医药走向世界，充分发挥中医药防病治病的独特优势和作用，为建设"健康中国"、实现中华民族伟大复兴的中国梦贡献力量。首届全国名中医王新陆正是这样一位有传承，有疗效，有创新，有包容的新时代"四有"中医人。

本文作者：王新陆的博士研究生王栋先

博学而触类旁通　专攻而成果辉煌
——记首届全国名中医张鸣鹤

张鸣鹤，1928年9月生，浙江嘉善人，山东中医药大学附属医院主任医师、教授，享受国务院政府特殊津贴，全国老中医药专家学术经验继承工作指导老师。曾任山东中医药大学中医内科教研室主任兼附属医院内科主任，现任中国中西医结合学会风湿病专业委员会顾问、世界中医药学会联合会风湿病专业委员会副会长、山东省中医药学会风湿病专业委员会名誉主任委员。主

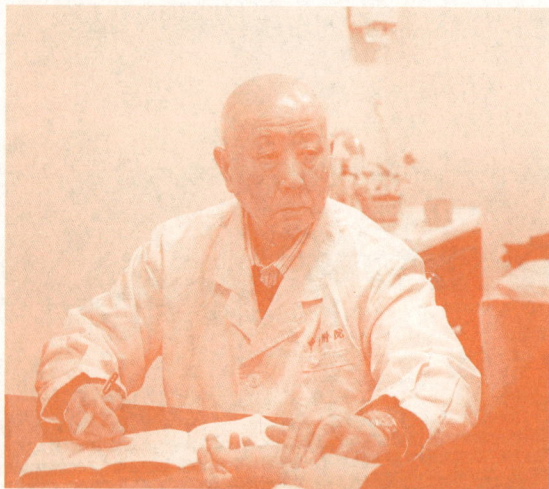

编著作 8 部，发表论文 40 余篇。主持的课题获山东省科学大会成果奖、山东省科技进步三等奖并获得技术转让。他首创采用工具牵引结合麻醉下手法牵拉矫治关节疾病引起的四肢大关节屈曲固定畸形。荣获全国卫生系统模范工作者、山东省职业道德标兵、山东省有突出贡献的名老中医药专家等称号，被山东省人事厅和卫生厅记三等功，多次被评选为山东省优秀科技工作者、山东省卫生系统先进工作者。2010 年，国家中医药管理局批准建立张鸣鹤全国老中医药专家传承工作室。2017 年，荣获全国名中医。2020 年，荣获山东省中医药杰出贡献奖。

从医 60 多年来，张鸣鹤始终致力于中医内科的临床、教学和科研工作，特别在中西医结合防治风湿免疫性疾病方面独树一帜，通过大量实践经验采集和总结，逐步探索建立起辨证的个体化诊疗方法，在行业内和本专业领域已颇具知名度和影响力，医术医德享誉国内外，受到广大患者的好评。中央电视台《中华医药》栏目曾对他做过专访，并多次播出。《齐鲁晚报》也采访了张鸣鹤，并刊发专版《老中医张鸣鹤医德令人敬》报道。

博闻强记，精研中医

学中医是张鸣鹤从小的梦想。"我五岁时有一次发烧，高烧几天不退，吃不下东西，最后是一名中医把我治好了。"张鸣鹤回忆说，父亲后背曾长过好大一个疮，一直不停流脓水，也是中医给治好的。

几次生病的经历，让张鸣鹤的父亲很有感触，于是决心送孩子们去学医。后来，张鸣鹤考上了山东医学院，学的是西医。1955 年，张鸣鹤从山东医学院毕业，被分配在山东医学院附属医院（现山东大学齐鲁医院）内科从事临床工作。而对中医情有独钟的他，于1958年到山东中医学院脱产学习中医，经过三年时间的系统学习，1961年6月，张鸣鹤以优异的成绩毕业，留在山东中医学院附属医院工作，终于实现了自己的中医梦。

张鸣鹤自从接触中医后，深感中医经典医籍之博大精深，便刻苦研读，博闻强记，努力挖掘其中的精髓，以更好地指导临床。他对中医理论钻研得比较深，并注重理论和实践紧密结合。他认为，中医的生命力在于有确切的临床疗效，而获得确切临床疗效的前提是具有中医的临床思维和了解中医对疾病的认知方式。没有理论做指导，临床上就不会有建树，仅有理论没有临床，也是虚的理论。因此，科里有重病号，他都是亲自到场诊断、治疗、拿方案。这使他接触和了解了内科各系统疾病，因此，遇到疑难病症也都能够灵活处置。他还搜集民间单方进行临床验证，其中一剂经过改良以后的方子，还进入《中医内科学》教材。

张鸣鹤熟读《黄帝内经》，却不拘泥于经文，坚持继承创新。"风寒湿三气杂至合而为痹"为多世医家推崇，治疗痹证多用辛温香燥之品。张鸣鹤从临床实际出发，结合现代医学，提出热痹这一独到见解，善用清热解毒方药治疗痹证，取得了满意的疗效。在长期的医疗实践中，张鸣鹤还观察到，由于多数风湿病，特别在急性发作进展期，都离不开致炎因素的作用，炎症所造成的肢体关节红肿热痛与热痹主症相吻合，故认为炎症疼痛与中医学热痹关系密切。因此，张鸣鹤在国内首先提出了"热毒致痹"学说，创造性地提出了因炎致病、因炎致痛、炎热灼痛、炎生热毒是风湿病活动期的主要病机，风寒湿邪致痹，化热蕴毒，浸淫筋骨关节，临证特点为关节红肿热痛。这一观点进一步充实了中医痹病诊疗的理论和实践体系。由张鸣鹤主持的研究项目"中西医结合治疗类风湿关节炎"获 1978 年山东省科学大会成果奖。

通过数十年的临床实践，1991 年，张鸣鹤进一步提出风湿病活动期要以"清热解毒"为治则大法的新观点，这一理论独树一帜，成为治疗各类风湿病的基础法则。根据治疗风湿病的多年经验并结合临床，张鸣鹤将其他治法与清热解毒法巧妙配伍，自拟了通痹汤等临床疗效显著的系列方剂，形成了清热解毒十八法。临床治疗风湿免疫病大都可以采用这十八种方法，但需要灵活配伍，方能显效。在此基础上，他又开展了许多课题研究，不断地充实并丰富了他的学术思想。1991 年、1998 年，他的课题"清热解毒法治疗类风关"及"风湿如意片治疗类风关的研究"分别获得山东省科学技术进步三等奖并获得技术转让。由他参与研制的复方牵正膏获得山东省医药科技进步二等奖。在关节矫形方面，他采用工具牵引结合麻醉下手法牵拉矫治关节疾病引起的四肢大关节屈曲固定畸形，已有 54 例矫治成功，属国内首创。由他主持研究的课题"金蚣浸膏片治疗系统性红斑性狼疮"通过专家鉴定，达到了国内领先水平。国家"十五"科技攻关计划项目"名老中医学术思想经验传承研究"也已通过专家鉴定。

传承创新，中西合璧

在张鸣鹤看来，研究西医的目的是为了让中医站得住脚，为中医的发展找到科学依据，它们是相辅相成、相互促进的。只有把中西医很好地结合起来，才能在诊治疑难病症方面求得更大突破，取得实际成果。在临床实践中，他充分发挥中医药优势，如使用甘草作为主药治疗某些自身免疫性疾病，尤其是白塞病，根本不用西药，更不需要用激素，因为甘草具有类糖皮质激素作用，却没有皮质激素的不良反应。结节性脂膜炎的病理改变主要是脂肪组织的炎症和坏死。中医学认为胖人多痰多湿，张鸣鹤将脂膜炎的辨证与痰、湿联系起来，辨为湿热蕴结，痰核流注，采用清化湿热、化痰散结、活血化瘀法治疗，屡试屡验。

但张鸣鹤不拘泥于中医，坚持走中西医结合治疗风湿病之路。他主张中西医应各取所长，取长补短、优势互补。首先要明确诊断就必须中西医结合起来。20世纪70年代，免疫学在世界范围内迅猛发展，尤其对风湿类疾病的影响更为突出。张鸣鹤清楚地认识到中医应充分了解临床科技发展。他先到上海参加了免疫学的基础培训，又在山东医学科学院的基础免疫实验室学习了三个月。学习结束后，他敦促山东省中医院检验室开展并完善诸多基础免疫检验项目，同时建议把风湿病专科改为风湿免疫专科，把临床诊治的病种扩大至国内外公认的所有病种。

张鸣鹤主张使用中药汤剂来治疗各类风湿疾病，但也不排除其他治疗方法。在他看来，关节牵拉矫形，对强直性脊柱炎、类风湿关节炎、幼年特发性关节炎，以及鹤膝风所引起的髋、肘、膝等大关节屈曲固定畸形的患者有很好的适用性。张鸣鹤首创在腰麻或者臂丛麻醉下，手法牵拉矫治关节疾病引起的四肢大关节屈曲畸形，为患者免除残疾或者关节置换手术的风险。

张鸣鹤认为，恰当地把西医辨病与中医辨证相结合，不仅可以弥补中医脉证合参对于疾病定位、定性诊断的不足，提高临床诊疗水平，而且可以指导临床用药。症状相似的不同病种治疗迥异。他临证时仔细询问病史，认真查体，并充分利用现代医学知识为患者明确诊断。临床上对于系统性红斑狼疮、皮肌炎、血管炎、斯蒂尔病等，张鸣鹤常根据患者病情用大、中剂量激素控制急性期病情，同时服用中药，待急性期得以控制，中药发挥作用后，逐渐撤减激素，直至最小剂量维持，甚至停用激素。对于顽固性类风湿关节炎、干燥综合征，他酌情使用小剂量激素，而以中药治疗为主。对于疼痛明显患者，张鸣鹤认为不可刻意依赖中医药止痛效果，完全可以适量使用非甾体抗炎药止痛，以缓解患者痛苦。

精诚大医，德高为范

对于医院来说，张鸣鹤等名老中医是高高飘扬的旗帜，是无声的金字招牌；而对于患者来说，他们需要医术精湛的名医，需要这样德高望重的大医。

20世纪60年代，张鸣鹤受上海一家风湿病专科医院的启示，开始在山东省中医院谋划成立风湿病专科。1964年，由他牵头，与山东省中医药研究所的邱桂兰医师合作开设风湿病专科病房，标志着山东省内最早的风湿科正式成立。他逐渐摸索出一套自己的治疗方法，尤其对风湿、类风湿、强直性脊柱炎、红斑狼疮、皮肌炎、大动脉炎、白塞病、血管炎、痛风、银屑病、哮喘、干燥综合征等风湿免疫性疾病更为擅长。历时50多年发展，该科已成为在全国有重要影响的临床和教学基地，成为山东省痹病重点专科和重点学科。60多年来，张鸣鹤一直坚持奋战在临床一线，医术医德享誉国内外，受到广大患者的好评。

张鸣鹤曾响应医生下乡的号召，到惠民、无棣、宁阳等地诊治众多患者，积累了丰富的经验。因为当时农村经济非常落后，他尽可能开小处方，想方设法给患者省钱。"怎么便宜怎么来，尽量使用针灸和土单验方进行治疗，一个方子最多十来味药。"这使得他所开具的中药方也从此形成了简、验、廉的特点。张鸣鹤善用便宜管用小药的习惯一直延续至今。

张鸣鹤作为医者，拥有一颗仁爱之心。碰到有困难的患者，他常常将配好的药给对方寄过去，有时候还会附带一些钱。1996年，德州的一名小患者张某刚满14岁，他和姐姐都患有关节炎，都来找张鸣鹤看病。那时，患者的母亲刚去世，父亲在煤矿打工，收入难以维持一家人的生计。张鸣鹤听说后，立即自己花钱配药给小患者寄去，而且逢年过节就给他家寄钱，一直持续了好多年。

许多外地患者，尤其是新疆、宁夏、云南、贵州、内蒙古、黑龙江、吉林等边远地区的患者难以亲自前来就诊，纷纷来信求医问药，他都一一回信答复。需要长期观察的患者他都建立了档案，按时给患者寄出药方。不少患者虽然没有面诊，但却治好了病。

医人不倦，悉心传经

由于在治疗风湿病方面造诣颇深，很多患者慕名而来。虽退休多年，90多岁高龄的张鸣鹤依然活跃在医院，坚持每周三个半天的时间坐诊，凭借精湛的医术，为患者祛除风湿病痛，甚至只要来信问诊他必回复，还免费为他们开药方。现在，治病、带徒、著述这三项工作是他晚年生活的主旋律。

从1979年起，张鸣鹤开始带教硕士研究生。他所带的学生很多已成为国内中医内科及风湿病领域的领军人物，多名弟子在他的学术思想影响下著述力作，撰写出版了《热痹症治新说》《经方治疗风湿病》等。耄耋之年的张鸣鹤依然收徒带学生，将自己的经验悉数传授。张鸣鹤在90岁高龄，又新收了六名弟子跟诊学习。"中医要薪火相传，老中医的经验都是宝贵的财富，要尽可能地教授给更多人。"

每周二下午，在山东中医药大学附属医院名医堂，张鸣鹤都会准时出现在门诊，为慕名而来的患者进行诊疗。对于每位患者他都要细细询问，把自己的休息时间"压榨"到最少。

"人家大老远来找你，就是信任你，不能敷衍了事。"找张鸣鹤看病的多是老年人，或许是来自"老年人理解老年人"的默契，张鸣鹤劝慰患者的话，总能说到患者心坎里。每周张鸣鹤只坐诊三个半天，每次最多能看30多人，他忙得连口水都顾不上喝，甚至节约上厕所的时间，就为多看一位患者。

张鸣鹤还会仔细回复患者来信，免费为其开药方。"人家写信给你，就是信任和尊重你，不能辜负。"问诊的信件，张鸣鹤已经收到了百余封，每一封来信他都会细细阅读，并给对方送上免费的药方。

至今，张鸣鹤已经坐诊60余载。每天早上六点多，他会起床在房间里溜达上几圈，做操运动后，再从容地吃个早餐。因为对风湿病诊疗颇有造诣，他自己也特别注重对关节的保护，尽管已有93岁高龄，他依旧身姿挺拔，走起路来稳健有力，并打算"一直坐诊到工作不动了为止"。"脑子要动起来，不然就锈住了，我这是尽可能多地发挥余热。"他说，在他60岁左右的时候，一度经常忘记熟人的名字，后来坚持工作，脑子反而越用越活，很少忘事了。

60余年的行医生涯，张鸣鹤接待了成千上万的疑难病患者，他用自己精湛的医术为众多患者解除了病痛，甚或起死回生。在坐诊时间以外，张鸣鹤依然笔耕不辍，每天要花大量的时间整理自己以往的病例资料，还时常翻看多年前的医学杂志。"中医需要不断传承，但是光靠收徒带学生是不够的，我想再出一本书，把自己的经验传承下去。"张鸣鹤说。

本文作者：刘宇

147

高才硕学树岐黄之志　着手成春传中医精魂
——记岐黄学者高树中

　　高树中，1962 年 5 月出生，山东临朐人，教授，博士研究生导师，岐黄学者。现任山东中医药大学校长，兼任中国针灸学会副会长、世界中医药学会联合会外治方法技术专业委员会会长、中国针灸学会针药结合专业委员会主任委员、世界针灸学会联合会对外交往工作委员会主任委员、山东针灸学会会长等。山东省名中医药专家，国家中医药管理局中医药重点学科中医外治

学学科带头人，山东省五级师承指导老师，山东省富民兴鲁劳动奖章获得者，山东省中医适宜技术推广应用先进个人，首批山东省医药卫生中青年重点科技人才，也是山东省首批"1020 工程"入选的唯一一名中医工作者。

2018 年 12 月 25 日，经过多轮评选，国家中医药管理局公布了中医药传承与创新"百千万"人才工程岐黄学者名单，山东中医药大学教授高树中成功入选。

国医大师颜德馨曾说："要当名副其实的名中医必须维护中医主体思想，既须多读，更须多看；疗效是中医的生命，能诊病，要愈病；又要总结经验，著书立说，更要讲课传道，能说善辩，具备能看、能写、能说的三种本领，方为良医。"清代赵晴初有言："医非博不能通，非通不能精，非精不能专，必精而专，始能由博而约。"

高树中就是这样的良医，他集学者、教授、名医于一身。自立志悬壶济世开始，便博览医书，中医理论涉猎广泛，著述丰富，建树颇多，其中脐疗研究用功最著。学验俱宏，医名远播，"高一针"享誉于世。

高树中以热爱中医的赤诚之情和仁爱之心，治病拟方，传中医精魂。作为山东中医药大学校长，他将带领团队秉持中医人的博大胸襟和恢宏气度，将我国中医药事业推向新的高峰。

立志悬壶，仁心仁术

医之功，在望闻问切。

高树中自幼体弱多病，备受病痛折磨。与很多从医的人相似，高树中走上学医之路也与自己小时候生病有关系。上小学时，高树中患有梅尼埃病，一犯病就天旋地转，不得已休学。"父母带我四处寻医，整整8年才治愈！"高树中回忆道，"生病是人生最大的痛苦，于是我立志以后要学医，为世人解除病痛。"高考报志愿时，他毫不犹豫地填报了山东中医学院（现山东中医药大学）。

高树中生长在缺医少药的农村，入学后受《名老中医之路》一书影响，从大一开始，便为家人及父老乡亲看病。牛刀小试，高树中也治好了一些乡亲的疾病，患者的感激和赞美声使他对中医越来越喜爱，达到了近乎痴迷的程度，而这种痴迷一坚持就是40多年。

中医讲究辨证论治。在总结历代名医成才规律的基础上，再结合自身临证经验，高树中倡导针药并用、内外合治，根据不同的病情，或针、或灸、或药、或内服、或外用，抑或综合治疗。40多年来无论多么繁忙，他始终坚持在临床一线。虽然很多时候繁忙的行政工作，或各类学术会议与门诊时间冲突，他也会在下午四五点到门诊坐诊，饿着肚子看完所有患者。

"仁德为上医者心"，高树中时常对学生说："我太理解患者饱受病情折磨、四处求医问药的心情了，他们都太不容易，但凡可以，我必坚持门诊。"如果有久病之人举全家之力求医问药无果，或有在校学生前来就诊，高树中也会免费为其诊疗；对于军人、老人，高树中也总是给他们优先诊治。

高树中和蔼可亲，接诊时让患者如沐春风，为患者耐心解释病情，并做健康指导。经常有患者面对他眼含热泪，说出自己不得已的苦衷，也有患者对高树中连声称赞："看见他，跟他说说话，就觉得病好了一半。"

高树中坚持临床，擅于运用经典针灸理论治疗头面、颈肩、腰腿痛等针灸科常见疼痛性疾病，根据子午流注学说、"病时间时甚者取之输"等理论治疗时间性病证，以脐疗为主，针药结合，内外合治胃肠病、妇科病、男科病等。

2020年春节新冠肺炎疫情暴发以来，中医人的自信得到了彰显。中医药学本就是从治疗瘟疫起家，从《伤寒论》到温病四大家皆是如此，古代名医从与瘟疫的实战中总结出来许多弥足珍贵的经验方法，譬如鼻腔用药、针灸等外治方法。

高树中更是结合古今文献，从中医外治方法的角度，对密切接触者和体弱易感者提供了简单易用的外治方法，方便广大群众利用中医方法预防新冠病毒及居家隔离治疗，为疫情防控提供了"山中医方案"。作为山东省新型冠状病毒感染的肺炎疫情处置工作领导小组办公室下设的中医药专家组成员，高树中为山东及武汉的新型冠状病毒感染的肺炎确诊患者进行远程诊治300余人次。

精研脐疗，发皇古义

医之学，在脉药方症。

在中医学界，高树中对脐疗的研究，有开启山林之功。脐疗学科从孕育、萌芽到发展壮大，凝结了高树中的学识与胆魄。

高树中与脐疗的渊源当从两个故事说起。1989年农历六月，高树中的儿子出生了，但出生后第66天便开始腹泻，连续治疗66天腹泻仍不止，四处求医，仍不见效。"当时真是感受到了'无方可用'的窘迫！"高树中说。

　　高树中当时已留校任教，并在职攻读山东中医药大学附属医院王秀英教授的硕士研究生。眼看着孩子一天天瘦下去，高树中下决心自己找办法。他扎进图书馆，希望从古书中寻到妙方。

　　一天，就在图书馆即将关门时，他在书架顶层的一本泛黄古书上，找到了他想要的婴儿止泻办法。"我永远不会忘记那句'小儿久泻，用五倍子研末，津液或苦酒调和贴肚脐，神效'。"从图书馆出来，高树中骑车飞奔到中药店，如法试用，竟然一次而愈！

　　儿子病好以后，高树中的母亲一日对他说，她近来自觉全身发热。量过体温后，体温不高反低，只有 35.5℃，蹊跷异常。当时高树中课程安排得很紧，着急去上课，他随口说道："你先用艾条灸灸肚脐吧。"一周后，母亲发热的症状竟消失了，再次量体温，体温恢复正常。

　　肚脐，也就是针灸临床上所说的"神阙穴"。没想到一个针灸大夫们常常忽视的神阙穴，在高树中的两位亲人身上会有如此奇效，高树中对它产生了浓厚的兴趣。

　　神阙穴是人体 360 多个穴位中十分特殊的一个，它是人体与母亲密切联系的纽带，与人体十二经脉相连，被中医认为是人体气机升降出入的枢纽。脐疗法乃我国独创，在马王堆出土的《杂疗方》，以及《肘后备急方》《本草纲目》等历代医书中记载了许多脐疗方剂。然而，在现代临床上却很少使用到神阙穴。"这个穴位是禁针的，因为古代的针比较粗，又没有消毒措施，容易出现感染。现代针灸临床也沿袭下来，很少用此穴。"高树中解释。

　　所以，历史上虽有对脐疗的记载，但在临床上始终没有形成独立的学科，也没有给后世留下完整系统的脐疗专著。

这令高树中陷入了沉思，他决心啃下神阙穴这块"硬骨头"。他向老师王秀英提出想研究神阙穴。在得到导师的肯定后，高树中开始了一本一本翻书的日子。

寒暑相易，从1989年到1991年，高树中几乎翻遍了学校图书馆内所有的中医杂志，这为他打下了深厚的中医和针灸基础。通过地毯式的搜罗和整理，高树中发现报道神阙穴治病的论文一共有400余篇，结果令高树中大吃一惊："小小肚脐竟然能治内外妇儿这么多种疾病，涉及小儿腹泻、小儿厌食症、痛经、肝硬化腹水等。"他下决心要把这些方剂整理出来。

不知度过了多少个熬夜手写的日子，终于，1992年，高树中的第一本著作——汇集了175种疾病脐疗方法的《中医脐疗大全》正式出版。这一年他30岁。《中医脐疗大全》对脐疗的理论基础、功用与适应证、用药特点做了详细总结与概述，发皇古义，融会新知，得到国内医家认可并广泛引用。以此为依托，高树中创建了首批国家中医药管理局中医外治重点学科，首先在山东针灸学会成立中医外治专业委员会，首次在国内建立中医外治新材料研究院。

迄今，高树中致力于脐疗、外治研究已30年，硕果累累。20世纪80年代便于山东中医学院附属医院设立脐疗门诊，现脐疗已实现全科化，并在基层单位进行推广。高树中主持的课题"脐疗的临床应用"被列为卫生部"面向农村和城市社区推广医药卫生适宜技术十年百项计划"，脐疗被国家中医药管理局纳入"中医医疗技术目录——适宜技术版"。

万病一针，精妙绝伦

医之良，在工巧神圣。

谈起高树中，学习针灸的学生给他起了一个响亮的称号："高一针"。

高树中第一次被针灸的魅力折服，始于一次实习经历。1984年秋，读大四的高树中在学校附属医院针灸科实习。这天，门诊抬进来一位急性腰部扭伤患者，患者当时腰部已经无法动弹，在询问病情后，带教的张登部和陈兴田两位医生，分立两侧，各执一针，同时对患者的不同穴位施针，一两分钟后，患者的疼痛消失了。这一幕，给高树中留下了深刻的印象。

"针灸竟然可以一针下去效果立现！"高树中说，"经络就是一个组织有序的系统，之所以通过针刺穴位就能激发整条经络而取得良好效果，这与多米诺骨牌有异曲同工之妙，即'牵一穴而动全经'。"

中医经典是中医之魂，高树中结合《灵枢·五色》《素问·脉要精微论》《素问·缪刺论》所述，认为人体的穴位系统应该重构，分为经脉穴位系统与络脉穴位系统，所独创的高氏奇穴得到了国内外学术界的一致认可。

结合对经典的感悟，依托所创立的高氏奇穴，以及诸位针灸前辈的临床经验，高树中创立一针疗法——仅用一穴一针治疗疾病，这也正是针灸的神奇和精妙所在。一针下去，就可治病，岂不妙哉！

2006年，高树中的专著《一针疗法：〈灵枢〉诠用》面世，该书让更多喜欢针灸的人了解针灸的神奇，让学习针灸的人思考针灸为何如此神奇，让从事针灸的人创造更多神奇。该书由济南出版社出版，已经进行 8 次印刷，销售 4 万余册。

万病一针，一针疗法因取穴少，疗效精，对于临床医生而言尤为实用。同时，一针疗法更大的好处就在于，让患者少受罪也少花钱。

学综经典，正本清源

医之博，在著书立说。

清代刘淇有言："一字之失，一句为之蹉跎；一句之误，通篇为之梗塞。"高树中特别重视对经典的学习，尤其是《灵枢》《难经》《针灸甲乙经》对针灸临床的指导作用，强调研读经典要"无字中求字"，字字较真儿，对一些中医针灸概念，他提出了自己的观点。

什么是四关？高树中首次提出四关为腕、踝、膈、脐。何为膏肓？高树中首先提出膏为膈，肓为脐。肺主治节，高树中首次提出"节"为名词，指的是节律，认为肺主治节的原意是肺主治理节律，而不是现在教科书上所说的肺主治理调节；他还首次提出营卫之气的运行规律，应为营气一天运行一周，卫气一天运行五十周，并以此理论指导时间性病症的治疗；对"陷下则灸之"中"陷下"，他首次提出应为脉象的陷下，此观点已被收录至教材。

针灸临床辨证与大方脉辨证大致相同但不完全相同，高树中首次提出针灸临床辨治规律：脏腑病以脏腑辨证为主，脏腑病之外的各种疾病以经络辨证为主，脏腑辨证和经络辨证配合应用，结合八纲辨证确立治疗方案，提出脏腑病、经络病的取穴规律，并纳入教材。

正所谓"人之所病，病疾多；医之所病，病道少"。同现代医学相比，治疗方法众多正是中医的独特优势。由于种种原因，许多中医的治疗方法还没有系统地深入挖掘与整理，念及此处，高树中便一发不可止，有志于此，沉耽于此，牵头组织山东中医药大学青年教师对诸多外治疗法进行系统整理，并进行了理论研究，形成相关专著十余部，其中多部专著为国内这一领域的首部，均已获得山东省教育厅理论成果奖。

在文献挖掘的基础上，高树中带领团队将外治疗法运用于临床，如鼻疗法、足心疗法等，其中对脐疗研究用功最著。高树中主持的系统脐疗研究，使脐疗研究成为一门系统的学科——中医脐疗学，是中医发展史上举足轻重的大事。

高树中已发表学术论文 100 余篇，在引领学科发展的同时，他主导制定行业标准，引领行业发展。其中制定国际标准 2 项，包括 WHO《世界卫生组织拔罐实践技术规范》和 ISO/TC249《火罐安全操作规范》；国家标准 1 项，即中华人民共和国国家标准《针灸技术操作规范第 5 部分：拔罐》；行业标准 3 项，包括国家中医药管理局中医治未病标准《中医治未病技术操作规范脐疗养生》、中国针灸学会标准《拔罐临床应用指南》和《拔罐养生保健服务规范》。

言传身教，志存岐黄

医之传，在师生相承。

古往今来，中医承载着丰富的人文、哲学底蕴，历来强调以人为本、悬壶济世的人道主义情怀，而师承是中医学术继承发展的重要途径，教者言传身教，学者侍诊于师，耳濡目染，潜移默化。

在师徒相承、口传心授的过程中，高树中将自己的学术经验倾心传授给学生，让中医学术得以继承和发展，单以脐疗为研究方向，高树中团队培养毕业的硕博士就已达 100 余名。

高树中教导学生要做到"三做四会"。"三做"包括做人"要有大格局""可以说自己好，但不可以说别人不好"；做事"习惯优秀最优秀""过分的谦虚就是骄傲"；做学问"读经典、悟经典，于无字中求字"。而"四会"，即"会看病、会讲课、会写论文、会科研"。

言传身教，因材点拨，高树中爱生如子和毫无保留的经验传承作风，学生每每提及，感念不已。

在中华民族的发展史上，中医药始终起着保驾护航的重要作用，为民祛病延年。除了带教传授，高树中致力于中医的推广，让老百姓了解中医。他经常倡议中医药学者到基层去宣讲，同时，他还鼓励自己的学生将学业和推广中医药事业相结合，支持他们多参加暑期"三下乡"等社会实践活动。

与此同时，高树中还热衷于中医药文化科普工作。他和同事常借助电视、报纸、网络、微信公众号等媒体加强脐疗法的宣传。

"越是民族的，就越是世界的。中医的背景是文化，思维是哲学，理论是科学，临床是技术。所以习近平总书记高瞻远瞩地说'中医药学是中华文明的瑰宝。要深入发掘中医药宝库中的精华，推进产学研一体化，推进中医药产业化、现代化，让中医药走向世界'。"高树中经常被其他国家邀请前去讲学，传播中医针灸与中国传统文化。2017年，高树中受国家汉办委派，在非洲孔子学院联席会议上开讲中医与养生，深受欢迎。

"能力越强，责任越大"是高树中经常挂在嘴边的话，"正如习近平总书记所说'没有全民健康，就没有全面小康'，作为医者，全民健康就是我们肩上的责任，中国医疗离不开中医药。"

"日出江花红胜火，春来江水绿如蓝。"当前，中医药事业迎来天时、地利、人和发展的大好时机，作为山东中医药大学校长，高树中深感机遇与挑战并存。岐黄传承，任重道远，他将带领团队，志在轩岐，心存仲景，继续让岐黄仁术大放光彩于世上，造福百姓。

本文作者：郭立伟

40余年"跑"向中医生殖医学的"生命绿洲"

——记岐黄学者连方

连方,1957年9月出生,山东中医药大学妇科教研室主任,二级教授,博士生导师,岐黄学者,山东中医药大学附属医院中西医结合生殖与遗传中心主任,享受国务院政府特殊津贴,第九届全国人大代表,现任山东省政协常委。兼任中国中医药研究促进会妇产科与辅助生育分会主任委员、中华中医药学会妇科专业委员会副主任委员、中国中西医结合学会生殖医学专业委员会副

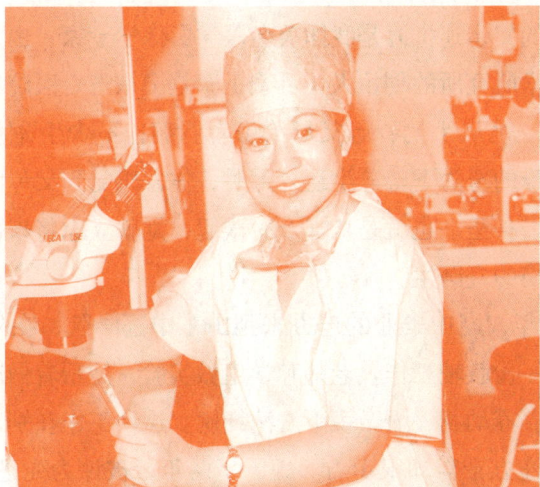

主任委员等。荣获首届中国百名杰出青年中医、全国首届杰出女中医师、全国卫生计生系统先进个人、全国三八红旗手、山东省卫生技术拔尖人才、山东省名中医药专家、首届齐鲁名医等称号。

生殖医学疾病关系到人类繁衍、家庭幸福与社会和谐，是世界医学领域研究的重要课题和难题。山东中医药大学附属医院连方教授，40多年来向这一领域发起挑战——她是中医药治疗不孕不育学术思想的传承与创新者，也是中医药应用在辅助生殖技术领域临床和研究的领路人，还是填补我国中西医临床生殖医学空白的人，她让成千上万个孩子来到这个世界，让众多家庭告别泪水，享受天伦之乐……

走近连方，她是一个倔强、豁达、敢碰硬骨头的人；她是一个心细如丝、缜密谨行、不知疲倦的人；她也是一个拿事业当命的人；她更是一个用心灵触摸患者心灵的人。

好医生之梦从这里开始

连方的父亲连世海是我国著名医学影像学专家，也是山东省医学影像学研究所的创始人，母亲王军是山东省立医院口腔科的主任医师。她从小就看着父母给患者看病，不少生命垂危的患者，在父母的努力下奇迹生还。那时，连方感觉到父母的职业是那么伟大、神圣，也就是从那个时候起，她就立志将来也要当一名救死扶伤的好医生。

1975年，高中毕业的连方来到山东中医学院，在生理教研室找到了一份教辅工作。老师和学生做实验，她帮着做准备，洗洗试管，养养动物，显微镜下洗洗细胞。这项工作在别人看来无足轻重，连方干得却很卖力。她干了两年，被评为先进工作者。

连方十分感谢这段机遇，没有当时在生理教研室对实验技术的掌握，她是不敢闯入辅助生殖这个领域的，可以说那段经历为她以后的成功埋下了 "伏笔"。

1977 年，国家恢复高考，连方凭着中学时打下的基础，一举金榜题名。在报志愿的时候，她毫不犹豫地填上了山东中医学院。也正是从这一刻起，她开始 "跑" 向心中那个神圣目标。

5 年寒窗苦，在求索中 "跑" 过。1982 年，连方以优异成绩毕业，并被分配到山东中医学院附属医院。医学界有句行话 "金眼科，银外科，累死累活妇产科"。妇产科的脏、累，连方并非不知，但她还是毅然选择了妇产科，因为她想 "为广大妇女解除病痛"。

"丈夫在外抬不起头，在家里拿我撒气。" "婆婆一天到晚不给个好脸色，生不出孩子像做贼，活着真难！" 患者的泪水和倾诉，深深地印在了连方的心里。不孕的痛苦折磨着患者，患者的痛苦折磨着她。为了寻找让妇女摆脱不孕的 "良方妙药"，她又一头扎进了中西医有关妇科问题的典籍。

渐渐地，连方发现自己渴求知识的 "胃口" 越来越大，因为她想在中医生殖医学的荒漠上开垦出一片 "生命绿洲"。

成功竟然带来了痛苦与焦灼

1986 年，连方考取了南京中医学院（现为南京中医药大学）的研究生，师承著名妇科教授孙宁铨、夏桂成，并承接了输卵管阻塞不孕症这个课题。她怀揣 "生命绿洲"，全身心地投入课题研究之中。

输卵管阻塞性不孕症，是当时世界医学界的难题。当时临床最高效治疗的办法是开腹手术，切断阻塞的输卵管再接起来，这种方法加重了患者的痛苦不说，仍不能保证患者一定能怀孕。

连方希望在中医治疗上有所突破。根据中药药理，她选择了一些中药做动物试验。动物就是兔子——青紫兰实验用兔。兔子得自己去买，自己饲养，为此，她跑遍了南京动物实验场所。为了实验的准确，每一次买来的兔子，必须吃同样的食物，照射同样的阳光。每只兔子还要保持同样的研究条件，注射药物后，需要不停地观察……那个时候的连方简直成了"兔子王"。

在进行试验的三个月里，连方经常 24 小时连轴转，饿了，啃烧饼；困了，裹着棉大衣在实验室里合合眼……试验结束后，她一觉睡了一天一夜。

1988 年春天，连方的成果开始用于临床，到年底，收治了50 名患者，疗效达 96%。然而，只是"疗效"达到了 96%，离彻底解除患者的痛苦还有一段很长很长的距离。初战告捷，连方没有成功的欢乐，反而陷入一种痛苦和焦灼之中，她甚至给正在哈佛大学深造的丈夫赵斌写信说："我恨不得拿铁丝把她们的输卵管捅开！"

没想到丈夫对她这种"异想天开"给予充分肯定，回信告诉她，国外有一种最新的介入技术——通过导丝疏通输卵管。她想象中的"铁丝"就这么找到了！但问题又来了，连方仔细研究了丈夫寄来的有关资料后发现，这种介入治疗方法治疗起来确实比较简单，但治疗后很容易再度粘连，前功尽弃。怎么办？苦思冥想后，她提出了一个大胆的想法，在介入治疗中，将先进导管与中医的活血化瘀作用结合起来，既疏通了输卵管，又可防止再度粘连。当丈夫把她的想法告诉哈佛大学的专家时，专家连连"OK"，并当即答应赠送她一套介入治疗导管。

学成归来的连方急欲将自己的研究和发现用于实践。她自费从国外购买了 10 套介入治疗导管,在国内第一次进行了"活血祛瘀中药与导管扩术治疗输卵管阻塞"临床与实验研究。就这样,一项当时国际最先进的不孕症治疗技术在山东中医学院附属医院落地了。

在试验阶段,连方连续为 10 名患者进行了治疗,结果输卵管 100% 开通,其中三人很快怀孕。这是国内中西医史上均未有过的奇迹。这种"两结合"的方法,疗效直观可靠,患者无痛苦,易推广应用。

1992 年 11 月,连方的成果在第七届国际东洋医学会上获得高度评价。1994 年,这项技术获得山东省科技进步二等奖和教育部科技成果推广三等奖。

连方成功了!此项技术足可以"吃"上一辈子。然而又一种新的痛苦与焦灼向她袭来:输卵管近端阻塞,可以用"活血祛瘀中药与导管扩通术"治疗,但有的患者输卵管远端或整个输卵管全部阻塞怎么办?多少个"怎么办"让她不敢停歇,又往前"跑"。

她干好了前人不敢干的事儿

"我们也要做试管婴儿,西医院能干的事儿,我们也能干,中医不敢干的事儿,我们要想办法干好!"连方在一次研讨会上底气十足地说。

当时,试管婴儿在国内还是个令人仰视的"尖端技术",只有几家大型的西医医院开展,根本没有在中医院里做试管婴儿的先例。连方经过深思熟虑,决定另辟蹊径,绕开输卵管,在试管婴儿上开一条通道。

1995 年,连方开始研究中医药在辅助生殖技术中的应用,山东中医学院附属医院成为国内中医系统首家开展这一技术的单位，并相继获得原卫生部"体外受精－胚胎移植及其衍生技术"试运行、正式运行资质，成为当时全国中医系统唯一具备该资质的单位，她也成为中医药在人类辅助生殖领域研究与应用的先驱者。

连方一开始探索人工授精治疗不孕不育时还是"两眼一抹黑"，不停地查资料，向专家请教。在有了一定的知识和技术储备后，带着两个研究生"硬"是把人工授精干了起来。当时，医院没有专门的人工授精手术室，他们就借用内科实验室，为患者进行治疗。在这间实验室里一干就是两年多，两年里有上百例患者喜获怀孕。一个个怀孕报喜消息再一次让她坚定了信心。

2000 年，她组建生殖与遗传中心时，许多人不理解，那时团队只有 6 人。开展试管婴儿技术需要的不仅是人，更重要的是技术。他们拜访多位专家，最终取回"真经"。当时做鼠胚实验需要一种精制的针管，因经费紧缺，她到山东中医药大学生理教研室，自己一根根制作针管。试管婴儿技术，要用小白鼠做试验，为了寻找小鼠的卵子，她先后解剖几十只小白鼠，当最后找到时，竟兴奋地流下了眼泪。

从"一代"试管婴儿技术到"三代"技术，连方和她的团队一路走在国内这一领域的最前面。用翔实的科研实验证据向国内医学界证明，中医药的应用贯穿体外受精－胚胎移植（IVF–ET，俗称试管婴儿）整个过程，成功率和安全性都令人折服。

找到中医药对体外受精－ 胚胎移植作用的有效机制，让全世界都了解中医

连方一路"跑"来，一路精彩。在收获一名好医生的责任、

担当和欣慰时，一个生殖医学界的共同难题再一次呈现在她的面前：大量应用超促排卵药物在提高 IVF-ET 妊娠率的同时，带来了一系列并发症，影响卵细胞质量、子宫内膜发育不同步、引起卵巢过度刺激等。

在对多个案例的思考分析后，连方以一个中医大夫的身份思索，这些难题从中医角度怎么看。

连方带领团队从 2005 年开始，在 4 项国家自然科学基金课题项目支持下，将中医药与西医辅助生殖技术结合，以基础和临床研究为主线，围绕降调节治疗后患者的中医证候基础研究，开展了基于各种蛋白质组学、代谢组学和基因组学角度的中医肾虚标准化探讨，并对针刺联合盆腔理疗提高子宫内膜容受性及补肾中药二至天癸颗粒的作用机理进行了系统研究。

连方分析，中医学认为肾藏精，主生殖，肾精与天癸是促进生殖的精微物质，可以说是促使卵细胞发育的源泉。肾气不足是卵细胞发育障碍的基础病机，"补肾益天癸，养血调冲任"对生殖功能有明显的促进作用。二至天癸方就是依据上述理论由女贞子、旱莲草、枸杞子、菟丝子等中药组成的方剂。

连方带领她的团队对 200 个体外受精降调节案例进行文献研究，并以药测证，研究发现降调节后患者的表现以肾阴虚证为主，超排卵后患者的表现以肾阴虚、冲任失调为主。这一结果填补了中医学在降调节、超排卵等方面的证候学空白，补充发展了中医妇科证候学理论。

为了探讨二至天癸颗粒改善卵细胞质量的机理，团队研究证实卵泡液为肾精所化，卵细胞质量和胚胎发育潜能受卵泡液代谢、Ca^{2+}、胆碱酯酶、肌酐浓度影响。继而发现二至天癸颗粒可调节卵泡液代谢、Ca^{2+}等的浓度，并增加卵细胞 Ras 蛋白表达。这样一来，不仅从分子水平探讨了补肾中药二至天癸颗粒提高卵细胞质量的作用机理，也丰富了中医"肾主生殖"理论。

最终课题组历经 9 年，对 3000 余名 IVF 患者开展大样本随机对照试验，研究证实二至天癸颗粒可明显改善行 IVF 治疗患者的肾虚证候，提高 IVF 治疗周期中卵巢对超促排卵药物的反应性，提高卵细胞成熟度，改善取卵前卵泡血供，进而提升卵细胞质量、获卵数、优质卵率和优质胚胎率，有效提高临床妊娠率。

对于患有子宫内膜异位症导致不孕的患者，连方提出子宫内膜异位症发病的"瘀毒理论"，创制祛瘀解毒方治疗子宫内膜异位症，并证实该治疗可降低患者血清 CA125、IL-6 及黏附相关因子（sICAM-1）的表达水平，抑制异位内膜细胞在盆腔内黏附，从而有效治疗子宫内膜异位症，提高此类患者 IVF 成功率。对于反复胚胎种植失败的患者，该团队通过多项课题研究证实：采用中药配合盆腔理疗加穴位电刺激可以提高内膜的血供，增强子宫内膜容受性，达到提高试管婴儿成功率的目的。在临床研究的同时连方更重视理论的创新，通过临床研究与反复理论论证，提出了"卵巢为奇恒之脏"学说，受到业界认同。

一系列具有首创性的基础与临床研究成果也引起了国际同行的关注。2013 年，连方应邀参加在美国波士顿举办的美国生殖医学会第 69 届年会，"中医药在辅助生殖技术中应用"课题的最新研究成果吸引了国际专家的关注。连方就中药、针灸、理疗对女性卵细胞质量和子宫内膜容受性改善作用等研究做了阐述，让国际生殖医学界再次认识到中医药的博大精深。

渴望天下人享受美好的天伦之乐

连方最欣慰的是坐在诊室里，为来自全国各地的患者诊病。她对经过生育能力评估后，没有达到需要辅助生殖技术指征的患者，进行中西药物结合治疗调理，并进行卵泡监测，指导同房；对于输卵管阻塞，精液质量较差的患者进行系统分析后，让其选择人工授精、体外受精 – 胚胎移植、单精子显微注射技术等适合的助孕方法。

42 年来，作为患者梦与现实间的使者，连方钻进了中医生殖医学的时空里，有眼泪，有悲伤，甚至有怨恨，但这一切都没有影响她在"拓荒"，没有影响她在通往"生命绿洲"的路上"跑跑跑"。

连方知道，一个人的能力是有限的，所以她格外注重培养学生，自受聘研究生导师以来，已培养硕士 120 余名、博士 18 名，她的学生分赴全国各地，很快成为当地中医生殖医学的骨干，也成为播撒生命的绿色使者。

20 多年来，连方几乎走遍了山东的每一个县，为上万群众义诊，并了解社情民意。她撰写提案的许多素材来自基层。1998 年，她当选全国人大代表时，就提过"中医立法问题""关爱留守儿童""关爱失独家庭""关注优生优育，免费为孕妇做产前检查、降低出生缺陷"等议案提案。这些议案提案都一一被政府有关部门采纳，转化为政府行为。

依然奔跑中的连方，渴望中医生殖医学的"生命绿洲"铺遍大江南北，渴望天下人享受美好的天伦之乐。

本文作者：杨润勤

悬壶秉赤诚　仁术暖人心

——记岐黄学者、泰山学者特聘专家郑心

郑心，1964年1月出生，山东烟台人，主任医师，二级教授，博士研究生导师，山东省政协常委。国家临床重点专科、国家中医药管理局"十二五"重点专科项目负责人及学术带头人，山东中西医结合学会呼吸病专业委员会主任委员、山东中医药学会康养结合专业委员会主任委员、中华中医药学会治未病专委会及康复养生专委会副主任委员等，获得教育部科技进步一等奖等多项省部级以上科技奖励，荣获岐黄学者、全国三八红旗手、泰山学者特聘专家、山东省名中医、齐鲁杰出医师、泉城十大名医、山东省十佳女医师等称号。

立志学医，活用经典

1980 年 9 月，年仅 16 岁的郑心，从海滨城市烟台赴省城济南求学。对她来说，报考医学院校承载着她治病救人的初心——母亲因病早逝，她过早地感受到了年少失恃的痛苦与人情冷暖。自此她发誓好好学医，将来治病救人。在高考填志愿时，她毫不犹豫地填报了山东中医学院（现山东中医药大学）。

怀着对医学的热爱，大学期间，郑心勤奋好学，广泛研读中医经典，废寝忘食是常事。多年后，山东中医学院中医系 1980级的同学们对班里这个年龄最小的女同学印象很深："她聪慧勤奋、文体双全，总坐在教室第一排，听讲特别认真，每次考试总是考第一。"

除了刻苦学习医学知识，郑心更深知"熟读王叔和不如临证多"的道理，努力将所学的中医药知识应用于临床实践。1982年暑假，郑心正在家预习，邻居伯伯跑到家里来说："丫头，你不是学中医吗？看我这个瘊子能治不？"郑心仔细看了看，邻居右侧面部长了一个大的扁平疣，确实影响美观。回想刚刚学习过的中药学，18 岁的她点点头说："我试试吧！"她买来鸦胆子，仔细捣碎，用纱布蘸取药液，外敷患处，每天坚持为邻居换药，一个暑假过去了，邻居脸上豆大的扁平疣竟然消失了并且没留瘢痕。看到这一奇迹，邻居伯伯感激不尽，对其父说："你家这丫头行！好好学，将来一定能成名医！"

就这样凭着一股钻劲，1985 年 7 月，郑心以全年级总分第一的优异成绩保送到山东省中医院工作。

以院为家，临危受命

进入山东省中医院工作以后，郑心先后工作于血液肿瘤科、消化内科、心血管内科、呼吸内科，慢慢系统掌握了大内科相关知识及临床技能。她一直冲锋在临床、教学、科研第一线，常常是下了夜班再继续上白班，吃住都在医院里，以至于年幼的女儿常常拉着她的手问："妈妈，你怎么总在上班？"

在血液肿瘤科工作时，看到那些患白血病的孩子，身为母亲的她从内心里心疼那些患儿。她决心要努力提升自己的业务水平，用所学知识帮助患儿减轻病痛。通过研习古代经典，总结前人临床经验和查阅大量国内外资料，她发现中药配合化疗能很好地提高白血病患儿的治疗效果。在多方临证的基础上，她进一步反思经验得失，写出第一部论著《急性白血病中医药临床与实验研究》。

在繁忙的工作之余，她抓住一切机遇，如饥似渴地学习以提升业务。1998 年，郑心被推荐为"名师带高徒"学员，跟随刘惠民的学生全国名老中医顾振东教授学习 3 年。在临床治疗同时，郑心特别注重经验总结，善于进行临床科研，尤其擅长呼吸系统疾病的中西医结合诊断与治疗，对慢阻肺、支气管哮喘、弥漫性肺间质病、不明原因发热，尤其是支气管肺癌的治疗有独到之处。根据其多年临床经验研究总结的肺康方、肺抑瘤合剂、哮喘 1 号、哮喘 2 号、间质 1 号、间质 2 号等处方，治疗呼吸系统各类疾病疗效显著，临床应用广泛，深受患者好评。

1999 ～ 2002 年，郑心连续 4 年获得山东省中医院中青年学术骨干称号；2000 年，被遴选为中医内科学硕士研究生导师，

2002 年被聘为博士生导师。

郑心积极参与国家紧急疫情救援工作，为呼吸系统疫情控制作出了突出贡献。2003 年 SARS 暴发期间，郑心作为山东省卫生厅专家组成员，奔赴青岛、淄博等地会诊。青岛有一例疑诊患者病情危重，她每周两次早出晚归去青岛会诊，最终使患者转危为安。因在抗击非典工作中的突出贡献，郑心于 2003 年 12 月被授予民革山东省抗击非典型肺炎先进个人荣誉称号。

哪里有突发状况，哪里就有郑心的身影。2009 年甲型流感肆虐期间，她又带领医院医疗组为全运会做好保健防治服务工作。因日照确诊一例甲流患者、疑诊病例数名，山东省中医药管理局指派她奔赴日照，与当地医疗工作者一起遏制甲型流感的暴发。随后，她主动请缨，参与了淄博、东营等地甲流会诊与治疗。2013 年，禽流感暴发期间，她作为省专家组成员奔赴青岛、临沂、日照等地帮助当地做好疫情防治防控及发热门诊督查工作，直接参与了省内大量疑似患者的排查与会诊工作。

面对各种凶险的疫情，郑心说："我们学习专业多年，不就是为了在患者需要的时刻，利用专业知识帮助患者与病魔做斗争吗？关键时刻，我们不冲上去，谁冲上去？"正是因为这种不畏病魔的勇敢与执着，郑心在 2006 年被聘为卫生部紧急事件应急专家。2019 年新冠肺炎暴发及之后的疫情常态化，她作为青岛市抗击新冠肺炎中医专家组组长，为青岛的疫情防控贡献了中医药力量。2020 年，她被聘为青岛大学博士生导师。

践行初心，无限能量

因为业务水平突出，关心民众医疗疾苦，2003 年，郑心当选为山东省政协委员，2009年当选山东省政协常委。

临床工作之余，她总是带着一片赤诚认真履行"政治协商、民主监督、参政议政"的社会职责。每年两会，她都会围绕如何提高医疗服务质量、简化就医流程，如何推进公立医院改革及提高社会医疗保障，如何帮扶基层卫生医疗工作等，提出合理化意见和建议，并多次赴新疆、内蒙古、甘肃、浙江、江苏及省内各地市调研，并克服自然环境、生活习惯、身体因素等重重困难，带领专家组奔赴新疆喀什进行医药援助。

2008年6月，郑心被任命为山东中医药大学第二附属医院副院长。2009年年初，因长时间疲劳，她在工作中不慎摔伤了膝盖。虽然先后接受了两次手术及系列康复治疗，但此后两年，仍行走困难。即使在治疗期间，她也不忘医生本职，没有放下医、教、研工作。她以自己的一言一行，充分发挥传帮带作用，引领分管科室学术水平全面提升。尤其是呼吸内科成绩显著，医疗技术水平、床位使用率、服务态度与质量、患者满意度逐年提高，2012年被评为国家中医药管理局"十二五"中西医结合临床重点学科，2013年被评为国家临床重点专科。

在带领医院实现创新发展的同时，郑心心系临床，心系患者，坚持每周两次查房，参与各科危重、疑难患者抢救及死亡病例讨论工作，积极参加院内外会诊，其患者遍及山东、黑龙江、辽宁、甘肃、河南、陕西、安徽，甚至韩国、美国、澳大利亚等国外患者也慕名而来。"郑教授，麻烦您帮我看看片子，我们从外省过来一趟不容易。""郑教授，我们从网上没有预约上号，在这里等了一天，就是想让您看看。"因为医术精湛，心系患者，她的门诊患者大多从清晨五六点钟就来排队，规定是一上午的门诊，常常要看到下午三四点才能结束，中午顾不上吃饭、喝水、休息，累到声音沙哑是常态。但此时如若有患者加号进来，她都会尽快调整好状态，重新坐下来，耐心询问患者病情，认真细致制定诊疗方案，直到送走最后一个病号才吃饭。郑心的学生们至今还记得在她养伤期间，大家都劝她暂停门诊，好好安心养伤，但她摆摆手仍坚持出诊，她说："我问题不大，坐在这里不动，腿受伤了，看病不碍事，不能让患者扑空。"

临床上，面对部分肿瘤患者的心理问题，郑心总会尽可能多地与他们沟通交流，尽量消除病患对疾病的担忧与惧怕，帮助他们树立战胜疾病的信心。经过多年研究，郑心研制出肺康方，临床疗效显著，许多患者服用后生存期远超预期。为了更好地应用于临床，使更多患者受益，她多年来不断对肺康方进行基础及临床研究，同时不断对剂型进行改进，先后研发出肺抑瘤合剂、肺抑瘤膏等剂型，取得了丰硕的研究成果。多年积累，一朝功成。2016年2月，郑心带领团队取得突破性研究进展，其研究的"非小细胞肺癌的病证结合诊治研究与应用"获得教育部科学技术进步一等奖。她激动地说："这是对咱们中医人的肯定，中医中药治疗肺部肿瘤作用巨大，我们要进一步深入研究中药复方成分及作用机制，让中医药发挥其应有的价值，让更多肿瘤患者受益！"

郑心先后荣获岐黄学者、泰山学者等称号，也是目前山东唯一一位集岐黄学者和泰山学者于一身的专家。

守正创新，蓄势远航

2017年7月，郑心调任山东中医药大学康复学院，任首任院长，一切都要从零开始。

从中医临床跨到康复专业，对于郑心来说也是一次全新挑战。为尽快将工作纳入正轨，她一边夜以继日地充实自己的康复专业知识，一边马不停蹄地外出考察，短时间内就拜访了上百家国内外设有康复专业的高校及康复医疗单位，努力汲取推动康复学科跨越式发展的宝贵经验，短时间内带领康复学院专业建设有了长足发展、师资队伍建设成效显著，在校生规模位居全国同类学院前列，从成立之初的 2 个专业、13 名教职工、800 余名在校生，发展成为 4 个专业、33 名教职工、近 1600 名在校生。

郑心着力打造了"康复名师大讲堂"，并成功举办全国康复高峰论坛。"康复名师大讲堂"开讲两年来，先后邀请 40 余名国内外康复医学领域的知名专家学者，为师生讲授学科前沿动态，研讨学科发展战略，全国康复高峰论坛邀请 15 名国内外知名康复专家、学者做专题学术报告，有效提升了学院的国内外知名度。

郑心还非常注重学生实训实习条件的改善，经过努力，学院已建有高标准、现代化、学训一体的校内康复实训中心，面积 2000 余平方米，仪器设备总值 2000 余万元，实训中心面积和仪器设备总值均位居全国同类学院前列。2017 年学院成立时实习基地仅有 15 家。针对实习学生数量翻番的实际需求，主动出击，担当作为，两年来，新开辟中国康复研究中心、四川大学华西医院等 6 家省外高水平实习基地和山东大学齐鲁医院、山东省康复医院等 30 余家省内实习基地，并重启与韩国安东琉璃医疗财团海外实习合作。目前，学院实习基地已近 50 家，实习基地数量位居全国同类学院前列。

此外，郑心还以超前眼光积极探索人才联合培养机制，大力加强学院对外交流与合作，先后与美国杜肯大学、南阿拉巴马大学、韩国建阳大学等，就师资联合培养、学生攻读硕士双学位等建立合作关系。2019 年，郑心出访美国，代表学院与美国杜肯大学、美国南阿拉巴马大学签订教育合作合同，并选派 2 名青年教师和 1 名硕士研究生赴美攻读硕士学位，均按期取得了国际认证资格。

2019 年 12 月，郑心以青岛二类人才被引进，任青岛海慈医疗集团副院长（正院级），她迅速进入医疗、科研管理及临床专家双重角色，为打造技术一流、特色鲜明、现代化医院作出了重要贡献。

在做好临床工作及行政工作的同时，郑心很注重带好一支开拓进取的创新科研团队，培养好团队成员严谨负责的科研态度，先后主持和参与国家 973 计划、国家自然科学基金、山东省自然基金、山东省科技攻关计划等省部级科研项目 30 余项，多次获得山东省科技进步奖。截至目前，她已培养硕士研究生近 100 名，博士后 1 名，博士研究生 8 名。

郑心无时无刻不怀着一颗治病救人的赤诚初心、胸怀悬壶济世的坚定信念，用扎实的学识、可靠的疗效、温和的态度，温暖着她接诊的每一位患者，影响着她带过的每一届学生，推动着她所在的科室、医院、学院业务水平不断提升。

"人活一世，总得做点什么，我觉得，能用自己的一点专业学识为患者尽可能多地解除病痛，用自己的毕生精力多培养一些医术精湛、医德高尚的年轻大夫，推动中医药事业一点点往前发展，这就很好了！"谈及未来，郑心笑着说："以健康为目标、以患者为中心、以严谨的治学态度为准则，大夫有诗也有远方。"

本文作者：郑心的博士研究生庄贺

研精覃思穷源竟流　发皇古义融会新知

——记全国中医药高等学校教学名师、泰山学者特聘专家王振国

　　王振国，1963年1月生，山东寿光人，医学博士，二级教授，博士生导师，享受国务院政府特殊津贴。山东省政府"泰山学者攀登计划"特聘专家，山东中医药大学副校长兼中医文献与文化研究院院长，中医医史文献学国家重点学科带头人，山东省中医药文化（示范）协同创新中心主任。兼任国务院学位委员会

第八届学科评议组成员，国家 973 项目中医理论专题第三届专家组成员，中华中医药学会医史文献分会主任委员，国家中医药管理局中医药重点学科建设专家委员会副秘书长、中医药古籍保护与利用能力建设项目办公室主任、《中华医藏》编纂项目学术办公室主任、中医学术流派重点研究室主任，国家 973 项目、国家重点研发计划项目首席科学家。主持国家级项目 10 余项，发表论文 200 余篇，编撰出版著作 20 余部。荣获国家科技进步奖二等奖、山东省科技进步奖一等奖、中华中医药学会李时珍医药创新奖。曾获全国优秀科技工作者、全国五一劳动奖章、全国中医药高等学校教学名师等称号。

孙思邈曾说："医学乃'至精至微之事'，故'学者必须博极医源，精勤不倦'。"王振国认为，"选择了自己的目标，就要有追求的勇气，就要独上高楼、目中无尘，静志澄虑、潜心研习，即使天涯孤旅、衣带渐宽，也无怨无悔"。

工作 30 余年来，王振国始终以"博极医源，精勤不倦"为治学与立身之本，怀揣发扬中医药事业的责任与担当，积极投身于中医药教学科研工作，孜孜不倦、深稽博考，为传承弘扬中医药优秀文化和促进中医药事业发展作出重大贡献。

精研药性寒热，守正创新

2020 年 1 月 10 日上午，中共中央、国务院在北京隆重举行国家科学技术奖励大会。王振国教授团队完成的项目"基于中医原创思维的中药药性理论创新与应用"荣获国家科技进步奖二等奖，王振国和科研团队代表出席奖励大会。

　　药性是中药作用于机体的基本性质和特征的高度概括，是中药理论的核心，是中药区别于天然药物的根本特征。药性理论是中医理论体系的重要组成部分，连接中药和中医临床的桥梁和纽带就是中药药性。受近代以来西方医学思维方式的影响，现代中医用药逐渐变成以药理为主导的思维模式。传统药性包括寒热温凉、升降浮沉、归经、有毒无毒，也包括功效。中药化学成分的复杂性，药效作用的多向性，临床应用的广泛性，使药性理论现代化诠释成为难题。寒热药性是药性理论的核心，其本质是多维性的和综合性的，缺乏合理的现代解析方法，是药性研究的突出难点。中医经典方剂的组方配伍首先是根据药性，用现代中药教科书中的功效观常常无法圆满解释，给学习者带来巨大的困惑。药性研究成为制约中医药发展的重大瓶颈。

　　2007年，王振国作为首席科学家牵头全国8所院校共同承担了国家973项目"中药药性理论相关基础问题研究"，实现了山东省属高校973项目首席单位零的突破，并由此开始了长达十余年对中药药性的诠释与研究。科研团队包括山东、北京、广西、黑龙江中医药大学等十几所机构的多学科学者，既有中医、中药、中西医结合专家，也有统计学专家、数学专家、计算机专家，包括剑桥大学、北京大学的顶尖专家都加入了研究队伍。

　　"对中医药的科研来讲，最大的困难是跨越的领域太多了，从经典的诠释到现代科学实验，工作量非常大，需要跨越不同学科的知识鸿沟，要在古代和现代之间，经典理论和实验数据之间，中国的博物思维方式和现代数理思维方式之间，不断地切换和融通。既要能用分析方法深入解构下去，又要能用系统理论整体还原回来。"王振国说。他带领这支跨学科研究团队，历经15

年的艰辛努力，实现了从传统药性认知向科技语言表征药性的转变，跨越了药性理论与大量实验数据之间的鸿沟，提出的关于中药药性的表征方法及其表征体系，为药性的判别奠定了基础，在行业内产生了重大影响。

该研究以中医药经典理论与近代以来的中医药学科理论构建为核心，结合中医药理论的近代嬗变问题，从中药理论"异化"切入基于中医原创思维和当代系统理论的"系统药性"研究。不但以现代科技语言科学表征中药药性内涵，更充分运用发生学方法，从中医学体系自身的原创理论出发对中药药性理论的发生学原理做出解释和说明，创新性提出"本原药性"与"效应药性"理论，探索符合中药药性理论研究特质的新方法，如：基于全成分的中药药性—物质表征模式研究、实验动物寒热表征检测体系的建立、基于生物热力学的寒热药性表征方法探索等，力求从局部到整体、从微观到宏观的路径和角度去分析和把握中药药性本质，寻求有效的表征方法，建立中药药性研究的方法学体系。他们还结合临床实证，创建了药性表征评价体系，实现了中药寒热药性综合特征信息的系统认知、智能识别与客观评价。既有宏观层面的寒热药性研究，也有微观层面的性—构关系研究，还有丹参、沉香、地黄等单一药物的药性研究，近期更将视野转向"深蓝"，响应"经略海洋"战略，拓展到海洋中药研究，将药性理论问题研究向纵深推进。研究拓展了药性应用的新领域，重塑了寒热药性在中药临床合理用药策略中的关键地位。

研究团队发表药性研究相关论文409篇，其中在国际高水平期刊发表SCI/EI收录论文41篇，主编相关专著及教材12部，获得发明专利授权14项，培养研究生197名，省部级以上优秀团队 4 支。获得省部级奖励 12 项，其中一等奖 6 项、二等奖 5 项、三等奖 1 项。仅山东课题组的成果就荣获山东省科技进步奖一等奖 2 项，教育部高等学校科学研究优秀成果奖（科学技术）二等奖 1 项。北京、广西、黑龙江课题组成果也分别获得省部级科技奖励。2019 年，项目团队的成果"基于中医原创思维的中药药性理论创新与应用"，荣获国家科技进步奖二等奖。项目成果作为中药现代化主要成果载入《中药现代化二十年》，在全国 20 余家医院及高校推广应用，获得良好社会效益和经济效益，为推进实施"健康中国"战略作出了重要贡献。

潜心中医古籍，博极医源

"了解中医药学的发展史、研究阅读历代典籍对于中医学而言更有其特殊意义。中医医史文献学对于中医学而言，不仅仅是研究和讲述过去，更是为了指导现实和预见未来。"王振国说。他主张中医医史文献学科作为国家重点学科和基础学科，必须关注理论热点，引领学术方向。

"作为国家中医药文献研究的专门机构，首要工作是保护与整理，使濒临失传的重要文献以现代人可以阅读的方式得到传播和弘扬；其次是诠释，中医学经典里面讲的到底是什么，要回归到经典产生的特定历史文化背景下，搞清其本义，使其科学内涵得到还原和解释。将其中的精华传承好，发展好，利用好。"基于这一研究思路和工作方向，王振国和同事们，对数以百计的中医药古籍进行了系统整理和挖掘应用。

2010 ～ 2018 年，王振国主持国家公共卫生资金项目"中医药古籍保护与利用能力建设"，是国家重点支持的重大基础性研究工作。国家中医药管理局政府网站评价："这是新中国成立以来又一次由政府主导、国家财力专项支持的大规模系统化的古籍整理工作。"8年的时光，虽然很难，但是王振国带领团队坚持下来，数百名中医药古籍研究者甘于寂寞、一丝不苟，圆满完成了这项工作。整理出版重要古典医籍400余种，绝大多数古籍为第一次校注出版，一批孤本、稿本、抄本更是首次整理面世。该研究完善了中医基本书目体系，培养了一大批中医药古籍文献整理研究专门人才，还形成了我国第一部指导当代中医古籍整理研究工作的行业标准《中医古籍整理规范》。86岁高龄的国家古籍整理出版规划领导小组成员、全国名中医、专家组组长余瀛鳌先生在项目验收总结现场曾感慨："项目成绩喜人，希望今后继续深化中医药古籍保护整理与传承利用工作，为促进中医药事业传承发展和弘扬中华民族传统文化提供支撑。"第九届、第十届全国人大常委会副委员长许嘉璐先生给丛书作序，谓"盛世修典，典籍得修，方可言传承"，对项目给予高度评价。

引领中医流派，明辨笃行

中医理论的发展有"一源多流"的特点，不同中医学术流派的争鸣与创新，是医家结合临床实践，融合不同的地域特点与文化传统而形成的。中医治病讲究因人、因时、因地制宜，中医很多具有独特疗效的思想和技艺，就存在于不同流派之中。

王振国和他的科研团队敏锐地注意到，近代以来中医特色淡化，临床优势弱化，与一元化教育模式及中医学术流派的日渐式微有着密切关系。基于对中医优势特色及发展趋势的分析，2005年他提出了进行当代中医学术流派调查研究的方案，并在国家中医药管理局支持下，在全国率先开展系统的中医学术流派调查研究。他主持了国家中医药管理局科技专项"中医学术流派研究"等课题，对中医学术流派相关概念体系、影响中医学术流派形成的关键因素、当代中医学术流派现状与发展趋势、当代中医学术流派评价体系、当代名老中医流派特征等关键问题进行系统研究，提出新安、岭南、齐鲁等地域性医学流派是对地域文化独特性、发病倾向性、治疗特殊性的集中阐发，凸显了中医辨证论治的多样性和灵活性，继承和创新始终贯穿于中医学术流派形成和发展的全过程。这项研究为国家中医药管理局提供了系统的研究报告与政策建议，并出版《争鸣与创新：中医学术流派研究》等开创性著作。

王振国坚持教学与科研相长，将"当代中医学术流派及其评价"纳入中医各家学说教学内容，将学术流派的观察视野从古代拓展到当代，强化课程与中医临床实践的联系，提升了古代典籍和著名医家学术思想对当代临床的指导价值，是理论研究推动学术创新的示范性工作，产生了重大社会效益和经济效益。研究成果被国家和地方相关部门采纳，推广应用于上海、广东、安徽、黑龙江、河南、山东等地近百个中医学术流派传承工作室、名老中医工作室，对促进中医行业和社会各界对中医学术流派认识的深化，带动相关研究向纵深发展、推动中医学术传承与创新产生了巨大推动作用。他主持的"中医学术流派研究与评价体系的建立及应用"，获2015年度中华中医药学会李时珍医药创新奖。

悉心培育桃李，薪火相传

1987年从教以来，王振国一直坚持给本科生、研究生上课，讲过的课程有中医文献学概论、中外医学史、经典医籍与中医学术体系研究、中医流派与学说等。他博学多识、深入浅出的授课获得学生一致好评："王老师授课不但信息量大，内容丰富，而且重点突出，理论联系实际，既开阔了我们的视野，也让我们深刻体会了中医的博大精深。"

王振国潜心于中医教育规律、教育模式的研究与探索。他带领团队全面研究古代中医教育，出版了研究古代中医学术发展以及中医教育考试制度的专著《中国古代医学教育与考试制度研究》，也对近代以来中医教育与考试制度及其转型进行了系统研究，分析了近代科学思想与西医教育对中医基础学科群"近代模式"的影响，发表中医教育系列研究论文 20 余篇。通过对我国古代医学教育与考试制度的研究，以及对近代以来中医教育发展历程和理论框架的形成过程与人才培养利弊得失的理性思考，王振国提出"文化断层""思维异化"是当代中医学术传承教育问题的症结所在，现代中医高等教育模式应在传统中医人才培养模式基础上，贯彻"重素质，厚文理；重传承，通经典"的原则，将传统与现代相结合、"科班"教育与"师承"教育相结合、理论与实践相结合作为指导思想，优化专业课程模块结构，形成相应的课程群。他凭借多年教学经验构建了以中医原著选读系列课程为主体的特色课程群，在传统型中医班教学中使用，成效显著。"中医传统教育模式的创新研究及其当代应用实践"获山东省省级教学成果二等奖。

2010 年，王振国主持的课程中医文献学入选教育部国家级精品课程。他主编了全国中医药行业高等教育"十二五""十三五"

"十四五"规划教材《中外医学史》，该教材以新的视角勾勒中西医学发展历史，从世界医学发展的角度审视中国医学的特点与价值，同时立足中国观察世界医学的发展趋势，并注重以文化人，以史辅德，经纬中外，贯通古今，重新评估近代以来中西汇通思想及其对中医学发展路径的影响，传统医学在当代以健康为核心的医学体系中的地位与价值。自应用以来，收到良好的教学效果。2011 年，王振国被评为"山东省教学名师"。2016 年，又荣获国家中医药管理局、教育部等联合授予的"全国中医药高等学校教学名师"称号。

凝聚学术团队，筑峰学科

王振国作为国家重点学科带头人，特别注重构筑学术平台，汇聚学术人才，打造学术团队，大力实施优势学科发展战略，不断强化学科在行业中的龙头地位，实现了学科跨越式发展。

他带领学科团队，在巩固传统研究特色和优势的基础上，不断深化内涵、拓展外延，形成了中医药经典理论的现代诠释与应用研究、中医药文献资源数字化理论与技术研究、中医临床文献整理与应用研究、中国传统文化视野下的中医学术体系研究等方向，并不断探索培育新的学科增长点。2002 年，中医医史文献学科入选国家重点学科。2006 年，学科所属的中医药文献与文化研究中心被确定为山东省人文社科基地。2007 年，学科以优异成绩再次入选国家重点学科。2020 年，中医文化协同创新中心被评为山东省高等学校示范协同创新中心。

在自己独特教育理念和学术观点支撑下，王振国带出了一支优秀的教学团队，2009年被山东省教育厅授予山东省优秀教学团队称号。2021年，中医文献与文化教师团队荣获"山东省高校黄大年式教师团队"荣誉称号。

王振国和他的研究团队，一次次引领学术研究方向，在中医药学多个领域取得了一系列标志性成果，为中医药行业内外所瞩目。中医药的发展，任重而道远，王振国和他的研究团队将永葆初心、砥砺前行，继续为中医药健康养生文化创造性转化、创新性发展而努力奋斗，为"健康中国"建设助力。

本文作者：王振国的博士研究生张丰聪、孙慧明等

情系中药百草香　硕果纷呈耕耘忙

——记全国中医药高等学校教学名师李峰

李峰，1957 年 12 月出生，医学博士，二级教授、博士生导师，从事中医药高等教育教学科研工作 39 年，现任山东中医药大学药学院生药系主任。

自 1982 年毕业留校，李峰始终坚持在中医药教学一线，39 年如一日，无怨无悔地献身给中医药教育事业。39 年来，李峰

为了中医药事业的发展默默耕耘着。他痴迷于中药研究，足迹遍布全国著名的药材市场和山东各大山脉，心系人民用药安全；他孜孜以求，矢志不移，继承中医药文化，传递中医药薪火，探索中医药奥秘；他传道授业，诲人不倦，献身于中医药教育事业近40年，在传承的基础上不断创新，在实验室里度过了无数个日夜，为中医药现代化作出了突出贡献。他教学科研成果卓著，名声享誉全国，享受国务院特殊津贴，荣获全国中医药高等学校教学名师、全国中医药优秀博士论文指导教师、第六批全国老中医药专家学术经验继承工作指导老师、山东省五级中医药师承指导老师、山东省教学名师、山东省优秀研究生导师、山东省支教先进个人、山东省优秀青年志愿者、山东省三下乡优秀指导教师等称号。

古有神农尝百草，今有李峰辨药忙

"神农尝百草，日遇七十二毒"的故事很多人都听过，而如今山东中医药大学也有这样一位教授。泰山、蒙山、崂山……山东能叫上名的山，甚至一些无名山，他都留下过足迹，哪座山上有什么药材，有什么特殊的地方，他都记得门清。他曾发现过前人从未发现的药用植物，也曾亲口尝过毒草，更凭借中药药性研究成果荣获国家科技进步奖二等奖和山东省科技进步奖一等奖。他被很多学生私下称为"药王"，因为不管问他中药材的任何问题，他几乎都能解答出来。

戴上一顶草帽，穿上长衣长裤，登上运动鞋，再背上采集工具，每到暑假，李峰都得上山待上十天半个月，和学生一起上山，他的体力比学生们还要好，边走还会边给学生们认真讲解，学生们不懂的、不认识的植物，他总能用简单易懂、生动有趣的解释让同学们记忆深刻。每发现一种药材，他都很兴奋。在济南南部山区找到的野生乌头，虽然已经过去多年，但他仍清楚地记得那片长着乌头的山坡。李峰就是这样一位勤劳朴实的人，总是会亲力亲为地完成力所能及之事，他对待科研和教学从不马虎敷衍。

虽然现有药材鉴定仪器很先进，但李峰认为传统的药材鉴定方法不能丢，传统的鉴定方法是前人给我们留下的宝贵经验，是中医药传统文化的结晶。让他担忧的是，传统鉴别药材的技能，比如观形状、察颜色、摸质地、尝味道、闻气味等目前正在流失，少有年轻人能掌握这种技能。李峰心系百姓，多次在中央电视台、山东电视台等新闻媒体上进行鉴别真伪中药的科普宣传，每年都参加执业药师继续教育等工作，尽职尽责地履行着山东省中药鉴定专业委员会主任委员和全国执业药师培训专家的义务。在全国第四次中药资源普查试点工作中李峰担任山东省专家组成员，足迹遍布齐鲁山川，调查山东道地药材，辨别真伪优劣、保证人民用药安全，宣传中医药文化，为"健康中国"战略和服务地方经济社会发展作出突出贡献，是山东当之无愧的"老药农"。

从"老药农"的答疑解惑，到全国中医药教学名师

"老药农"是李峰的QQ网名。在网络上为学生答疑解惑，辨药识花，普及中医药知识，服务大众健康。

左肩背着包，右手拿着水杯，当教室里的人还寥寥无几时，李峰就已经站在了教室的讲台上调试多媒体。自投身中医药教育事业以来，李峰就深受学生的欢迎和爱戴。他坚持以德立身，教

书育人，言传身教，严谨治学，默默耕耘，孜孜探索，勇于创新，在小小的三尺讲台上，奉献了自己的青春；在清冷的实验室里，度过了无数个日夜。

"课比天大"是李峰常说的一句话，他将教学授课视为最重要的事情，虽已到花甲之年仍坚持上课，年授课近 600 学时，即使在 2009 年脚趾骨折时仍坚持拄拐上课。他先后主讲本科生、研究生的《中药鉴定学》《中药商品学》《药用植物学》《医药拉丁语》等多门课程，其讲课内容丰富有趣，将现实热点、社会发展、网络语言、学生爱好与教学有机结合，以激发学生的学习兴趣。从教以来，李峰共计培养了数千名本专科生、30 余名硕士研究生、10 余名博士研究生和博士后研究者。作为全国执业药师培训专家，李峰每年参加执业药师继续教育和全国中医药传承基地（济南）的授课等工作。每年培训 2000 余人次。在中医药高等教育方面的杰出贡献使他在 2016 年纪念全国中医药高等教育 60 年之际，荣获全国中医药高等学校教学名师称号。

"师德，仁爱，耐心，尊重，创新，特色"是李峰对一名合格教师的独特见解。他认为，做一名优秀的教师，首先要厚德怀仁，要以自己优秀的人格魅力去感染教育学生；其次要仁爱，要热爱学生、热爱教学，尊敬师长，团结同事；耐心也很重要，传授知识、答疑解惑是教师的本职工作，要耐心施教、诲人不倦；要想取得好的教学效果，必须尊重学生、了解学生、贴近学生；要想在教学上领先一步，必须要创新，要努力将最新的科学知识和研究成果传授给学生；创造特色教学方法，做到人无我有，人有我优，也应是一名好教师的追求。

李峰从教 39 年最大的感悟就是老师与学生是互帮互助的关

系。学生有什么不懂的问题问老师，若老师暂时也不确定，老师就会去查资料，查出来答案后再教授给学生，这样既帮助学生解决了问题，又拓宽了老师自己的知识面。老师在传道授业解惑的过程中，传承的也是一种教学相长的精神。

李峰注重学思结合、知行统一、因材施教，积极开展启发式、探究式、讨论式、参与式教学，激发和鼓励学生的创造思维。根据不同时期、不同专业、不同学生，因人而异、学实结合，先后创立了多种教学改革方法。例如中药性状认药技能结合临床功效教学方法，针对传统中医七年制及扁鹊班的学生强化临床、注重实践、突出传统等特点，开设传统中药鉴定学课程，增开药用植物采药实训课、中药商品市场见习实践课，他还参照经典中医药歌诀，编撰了中药材鉴别歌诀，受到学生好评，所编实训教材被列为山东省名校工程建设中药学重点学科的实训教材。很多人觉得《医药拉丁语》是门枯燥无味的选修课，但经李峰深入浅出的教学输出，这门课也变得活泼生动起来，所以他的课堂向来座无虚席。

在"十二五""十三五"期间，李峰作为教改项目负责人先后主持建设了首批国家级一流本科课程中药鉴定学、山东省一流课程中药鉴定学、山东省精品课程中药鉴定学、药用植物学、中药商品学；主持承担山东省应用基础型特色名校建设重点学科中药学建设；山东省高水平应用型专业（群）建设；山东省中医药重点学科中药鉴定学、山东省"十二五"重点学科生药学建设；国家中医药管理局全国中医药行业高等教育"十三五"规划教材《中药拉丁语》数字教材项目；山东省双一流建设重点学科中药学建设和山东省职业院校与本科高校对口贯通分段培养试点专业中药学建设项目等 10 余项。积极开展中医药特色教育改革，并广泛应用于教育教学实践，在《药学教育》等杂志发表多篇教改教研论文，在人民卫生出版社、中国中医药出版社和中国医药科技出版社主编出版规划教材 10 多部，其中人民卫生出版社出版的《医药拉丁语》获评山东省高等教育一流教材。

投身中医药教育，科研创新无止境

"中药现代化"已经成为时下业内的流行语，李峰紧跟中医药发展潮流，攻坚克难，敢于创新，在中药现代化方面取得了斐然成绩。

李峰认为，中医药高等教育必须教学与科研并行，教学指导科研，科研反哺教学，二者相辅相成，互促协同发展。在长期的教学科研过程中，李峰体会到"教学的困惑往往是科研的方向""科研的成果常常可转化成教学的案例"。通过自身实践，他证明了这种体会的科学合理性，指引他在探索中医药发展规律的进程中攻坚克难，不断创新，取得了诸多重要成果。李峰注重产学研相结合研究，先后主持或参加国家"973""863"及重大新药创制专项等 10 多项科研项目，先后参加国家科技奖励评审、国家中医药现代化、国家新药创制等重大专项评审，在全国中医药科学研究领域享有较高声誉。

中药药性理论是中医药的重要基础理论。应用现代语言讲授或阐述中药传统的性味归经、升降浮沉等内容一直困扰着中医药教学。国家"973"重大专项"中药药性理论关键基础问题研究"，从药性历史溯源、药性物质基础、药性生物效应和药性模式识别与预测等方面较好地应用现代语言表征和诠释了传统中药药性的科学性和客观性。李峰作为第二研究者负责药性物质基础的探索研究，创立了传统中药寒热药性的现代分析判别模式。

观察荧光颜色以鉴别中药真伪的方法已有近千年的历史。但在中药鉴定教学中，由于中药荧光鉴别缺乏标准图谱对照以及个人视觉差异，导致对荧光颜色的肉眼观察存在不同的结果而遭到学生质疑。针对教学中出现的问题和困惑，李峰查阅古今文献，研究实验方法，在1994年申请山东省自然科学基金课题"中药荧光光谱鉴别"的研究，较好地解决了这一教学难题，在中药荧光光谱鉴别研究方面填补了空白。

2004年李峰在中药质量控制研究中首先提出了"中药多元多息指纹图谱鉴别"的概念。从中药生物物种的遗传物质鉴别和活性成分定性定量鉴别等多方面、多维度鉴别中药的真伪优劣，整体表征中药材的品种和质量。

多年来，李峰主持承担国家863项目"肺痨片新药开发研究"、973项目"中药药性理论相关基础问题研究"、"十二五"国家重大新药创制专项"中药大品种西黄丸的活性组分筛选和技术改造研究"和"十三五"国家重大新药创制专项"中药活性成分菊苣酸气雾剂的开发及其关键技术研究"等省部级以上科研课题15项，共获得科研成果13项，其中国家科技进步奖二等奖1项，教育部科技进步二等奖1项，山东省科技进步奖一等奖2项，三等奖1项。获得国家发明专利4项；发表学术论文200余篇，出版专著4部。

熟读万卷书，勤行万里路

李峰常说："读万卷书，不如行万里路；行万里路，不如名师指路；名师指路，不如自己去悟。"

李峰很喜欢读书，《黄帝内经》《神农本草经》《金匮要略》《本草纲目》《中国植物志》……他几乎通篇熟知。此外，他还经常参加全国大型学术研讨会，与来自全国的知名专家、教授进行学术交流。在长期的学术积累、科研活动和中医药教学中，李峰积淀了扎实的中医药理论基础，塑造了敏锐的科研思维，锻炼了熟练的实验技能。这些因素帮助李峰成为国内为数不多的同时担任着人民卫生出版社、中国中医药出版社和中国医药科技出版社教材的主编之一。已主编出版"十一五""十二五""十三五"省部级规划教材《中药鉴定学》《中药商品学》《中药拉丁语》等10多部教材。

李峰还善于从研究当中发现兴趣，把兴趣转化成学习的动力，他认为中医药博大精深，包括了很多方面的研究，这些研究，越做就会越觉得有兴趣，自己的思路就会越来越开阔，久而久之，就会学到很多、悟到很多。

这就是李峰，一位学识渊博，平易近人，深受学生喜爱的良师益友。

本文作者：李峰的博士研究生冯帅等

名誉不争，学术不让，创新不止

——记泰山学者特聘专家乔明琦

乔明琦，男，1955 年 1 月出生，医学博士。1988 年至今在山东中医药大学工作，二级教授，博士生导师，中医基础理论研究所所长，教育部国家重点学科和国家中医药管理局重点学科中医基础理论学科带头人、中华中医药学会中医基础理论分会主委、山东中医药学会中医基础理论专委会主委；"第四届全国杰出专业技术人才"、中华中医药学会首席科学家，山东省首批"泰山学者"特聘教授，山东省首批"十大优秀创新团队""情志病证研究创新团队"带头人，荣获山东省中医药杰出贡献奖。

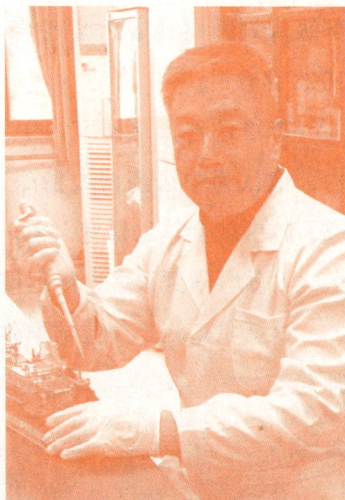

乔明琦因在中医研究领域作出的突出贡献，成为首批泰山学

者特聘专家。乔明琦在导师张珍玉的指导与影响下，带领团队以突进之势，在中医基础理论和临床实践中不懈探索、不断突破，深入系统地进行科学研究。

名誉不争，清风自来

乔明琦 2004 年至 2011 年担任山东中医药大学基础医学院院长期间，学院有任何荣誉首先推举真正能俯下身子全身心投入教研工作的一线教师，全力支持一线教师开展教学与科研。

乔明琦经常到各个教研室和科研团队调研，了解教师的教学理念与方法是否适应当今高校人才培养的需要，鼓励教师参加学术会议，推荐他们到国内知名大学学习交流。在教师申报国家和省级教学与科研课题、奖励及荣誉时，他都会倾囊相授，利用深夜审阅修改申请书及报奖材料。当遇到有人在申报过程中信心不足，或不想申报时，他便用自己研究的情志理论进行疏导，一同找出申报书中的不足，根据申报人的研究内容与国内外研究热点凝练问题，数易其稿，常常工作至深夜。

乔明琦深知培养高素质中医药人才的重要性，他努力为学科组成员和课题组骨干营造激励创新、潜心学术的良性机制。在人才使用上，避免论资排辈，突出科技创新能力。在人才知识结构上，重视复合型人才的培养，注重学科交叉和渗透，加强科研人员的交流与整合，开阔研究视野、激发创新思维、提高创新能力，从而保证学术研究的深刻性和前瞻性。此外，在人才培养上特别重视"团队精神"的塑造，提倡"双赢"。

学术不让，探索求新

自从与中医结缘，乔明琦就不走寻常路，在老师和同学眼里，颇显"另类"。20世纪80年代初，中医基础理论现代研究刚刚起步，在导师张珍玉先生的指导下，乔明琦从肝郁证入手，开始了自己探索肝藏象内在机构与功能机制之旅。他充满了质疑精神，面对各种不同观点着力学术创新。

（一）破解"肝郁证"研究结果前后不一的困惑

肝疏泄失常所致肝郁证是20世纪80年代中期至90年代初肝的藏象理论现代研究的热点，但研究结果前后不一、难以重复问题使研究难以深入。而肝郁证是否是单一证候成为研究的首要问题。

1985年攻读中医基础理论硕士研究生的乔明琦，在张珍玉先生指导下，开展肝郁证证候表现观察与实验室指标检测，发现肝郁证临床表现为肝气逆、肝郁两个单一证候；实验室检查指标具有显著性差异，佐证肝气逆/郁两证客观存在。由此他完成硕士学位论文《肝气逆、肝气郁证的理论与实验研究》，发表论文《肝气逆、肝气郁两证客观指标实验研究》（《山东中医学院学报》，1992）。该论文他引126篇次，居同类论文他引前列。肝气逆、肝气郁两证的发现与提出，破解了肝郁证研究结果前后不一的困惑，引导向单一证候的深入研究。

（二）走出困惑，鉴别肝气逆、郁两证，创建新假说

乔明琦攻读中医基础理论专业博士研究生时，在继承导师张珍玉先生首创肝气逆、肝气郁学术思想基础上，对肝郁证发病的机制有了些当时看起来相当大胆的假设：肝气逆、肝气郁两证的易感人群中，易感因素到底是不是情绪致病，是否可以用普遍的

现代医学理论找到鉴别诊断标准并做出清晰的解释。

1989～1992年，在山东省3项课题资助下，乔明琦和张惠云合作，围绕肝气逆、肝气郁两证开展肝调畅情志的临床与实验研究，在济南、青岛和德州三市人群与医院进行临床流行病学调研与相关指标检测，取得大量第一手资料和检测数据，证实两证是肝疏泄失常始发证候；面对情志刺激发病表现为肝气逆还是肝气郁证，与患者个性特征及其应对方式有关；初步揭示肝疏泄失常微观变化与两证主要鉴别指标。同时开展两证大鼠模型造模实验，建立两证大鼠模型，提出"肝主疏泄与调节机体单胺类神经递质与性激素及其调节激素有关"新假说。

回想这段往事，乔明琦说："1992年春节放假前，我还一个人奋战在实验室，终于赶在除夕之夜完成了最后工作。忽然才想起来应该理个发迎接新年，坐在镜子前，才发现自己头发掉了一半。"

乔明琦在随后的研究中，通过临床流行病学调研和相关血尿指标检测结果，提出了肝气逆、肝气郁证是肝疏泄失常的两个始发证候的结论，建立临床诊断参考指标，提出"气血潜在不畅"病因概念，"多情交织共同致病，首先伤肝"假说。

在明确证候分型的基础上，他带领团队攻坚克难，以肝疏泄失常导致典型情志病证经前期综合征（premenstrual syndrome，PMS）、经前烦躁障碍症（premenstrual dysphoria disorder，PMDD）为切入点，围绕上述病证结合从外周机制深入到脑机制开展持续研究，采用fMRI技术探查PMS/PMDD肝气逆、郁两证发病脑区变化，提出"肝疏泄失常发病机制调控中枢在脑区"。

上述新假说和新认识，丰富并深化了对肝疏泄失常机制的理解，为肝主疏泄调畅情志的内涵增添新认识，为肝疏泄失常所致肝气逆证和肝气郁证发病机制既有重叠又有差异提供有力证据。

创新不止，跻身前沿

（一）探查内脏，揭示肝藏象生理病理机制

"传统的中医理论提到的阴阳五行、藏象都是在古代哲学基础上发展而来的，也就是以象测脏、司外揣内。不借助现代科学研究，就要靠揣测。"乔明琦说，"我最大的愿望就是让藏象学有实证，看得懂、说得清。"

为了解决心中的疑问，乔明琦开始了自己的中医科学研究之旅。当研究生同学在抄方验方时，他在实验室围着白鼠转；当同学们在图书馆查中医经典文献时，乔明琦却进入学校、工厂和村庄，进行山东省不同职业人群肝疏泄失常始发证候流行病学调查；当大家在检索中医药研究进展时，乔明琦已经开始探索肝疏泄失常证候表现与发病机制。

通过大量的科学实证研究，乔明琦发现，在同样的工作环境下，女性更容易情绪改变，出现愤怒、抑郁等情志问题，这一结论在临床上也得到了证明。依据人群流行病学调查数据与临床深入观察，他从"肝郁证"中鉴别出"肝气逆、肝气郁"两证；发现两证是PMS/PMDD两个主要临床亚型。进而深入探索上述病证临床亚型与发病关键机制，发现发病关键机制在前额叶皮层等脑区，与孕酮、5-羟色胺含量改变相关，为肝主疏泄的脑功能调控提供了科学依据。他在国际上首创PMS/PMDD肝气逆、郁病证猕猴和大鼠模型，应用该模型首次明确了关键脑区内E2/5-

HT/GABA 及其受体信号通路为 PMS/PMDD 肝气逆、郁两证重要中枢机制，首次证实中药舒郁胶囊透过血脑屏障，作用于相关脑区，发挥调肝作用，取得情志病证非人灵长类动物模型的重要突破。耶鲁大学精神病学系 Joanne Cunningham 教授认为，"该研究首次从非人灵长类动物身上发现，类固醇甾体激素可通过对单胺能神经系统作用影响行为"。

在此基础上，乔明琦提出肝气逆、肝气郁两证证候新概念，"肝气逆、郁两证是肝疏泄失常始发证"新观点，建立 PMS/PMDD 肝气逆、郁两证诊疗参考标准并提出新假说，研发国内首类治疗 PMS 肝气逆、郁两证中药新药经前平颗粒、经前舒颗粒，获国家新药证书；治疗 PMDD 肝气逆证的白香丹胶囊，获得国家五类中药新药临床试验批件，获国家发明专利授权。研发首个治疗抑郁症（MDD）肝气郁证的组分中药，已获得国家新药临床试验批件，现正进行国家二期临床试验。

乔明琦凭借肝气逆、郁两证的科学研究以及相应的新药研发，在 2006 年获聘泰山学者首批特聘专家，并获得国家科技进步奖二等奖；带领的情志病证研究优秀创新团队于 2007 年入选山东省首批十大优秀创新团队，这是山东省省属医学院校与科研院所获得的首个优秀创新团队称号。

（二）聚焦情志，创建中医情志学新理论与新学科

中医医案、医论凡涉"情志"，多引自《黄帝内经》五脏物质、悲忧惊恐诸说。乔明琦认为，传统的七情学说、五志伤五脏的模式历经两千余年，理论上经不起严谨的推敲，实践上也未得到科学验证。乔明琦对情志致病进行深入研究，走出了一条对传

统七情学说赋予现代科学内涵的探索之路，并最终使之成为中医界一门崭新的学科——中医情志学。

一门新学科的建立，千头万绪，非皓首穷经难以完成。乔明琦历时十年撰写的《中医情志学》，由人民卫生出版社于 2009 年正式出版，该书是国内研究情志学的首部学术专著，2010 年获中华中医药学会学术著作一等奖。

依据新理论引导，乔明琦带领研究团队组建中医情志学学术梯队，建立学科基础研究和临床研究中心。中医情志学学科于 2012 年获批国家中医药管理局重点培育学科。2018 年《中医情志学》纳入全国中医药行业高等教育"十三五"创新教材。

（三）发现新理论创建五步曲共性规律，创建现代中医基础新理论

"中医药发展，要遵循自身规律"是近年中医学界一种主流性思潮。乔明琦提出了质疑："遵循自身规律"是否应当有一种前提，即服从科学发展共性规律这一前提？舍弃前提，单讲自身规律，是否有违"个性与共性相统一"这一基本原理？中医学自身发展规律是什么，代表性的主要有"继承不泥古，创新不离宗""来自临床，回归临床"等。上述诸论只是原则性论述，并没有具体阐明中医学自身的发展规律。这显然已经不适应当今医学发展的国内国际环境。

乔明琦非常推崇闻名于医学界的《剑桥插图医学史》。该书认为，西方医学的根源与中国、日本或印度医学很相似。早期的西方医学，如希腊医学，也是整体医学。在亚洲医学基本上原封不动地保持其古老传统、尊重古代的经典文献时，今天的西方医

学则已走向了新的方向，着重于观察、实验、新事实的收集等，因此，取得了巨大的进步。中医学理论要凸显自己在当今时代的价值，迫切需要借鉴现代科学理论的指引。

1997 年颁布的《中共中央国务院关于卫生改革与发展的决定》指出：构建新的现代中医基础理论，已经历史性地摆在中医基础理论研究者面前，成为中医学界和国家主管部门的共同追求与目标。中医现代化迫切需要构建现代中医理论，已经是共识；但如何建立以及建立一种什么样的现代中医基础理论，尚无共识，需要艰辛探索。

乔明琦带领学科与团队，开始了创建中医基础理论的攻坚战。他们首先是借鉴生命和医学科学理论，阐明中医学理论发展作用和价值趋向，指出传统医学及其理论的局限性，揭示中医学及其理论国内外发展的必然趋向；分析国内外不同学科新理论构建过程及方法步骤，发现新理论创建"五步曲"的共性规律；提出现代中医基础理论构建"三原则、五步骤"，论述其"由传统现象描述迈向本质和机制阐明"理论变革的重要作用。

经过艰辛探索，乔明琦率先创建起现代中医基础理论基本构架与理论核心，《世界科学技术—中医药现代化杂志》特设专论发表了该系列论文。乔明琦及其团队于 2015 ～ 2017 年分别在泰山学者论坛、中华中医药学会中医基础分会学术年会及香山科学会议邀请知名院士、专家进行论证，引发各位专家学者的关注和讨论，就创建该理论的必要性及框架达成初步共识。

乔明琦带领团队建构的现代中医基础理论，将中医基础理论由现象描述迈向本质阐明，将会引发中医临床诊疗模式的变革及中医学各学科的现代化，这为中医临床朝向精准诊疗、中药新药研发朝向病理靶点提供了新理论向导。

乔明琦及其团队三十六年如一日，坚持不懈，一以贯之，在科研路上秉承"名誉不争、学术不让、创新不止"的理念，逐步实现一个个跨越，硕果累累。

本文作者：乔明琦的博士研究生高冬梅

开拓创新　勇攀高峰

——记泰山学者特聘专家田景振

　　田景振，1957 年 2 月出生，山东东阿人，博士，二级教授，博士生导师，山东省首批泰山学者特聘专家，现任山东省中医药抗病毒协同创新中心主任兼首席专家，兼任世界中医药学会联合会中药制剂专业委员会副理事长、世界中医药学会联合会中医药抗病毒研究专业委员会副会长兼秘书长，中华中医药学会中药药剂专业委员副主任委员等，山东省中药学重点学科带头人，国家中医药管理局中药药剂学重点学科带头人。

近 40 年来，田景振教授一直从事中药药剂学的教学与科学研究，他开拓创新，勇攀高峰，在中药新制剂新剂型研发、中药提取纯化工艺研究、中医药抗病毒等方面作出了突出贡献。

恢复高考，步入大学之门

田景振的家乡在山东西部的聊城东阿县，幼年时，他对中医最初的印象，是服务于农民的乡村赤脚医生。那时候，在乡村贫病现象很常见，在他的家乡有一位很有名的老中医，深受邻里乡亲们的尊敬与爱戴，人们都尊称那名中医为"老先生"。"老先生"以手搭脉的姿态，目光如炬，明察秋毫，开方取药从容不迫……这样的情景，吸引着年少的田景振——那必定是一门高深的学问！

1977 年，国家正式恢复了高考。年轻的田景振觉得这是难得的机遇，必须把握住。复习备考的时间虽然仓促，但他全身心投入到复习中。在高中毕业 4 年后，田景振参加了参考人员最为复杂、年龄跨度最大的那次高考，成功考取山东中医学院中药专业，有幸成为恢复高考后的第一届大学生，从此与中医药真正结缘。

田景振深知求学机会的不易，非常珍惜，下定决心要夺回已经失去的宝贵时间，所以大学期间他如饥似渴地刻苦学习。随着专业知识的扩展，中医药的历史与前景在他的眼前逐步打开。

经过四年寒窗苦读，田景振顺利完成本科学业，留校成为一名教师。从此，在学校这一平台上，他完成了自己从助教、讲师、副教授到教授的跨越，并成为博士研究生导师、山东省首批泰山学者特聘教授、二级教授。他不仅在专业上进取，慢慢也进入到管理岗位，先后担任中药系副主任、主任、药学院院长，成为中药学学科带头人。

脚踏实地，从一线入手开展科研起步

1982 年年初，田景振留校在中药系任教。时值改革开放初期，百业待兴，正是发展的起步阶段。那时，学校的教学、科研条件非常简陋，仪器设备少而陈旧，科研经费也很少，刚入职的青年教师要申请到课题更是难上加难。

如何才能从无到有、有所突破？面对这种欲使拳脚而不能的情况，当时他的老师张翊教授看在眼中，急在心里。张老师非常及时地为田景振排忧解难，开导他说："当教师首先要把课教好。在这个前提下再创造条件去开展科学研究。科学研究要创新，要领先，需要从头做起，要注意到生产实际中去找课题，解决生产实际最需要解决的问题。如果从校企结合的思路出发，还怕没有科研经费？"张老师的一席话，让田景振眼前一亮——科研最终还不是为了将科学技术转化为生产力？年轻教师应该利用业余时间到企业和医院一线去实地调研，了解生产实际。他开始尝试将社会需求作为自己最初进行科学研究的一个重要选题方向。

田景振的业余时间从此被紧紧地填满了。基本方向确定以后，他在努力做好教学工作，出色完成教学任务的同时，尽可能多地利用一切时间到药厂去、到药店去、到医院药房去，在一线深入调查中药、中成药的生产、应用、流通情况，向工人师傅学习，掌握第一手资料。

在工作后的头五年里，田景振先后到杭州第二中药厂、山东东阿阿胶厂、济南中药厂、淄博人民药厂、潍坊中药厂、青岛中药厂、济宁中药厂、北京同仁堂制药厂、山东建联药店、山东省中医院、济南市中医院、青岛市中医院等实地调研 50 余次。他还到工厂车间，跟班顶岗，与工人师傅、技术人员同吃同住同劳动，累计达 3 个多月，记录笔记 20 余万字，发现中药生产过程中不合理的工艺问题 30 余处，亟待改进的工艺环节 40 多处。后来在领导、同事们的支持帮助下，他把这些不合理的工艺问题和亟待改进的工艺环节一一进行了科研攻关和改进，并应用于生产实际，为企业增加了较大的经济效益，企业也主动为田景振提供了研究经费。同时，田景振还与企业领导、工人师傅们结下了深情厚谊，这些"密切联系"的朋友，成为他日后学习、教学、科研、管理等不可或缺的友情支持，也是他一直津津乐道的"成功秘籍"。

田景振在烟台中药厂调研时发现，该厂感冒退热颗粒、银黄颗粒产品中存在蔗糖含量过高的问题，患者反映："喝汤药是喝苦水，吃成药成了喝甜水，这里面到底有没有药材？"糖尿病患者说："甜得我们都不敢喝啊！"为此，他与药厂科技人员一起进行科研开发，成功研制了低糖型感冒退热颗粒、低糖型银黄颗粒，深受欢迎，取得了良好的经济效益。

田景振到革命老区蒙阴县参加扶贫时，了解到当地有丰富的野生酸枣资源，是酸枣仁的道地产地，当地百姓仅把酸枣仁收集入药，果肉部分作为废物弃掉。田景振想酸枣肉含有丰富的维生素 C，何不加以利用，于是他与当地一家食品厂合作研制开发成功"八珍酸枣汁"，推向市场，取得良好经济效益，1987 年获得商业部优秀新产品奖，受到时任国务院副总理陈慕华的充分肯定。田景振还为该食品厂研究成功水解蔗糖降低饮料、罐头蔗糖用量的工艺技术，成果转化后为企业节省了生产原料成本，大大提高了企业的经济效益。

基层为田景振提供了科研发展的平台，他在深入企业中寻找到研究课题，根据企业、市场需要进行研究、开展科研。1983～1989年，他以助教职称，平均每年完成一项科研成果，这些成果先后获得省教育厅、卫生厅科技奖励，他本人也被授予山东省新长征突击手、优秀青年科技工作者等称号。

田景振特别珍惜起步阶段所获得的新长征突击手荣誉称号，在他看来这正是自己与祖国共命运，与时代同发展，脚踏实地，提升科研能力，实现自我跨越的印记。后来，随着他完成的科技成果不断增多，主动前来洽谈新产品开发、科技合作的企业越来越多，科研选题、立项、科研经费的问题都迎刃而解。

坚持传统中药与现代科技紧密结合，开拓创新发展

随着教学科研工作的不断开展，更高的发展方向又该怎样确定呢？如何使自己的科学研究保持一种可持续发展势头，实现更高、更远的发展目标？为此，田景振陷入了深深的思考。他忘不了当初张翊教授的谆谆教诲，老先生们的脚步是最好的参照与灯塔。为此，田景振利用一切可能的机会，在学术论坛上向王永炎、张伯礼、黄启福、姚乾元等学界前辈当面请教，或大的方向，或细枝末节，既交心又学习。与学术大家的接触让他受益匪浅，既开阔了眼界，又进一步明确了努力方向。通过与学术大家的交流，田景振认识到，传统中医药学根基很深远，有着自己完整的理论与实践体系，一脉相承传承久远，它又一直具有开放包容性，并非封闭与固守。但因为理论体系的不同，中医药游离于现代科学体系之外，无法与现代科学并驾齐驱。中医药学必须继承与发展并举，也要走与现代科学相结合之路，才能创新突破，

有所作为。特别是张伯礼院士的"任何一个重大成果总是伴随一项或几项新技术的应用而诞生"的话让田景振认识到：中医药，尤其是中药研究也必须引入新技术，才能实现新突破。

在此基础上，田景振着手研究现代科学的一些新技术怎样与中药研究结合，怎样为中药学科所用，推动中药的研究与发展，并把其作为自己的重点研究方向，先后成功申报课题"口腔用中成药改革研究——冰硼贴片的研制""中药腔道给药载体研究""山东省中药现代化科技产业基地关键技术研究"等20多项中药共性关键技术研究。

研究是需要寻找突破口的。田景振发现，日常生活中，人们常常被口腔溃疡这个不起眼的疾病折磨着。中医临床上常用冰硼散治疗，但是传统的散剂不好控制剂量，对口腔黏膜破溃处有强烈的刺激，且药物易被唾液稀释、冲刷，药物与创面作用时间短，药效得不到充分发挥，疗效受到影响。田景振盯住这个点，结合临床，研究出具有靶向、定位、缓释特点的"冰硼贴片"。该新药能够定位、缓慢、单向释药，延长了药物对病灶部位的治疗时间，使药物发挥最大作用，治疗复发性口腔溃疡的有效率达100%。1990年，冰硼贴片获得国家新药证书和生产批件。

冰硼贴片的成功研发，开拓了田景振的思路——它可以方便地用于口腔黏膜，是否也可以适用于同样具有黏膜的人体腔道呢？于是，他将生物黏附剂技术试用于腔道给药，并开展了系列研究。1995年，"以口腔用中成药剂型改革研究""生物黏附剂作为腔道给药载体"的研究，分别获得省、部级科技进步二等奖，填补了中药贴片制剂的空白，为国内外首创，一举确立了其在中药黏附制剂研究领域的领先地位。这是田景振在中药制药现代化研究中迈出的重要一步。因此，他在 1995 年度和 1996 年度先后荣获了中国百名杰出青年中医、全国中青年医学科技之星称号。

组建一支团结拼搏、
特别能吃苦、特别能战斗的研究团队

有经费支持，有团队协作，田景振的研究不知不觉中进入到快速上升通道，加快了前行的步伐。他也逐渐成为团队的领军人物，有效发挥了带头人的作用。

1994 年，田景振担任药学院院长，后来又成为山东省中药学重点学科带头人，国家中药药剂学重点学科带头人，山东省泰山学者特聘专家。他感觉责任大了、任务重了，意识到一个人的力量太有限，必须建立一支团结拼搏、特别能吃苦、特别能战斗的研究团队，先前跟他进行科研攻关的年轻人，自然成为团队的中坚和继续培养的对象。

田景振 1996 年被聘为硕士生导师，2005 年被聘为博士生导师，2010 年开始指导博士后，到 2021 年共培养硕士 120 余名，博士 22 名。他们进入工作岗位后，大都成为中药教学科研的生力军，迅速成长为骨干与中坚力量。

自 1997 年以来，田景振建立起了中药新药新技术研究团队，以此为基础逐渐扩大建立了泰山学者科技创新团队，近几年又创建了中医药抗病毒研究协同创新团队。为了组建团队，他将申请的科研经费 800 余万元用于设立自主研发课题，引导团队成员围绕中医药抗病毒开展药学基础、药理药效、临床观察、新药发现等多领域全方位研究。

经过近 5 年的共同努力，中医药抗病毒协同创新团队承担国家重大专项课题 3 项，国家自然科学基金课题 9 项，省级科技课题 12 项，省级重大课题 6 项，科研经费近 2 亿元。田景振创立的中医药抗病毒"证毒协辨理论"为中医药抗病毒研究提供了新思路、新方法，受到业内专家的高度评价和认可。中医药抗病毒研究成为山东中医药大学以及山东省中医药科研的优势领域。

经过 20 多年的建设，目前田景振领衔的团队核心成员 16 人，参与人员 250 余人，研究涉及中药资源、中药鉴定、中药化学、中药药理、中药药剂、中药炮制、病原微生物、免疫学、中医基础理论、中医内科、实验动物等领域。田景振的科研团队核心成员近 5 年来承担国家科技重大专项、国家自然基金项目、省重大科技计划等项目 12 项，科研经费总计达 4000 余万元。申报发明专利 11 项，出版著作 7 部。

近 10 多年来，田景振获得国家科技进步奖二等奖 1 项，山东省科技进步奖一等奖 1 项、二等奖 5 项（均为首位），取得国家发明专利 6 项，当选山东省第十次党代会代表，荣获山东省先进工作者、山东省有突出贡献的专家、山东省优秀教师、山东省优秀科技工作者、山东省优秀共产党员等称号。

田景振回首自己的成长之路，为能赶上国家盛世而庆幸，为自己能参与到民族复兴的伟大事业之中并贡献了自己的智慧和力量而自豪。他认为，个人的绵薄之力只有融入社会、融入团体，与我们的国家、我们的时代共同前行，才是幸福的。虽已过花甲之年，田景振依旧精神昂扬地开拓创新，勇攀一个又一个高峰。

本文作者：田景振的博士研究生侯林

献身中西医结合事业　敬业爱岗做合格教师
——记泰山学者特聘专家王世军

王世军，1963年9月出生，山东济南人，山东省中西医结合基础学科泰山学者特聘专家，医学博士，博士生导师，山东省有突出贡献的中青年专家，山东省优秀科技工作者，山东省优秀青年知识分子，国家中医药管理局重点学科中西医结合基础学科带头人，国家中医药管理局微循环三级科研实验室主任，山东省中西医结合肿瘤防治技术重点实验室主任，山东省中医经典名方协同创新中心主任，山东省中医经方示范工程技术研究中心主任，享受国务院政府特殊津贴，现任山东中医药大学中西医结合学科带头人，中医学院院长，兼任中国病理生理学会微循环专业委员会副主任委员、山东病理生理学会理事长等。

王世军从 1984 年工作至今，一直从事中西医结合基础方面的科研及教学工作。他常说"做科研总是要付出努力的，只有努力才能有创新"。他带领学科成员，顺利通过了国家中医药管理局科研实验室（三级）评估、国家中医药管理局重点学科验收和山东省中医经方协同创新中心立项，进一步丰富了学科科研方向，提高了学科研究能力及学术影响力。

王世军爱岗敬业、不忘初心，勤奋工作、严谨治学，言传身教、奖掖后学，投身科研、矢志不渝，充分体现了一个中医人胸怀中医、献身中医、勇立潮头的责任担当。

爱岗敬业，不忘初心

1984 年，王世军毕业于山东中医学院中医学专业，由于在校期间成绩优异，毕业后留校在病理教研室任教。大学期间，他勤奋好学，打下了深厚的中医学功底，直至今日，仍能背出当时所学的《黄帝内经》《伤寒论》等经典原文。

工作之初，王世军虚心向老教授学习。当时教研室主任房秋寒教授是国内微循环研究领域的著名专家，是国内第一台专用微循环仪的发明者。在房教授指导下，王世军逐渐走入微循环研究之门，参与多项中医药与微循环领域相关科研项目。之后，他逐渐建立了自己的科研团队，并把中医药与脑微循环作为研究重点。但那时教研室教学条件及实验条件非常简陋，实验仪器不足，他们通过大量阅读文献了解仪器原理、构造，零件买不到，就自己研制。王世军与团队老师一起，把一个个零部件制造出来。经过反复试验，不断改进，最终完成了脑微循环技术设备的进一步完善和优化。随后，王世军利用其开展了抗疲劳复方、鸡囊胚血管新生、肿瘤微循环、针刺等研究。其中，"针刺对软脑膜微循环的系列研究"于 1999 年获得山东省科技进步奖一等奖，微循环研究室于 2005 年成为国家中医药管理局三级科研实验室。

由于病理学及病理生理学属于西医课程，其最新进展及专业书籍以英文居多，这让王世军深深感受到了英文的重要性。为学好英语，他忙里偷闲地利用做家务、散步、坐公交等时间读英文小说，听英文歌曲。时至今日，在他的书橱里依然放着当年整理的英语笔记、单词表等。每到一个地方，王世军最爱去的地方是书店，购买各种医学英文专著。

正是在中医、西医方面的深厚功底，让王世军在中西医结合基础研究领域得以不断深入。

勤奋工作，严谨治学

王世军热爱中医药事业和教育工作，敬业爱生，一身正气，以身作则，追求既做"经师"又做"人师"的目标。1984 年工作至今，他主讲过病理学、病理生理学、中西医结合基础研究思路与方法、中医实验技术与方法、signal transduction 等本专科、研究生和留学生课程，并坚持为 30 余届本科生授课。

近 5 年来，王世军带教本科生 1500 余人，先后负责中医学七年制、八年制、中西医临床医学、针推外向型、中医学（留学生）等班级的病理学相关课程中、英文教学设计。作为本科生导师和研究生导师指导本科生 154 人、硕士生 24 人、博士研究生 11 人完成毕业设计及论文。他组织开展临床病理讨论会、科研见习等形式多样的第二课堂活动，提高了学生的学习兴趣。

教学中，王世军注重利用启发式、案例式、参与式、讨论式等教学方法，引导学生理解疾病的病因与发病机制，掌握疾病的病理变化和临床表现，并结合最新理论研究成果，围绕具体问题启发学生思考，充分调动学生学习积极性，强化学生质疑精神和自主学习能力的培养，真正做到"授人以渔"。

王世军始终关注大学生个性化培养，创设了"基于个性化培养的精准助导项目"，关注学生的独特性和差异性，提供教育资源，发掘学生个性化发展潜能；提出创设传承生培养项目，依托名医工作室和流派工作室，不断强化学生临证能力和中医思维培养。

作为院长，王世军一直强调备课在教学过程中的重要性，他认为无论教师的知识和经验多么丰富，若不备课就难以将课本知识系统地传授给学生，教师的知识和经验只能说是具备了潜在的教学能力。通过备课要实现三个方面的转化：第一个转化是把教材中的知识转化为教师的知识；第二个转化是把对教学工作的安排转化为教师教学活动的指导思想；第三个转化是把教师掌握的教材内容转化为学生的知识。为此，王世军要求学院的每位教师都要认真备课，深刻理解备课的实质，掌握备课工作的程序。他一方面请教学专家设计了实用、美观的备课本，另一方面组织人员撰写出版了全国优秀教师迟华基教授的手写备课本，发给学院每位教师学习。

在学校指导下，王世军与学院老师们一起梳理了中医学院的教学特色，提出了"以思维促能力，以传承促发展"的教育理念，构建了中医人才传承培养体系，在中医学专业人才培养实践过程中取得了突出的成果，创新了高等中医人才培养的新理念、新理论、新教学方法，极大地改变了学生中医思维不足、临床能力欠缺的问题，在提升中医人才培养质量的同时，也为高等中医药院校人才培养改革决策提供了有效依据，教学成果"以思维促能力，以传承促发展——中医人才传承培养体系创新与实践"先后获得山东省教学成果一等奖和国家教学成果二等奖。

言传身教，奖掖后学

王世军注重教学梯队建设，作为学院负责人，带头创建了中医学专业教学改革团队，提出创建传承生培养改革团队，在每个学科领域建设了梯队。在建设中，他完善"名师引领、骨干支撑、团队协作"的建设思路，倡导团队内外协作，实行中青年骨干教师双导师制（包括临床导师和基础导师），利用教学名师和临床名家带动青年教师成长，不断提高青年教师教学基本功和临床实践能力，设立青年教师发展基金和应用型科研项目，加快高层次人才后备梯队引进和培养，培育了一支实践能力强，具有国际视野、创新活力、发展潜力的高素质新型中青年教学骨干队伍。

作为学校骨干师资，王世军注重培养青年教师，现已成为8名青年教师的导师，定期指导新进师资岗前培训，批阅讲稿、教案，指导课前试讲，进行课堂督导，定期检查青年教师的备课、授课情况，实行试讲制度，组织教学研讨会；以传帮带的形式指导青年教师进行科研实验，撰写科研论文，锻炼其科研能力；鼓励青年教师参加全国及国际学术会议，学习专业知识，提高教学能力和科研能力；定期举办讲座，介绍个人教学经验，与青年教师交流教学心得。

在研究生培养工作中，王世军治学严谨，对学生的学业要求十分严格。他每周与学生至少进行一次学术讨论，对学生的课题不仅在宏观上把握研究方向，还在微观上把握方案细节。他十分注重学生创新能力和独立科研能力的培养，手把手地传授学生们实验操作技法，努力提高学生们独立进行科学研究的能力。

有一次，有一名学生不会使用研究室仪器，来找他。王世军耐心地为该同学讲解了仪器使用方法及 IPP 结果分析方法，并手把手地进行传授。他熟练地将仪器电源打开，迅速调整好各种参数，从哪儿是缺血半暗带到哪儿是缺血核心区，从哪儿是海马锥体细胞到哪儿是星形胶质细胞，从哪儿是小胶质细胞到哪儿是微血管，将脑缺血的各个知识点一一讲解……看到研究生能独立操作后，他脸上露出了"授人以渔"的笑容。

王世军培养的学生中，1 人获评山东省有突出贡献的中青年专家、2 人获得省教育厅"引才育才"创新团队资助，1 人获得省教育厅科研创新团队资助，培养的博士生 90% 以上获得国家自然科学基金项目资助。

王世军积极推进学院教学、科研、管理改革。推行以岗位责任制为基础的规范管理模式，对所有岗位均制定具体的岗位责任和相应工作流程，有效地提高了管理效率。实施一系列激励政策，引导教师潜心教学及科学研究，对爱岗敬业、潜心教学的教师给予精神及物质奖励，极大地提高了教师的教学科研热情。

投身科研，矢志不渝

2008 年，王世军被遴选为山东省中西医结合基础泰山学者特聘教授，2015 年顺利通过泰山学者建设期满考核，并被纳入泰山学者二期建设工程。王世军以泰山学者为依托，依据学科特点制定了学科发展规划，进一步加强创新团队建设。在中医经典理论、中药药性及中医证候模型构建三个优势领域开展研究。他的研究成果"针刺对实验动物软脑膜微循环的影响及应用研究"获得山东省科技进步奖一等奖，参与申报了山东省省属院校第一个973项目"中药药性理论相关基础问题研究"，并主持了其中的中药寒热药性评价等研究内容，该项目研究成果"寒热效应评价体系构建及在中药药性研究中的应用"获得山东省科技进步奖一等奖。

王世军由于前期在中药药性方面的研究基础扎实，于2012年再次获得973项目"健脾利湿中药的药性研究"课题的资助。目前团队已形成了两个重要的研究方向：一是中药药性研究方向，该方向已经连续获得国家自然科学基金项目资助3项，省部级科研项目3项；二是中医证候模型研究方向，既可为中药药性评价提供评价工具，还可开展证候生物学机制研究，该方向已获得2项国家自然科学基金项目资助。

王世军作为中西医结合基础学科带头人，对中西医结合基础学科的概念及任务有着深刻的认识。他认为，中西医结合基础学科是在融汇中、西医学基础理论和研究方法的基础上，构建以中西医结合生理学、病理学、药理学、研究方法学等组成的中西医结合基础理论体系，为中西医结合临床学科提供理论基础。其主要任务为研究中西医结合动物模型及评价方法，以及中西医结合基础研究方法学；阐释中医理论基本概念，建立健全中西医结合生理学研究体系；研究中医病因、病机、病证，建立健全中西医结合病理学研究体系；研究中药、方剂基本理论及作用机制，建立健全中西医结合药理学研究体系；最终构建中西医结合基础三级学科分化体系。

肩负发展中西医基础学科的使命感和责任感，王世军带领学术团队，经过十几年的努力，使学科相继建设成为了山东省重点学科、国家中医药管理局重点学科、山东省高校重点实验室、山东省工程技术示范研究中心、山东省中医经方协同创新中心、山东省经方转化医学服务中心。学科形成了一支学缘、知识、年龄结构合理，团结协作，创新能力强的优秀学术团队，该学术团队成功入选山东省高校优秀科研创新团队。

截至目前，王世军承担国家 973 项目课题 4 项、国家科技重大专项课题 2 项、国家重大新药创制专项课题 1 项，主持国家自然科学基金项目 5 项、省部级课题 22 项，获得山东省科技进步奖一等奖 2 项，发明专利 3 项，作为主要人员获得国家科技进步奖二等奖 1 项，作为第二参与人获得国家教学成果二等奖 1 项。

本文作者：王世军的博士研究生赵海军

"逐光之路"在心中，在肩上，在脚下

——记泰山学者特聘专家毕宏生

毕宏生，1960年2月出生，山东莱芜人，二级教授、医学博士、博士生导师。全国人大代表，山东省人大教育科学文化卫生委员会专家顾问，泰山学者攀登计划特聘专家、山东省智库高端人才专家。现任山东中医药大学附属眼科医院院长、眼科研究所所长、（国际）眼科与视光医学院院长，兼任世界中医药学会联合会眼科分会副会长、中国中西医结合学会眼科专业委员会主任委员、中国医师协会眼科医师分会副会长、山东省医学会副会长、眼科学分会主任委员等，享受国务院政府特殊津贴，获得全国五一劳动奖章、首届中国眼科医师奖、中华眼科学会奖、第五届詹天佑科学技术奖人才奖等，2013年度、2016年度两度荣获山东省科技进步奖一等奖，2018

年度荣获国家科技进步奖二等奖。

"从业近40年，我个人对'黑暗'与'光明'的理解比常人有着更加深刻的体会，我见了太多眼疾患者在重见光明后，情感状态从大悲到大喜的转变，这也是我做好本职工作的最大原动力。"毕宏生说，为了看到更多眼疾患者重见光明后的欣喜，此生会倾注全部心血，竭尽全力为患者送去光明和希望。

胸中有国，脚下有路

"从事教育、卫生、科技的工作人员，一定要有情怀，第一位的就是爱国情怀。"每年学院开学典礼或接收新一届硕士、博士研究生，毕宏生总会对学生们强调"爱国情怀"。

毕宏生是我国恢复高考后的首届大学生。"我们那一代大学生有一个浓重的情结，就是'国家兴亡，匹夫有责'的家国情怀……我们当时就想着争分夺秒发奋学习，追赶国际先进，尽快把我国各项事业搞上去。"回忆起自己的大学时代，毕宏生难掩激动，"改革开放给了我上大学、从事临床教学科研的机会，我的研究方向理应与国家需求、社会发展和病患的需求密切结合"。

白内障是严重影响人类健康的第一致盲性疾病，约有33%的人视觉损害来自白内障。"中国的白内障手术历史悠久，古代就有金针拨障术，但在近代我们的技术落伍了。"毕宏生说，正是有了这种读书学习的紧迫感、责任在肩的使命感，以优异成绩毕业后的他，将从业目标瞄准了眼科常见病、多发病白内障。

凭着一股初生牛犊不怕虎的闯劲儿，从1988年开始，毕宏生开始进行现代白内障切除和人工晶体植入手术临床研究，一发不可收拾地开启了一条"逐光之路"。

　　进行新研究、推行新技术前，动物实验不可或缺。实验还没开始，科里的老前辈就善意提醒说："前任科主任就是因为在做动物实验时染上流行性出血热而去世的。"

　　心中有理想，脚下有力量。老前辈的善意提醒并没有吓退年轻人的宏伟梦想。彼时正值盛夏，毕宏生全身披挂厚重的防护服，在几千瓦的白炽灯下进行实验。等手术完成，他身上的衣服都能拧出汗水。就是在这样艰苦的条件下不断磨砺自己，毕宏生练就了一手做显微外科手术的过硬基本功，完善了现代摘除白内障手术的技术。

　　经过长期不间断实验，毕宏生的第一个课题"现代白内障囊外摘除第四代的改良法"取得了突破性进展。研究成果出来了，毕宏生小心翼翼地带着相关材料，南下北上找专家进行鉴定。在北京，一位著名老专家在门诊抽空见了他，见面只看了他一眼说："你把资料先放这儿好了，我会抽时间看，我要查些资料，才能给出客观评价。"毕宏生听后心里非常忐忑："都是在名人录上找的，之前都不认识，只在期刊杂志上见过他们的大名。"

　　后来，去拿鉴定书的时候，老专家还是在门诊见他。拿了鉴定书出来，毕宏生久久不敢翻开。"就掀开一条缝，一点一点地往里瞅，看到'国际先进水平'这几个字，那真是欣喜若狂，差点跳起来，以至于坐公交回去都坐反了方向。"回忆起前辈们的高风亮节，毕宏生不胜感慨。

　　初战告捷，毕宏生大受鼓舞，就此锲而不舍，将研究方向确定为白内障和近视防控。

心系临床，造福群众

世易时移，随着时代的进步，眼科学也在不断发展，白内障手术已经从传统的复明手术发展为精准屈光性白内障手术；患者的要求也从原来的"看得见"向"看得清晰、看得舒服、看得自然"迭代。在这样的时代背景之下，毕宏生潜心钻研国际先进技术，带领山东中医药大学附属眼科医院走在了全国前列。

"十一五"期间，我国开展了百万白内障复明工程。为提高基层医生诊疗水平，更好地为贫困患者服务，在山东省卫生厅等有关部门支持下，毕宏生率先在全省范围内开展技术培训和考核，制定了详细的教学和考核大纲，把国际先进的技术标准与中国实际相结合，开展理论和技能培训，共培训约 2000 名合格眼科医师，"山东经验"就此响遍全国。随后，卫生部对"山东经验"给予了充分肯定，并在全国范围内大力推广。"通过开展规范化技术培训，我们让偏远地区的贫困患者也享受到了国际领先的手术效果。"忆及当年，毕宏生慷慨激昂。

葡萄膜炎又称色素膜炎，是眼科常见的、反复发作的严重致盲性免疫性眼病，全世界葡萄膜炎的发病患者为 1540 万，我国就有约 400 万患者，致盲率高达 17.9%。

"之前，国内外对该病的治疗主要使用激素和免疫抑制剂，治愈率低、复发率高、毒副作用大，易导致股骨头坏死、胃肠道穿孔、精神分裂、青光眼、白内障等严重并发症。"毕宏生说，虽然当时困难重重，但他不信邪。

为了提高疗效，毕宏生带领研究团队开展持续科研攻关，在大量临床实践的基础上，将中医学理念与西方现代医学相结合，创建了完整的中西医结合治疗葡萄膜炎体系，探索出一条有效治疗新途径，首次研究制定了规范的葡萄膜炎中西医结合诊疗方案、临床路径和评价体系。经国内多中心临床验证，该治疗体系效果显著，并作为国家标准颁布实施，一举获得国家科技进步奖二等奖。

守卫希望，赓续火种

"近视防控需要眼视光学和小儿眼科医生，我国的缺口非常大。据可靠统计，我们需要 30 万正规眼科光学医师，但现在只有六七千人。"作为眼科与视光医学院院长，毕宏生积极投身眼视光医学教育教学，目前培养出来的学生已经成为全省近视防控事业的生力军。

2018 年 6 月，国家卫生健康委通报，我国儿童青少年近视率已居世界第一；2018 年 11 月，山东省开展的儿童青少年近视调查显示，儿童青少年的近视率为 58.66%，普通高中生近视率更是高达 91.27%。看到这些数据，毕宏生忧心忡忡。

为了做好青少年近视防控及视力低下防治工作，经充分调研、认真组织，毕宏生带头倡导成立了山东省青少年视力低下防治中心。他们以"治未病"理念为指导，采用"科学防、规范治"和"节点前移、以防为主、防控结合"的方针，开展中西医结合一体化防控青少年近视研究、实践和探索，梳理优化出安全有效、系统规范的儿童、青少年中西医一体化综合防控方案，形成了特色鲜明的"政府主导、专家指导、各界参与"的防治工作模式，摸索出了一条具有中国特色的中西医结合防控儿童青少年近视之路。

11年间，毕宏生和他的团队先后为山东省600多万名学生进行免费眼科与视光学检查；为160万名学生建立视觉健康档案，并开展科学、规范的防治；每年为超过15万名视力低下青少年提供规范化诊疗服务；在全省各地举办相关培训，培训校医、班主任近5000名，培训学生和家长7万余人次。

如今，在他的奔走呼吁下，在社会各界的关心支持努力下，2019年，专业开展儿童青少年近视防控系列研究的机构——山东省儿童青少年健康与近视防控研究院成立，山东省青少年视力低下防治工作的系统规范开展已取得显著成效。山东大学公共卫生学院流行病学调查数据显示，在全世界青少年近视率持续攀升的情况下，山东省防控区域内在校中小学生视觉不良率首次呈现下降趋势，实现了"治假、防真、控加深"的防治目标，中国科学院院士陈竺、中国工程院院士黄璐琦等专家学者认为：山东中医、西医相互融合，优势互补，防治青少年视力低下工作走在了全国前列，形成了特色鲜明的"山东模式"。

热心公益，播撒光明

"万物生长靠太阳，那是因为太阳无差别地释放光芒。作为播撒光明的眼科大夫，更得对所有患者一视同仁，要视患者如家人，要设身处地理解患者的难处，千方百计排除困难，消除疾病，带来光明。"谈及职业价值，毕宏生说，像太阳一样驱逐黑暗、送去光明、永不停歇，是自己的毕生追求。

除了在医院坐诊，毕宏生还主动走出去，给很多"失望之人"带去光明和希望。早在1996年，他就开始每年有计划地参与社会公益活动，免费为孤寡老人、军烈属、孤残儿童、贫困盲人等进行复明手术。

2006年，受山东省委省政府委托，山东省卫生厅组织了援藏复明手术医疗队，赴西藏自治区日喀则市及其周边县市进行白内障复明行动，毕宏生被任命为医疗队队长。

他带领15名专家成员，翻过三座海拔5200多米的雪山，忍受着剧烈头痛、呼吸困难等高原反应，在南木林、白朗、昂仁、日喀则及聂拉木五个县共诊治1000多名患者，为300多名白内障患者实施了手术，创造了有史以来国内外各援藏医疗队日手术量最多、手术年龄最小（13岁）、手术年龄最大（97岁）、海拔落差最大、日行程最长等多项纪录，"援藏光明工程"也被当地干部群众称为"建在藏族百姓心坎上的工程"。

援藏期间，危险丛生，毕宏生有两次险些因车辆爆胎而车毁人亡。但所有困难与危险都抵不过看到病患恢复光明后的成就感。

有一位饱受眼疾困扰的藏族老人令毕宏生永生难忘。时年87岁的次仁曲宗住在中尼边境，他连续半个世纪坚持在家门前升国旗，被誉为"祖国伟大母亲"的化身。出于对职责的坚守，几近失明的她每天仍坚持摸索着升旗。由于老人年事已高、病情复杂，来自国际红十字会及北京、上海等地的专家都没敢给她做手术。但毕宏生和他的医疗小组不愿轻易放弃，经过多次细致诊察、反复磋商研究，最终成功为次仁曲宗实施了手术，使她又能清楚地看见中尼边境上高高飘扬的五星红旗。

不止西藏，青海藏区也留下了毕宏生团队播撒光明的脚印。2014年7月到2019年9月，毕宏生先后带领近40人的专家组，七次深入青海省最贫困的村镇，开展"大爱无疆青海光明行"活动，免费为青海省海北藏族自治州近5000名藏区农牧民进行了眼科与视力检查，为2000多名贫困白内障患者免费实施了复明手术，手术成功率100%，复明率100%。通过毕宏生团队的努力，海北藏族自治州的贫困白内障患者得以重见光明，开启了全新的生活，合计节约手术及医药费近千万元。公益活动完成后，毕宏生的团队还与当地医疗部门共同成立了"鲁青眼科医院"，留下了一支带不走的医疗队和完善的技术规范。

于毕宏生而言，热心公益就像每天要吃饭喝水一样平常又自然。只要有病患需要，毕宏生和他的团队的脚步就不会停歇。

2015年11月，近乎双盲的藏族女孩才什杰在毕宏生的帮助下，不远千里从青海赶赴济南，开启了她的"逐光之旅"。毕宏生亲自挂帅成立了医疗护理组，组织医院各科室专家多次会诊，商定治疗方案，做好技术保障，最终，才什杰顺利完成了复明手术。在她15年的人生旅程中，第一次看到了明亮的太阳、蔚蓝的天空以及周围医护人员的真挚笑容。

面对突如其来的新冠肺炎疫情，各类学校延期开学。"停课不停学"期间，作为全国人大代表，教育部、国家卫健委儿童青少年近视防控权威专家，毕宏生积极为普及爱眼护眼、近视防控科学知识发声。通过发布科学护眼指导、居家用眼卫生指南、近视防控科普动漫、近视防控科普素材、开展近视防控知识问答等方式，指导学生防疫居家期间在线学习的眼保健工作。他还采取网络访谈、专题讲座、公益宣传片、短视频等多种形式，推进近视防控工作，短短2个月，共完成线上科普活动37场次，覆盖超过 2800 万人次，为广大儿童青少年居家期间近视防控提供专业知识指导。

"也有人劝我，说我终究就是个大夫，只需要看好病、干好分内的事就可以了，不要把自己弄得这么累。但我想说，我是人民的医生，是老百姓的大夫。只要老百姓需要我，我就会义无反顾、竭尽全力去帮助他们。"毕宏生坚定地说，"如今，我被人民信任，肩负全国人大代表的责任，帮助更多困难群众复明，更是义不容辞的事情。"

本文作者：马昕，文章部分内容原载《大众日报》2012 年 9 月 29 日第 4 版。

山有磐石　仰望岐黄

——记泰山学者特聘专家张伟

　　张伟，1963年5月出生，山东安丘人，山东中医药大学附属医院呼吸与危重症医学科主任，二级教授，博士研究生导师，中医肺病学泰山学者岗位特聘专家，山东中医药大学呼吸疾病研究所所长。行医三十余载，张伟在医疗、教学、科研领域硕果累累，带领团队将科室创建成国家中医药管理局重点专科、中西医结合临床重点学科，是山东省中医肺病学学术带头人。张伟以其渊博的学识、高尚的医德树立了医者典范，深耕中医临床，探索科研道路，培育杏林英才。

　　泰山学者是山东省杰出学术精英的荣誉，也是责任。泰山，又名岱宗，五岳之首，《说文解字》释："岱，大山也。"《诗经》

载："菘高维岳，峻极于天。"对一名医生而言，泰山象征着精湛的医术、坦荡的医风与仁爱的医德，是每一位医生仰望的图腾。相比于泰山之壮丽旖旎、巍峨耸立，每个人都像是一块岩石一样微不足道，但每一块岩石又承担着泰山之重。2011年获聘泰山学者的张伟始终将自己定位为中医事业的沧海一粟，如同山之磐石，窥探中医瑰宝，深研岐黄之术。

齐鲁青未了

1963年，张伟出生于一个中医世家。他的祖父是当地小有名气的中医大夫，在乡间悬壶济世，为乡亲诊疗疾患。父亲张运河年少从军，为祖国的安全奉献青春，后来子承父业，成为一名军医，退伍后被分配到济南铁路中心医院（现山东中医药大学第二附属医院）工作，任中医科主任，母亲辛守璞则是山东省中医院护理部主任。在家庭大环境的影响下，耳濡目染之中，张伟自幼对中医萌生了浓厚的兴趣。

张运河是一位德术兼备的医生，经常利用休息时间在家为患者诊病，因此张伟有了跟随父亲学习的机会。每当父亲开方时，他便在身后观察，自己思考用药方法，比如这张方应当用甘草还是桔梗？有问题便马上向父亲提出，就这样积累了宝贵的临证经验。在小学四年级时，家中来了一名患者，张伟主动提出为患者治疗，父亲同意且让他开出一张处方，父亲更改后便交给了患者，并嘱患者三日后复诊。患者走后，张伟始终惴惴不安，三天后患者复诊，告知处方非常有效。这件事极大地激励了年幼的张伟，坚定了他从事中医事业的信心。高考时，张伟以优异成绩考入山东中医学院。在校期间，他刻苦学习专业知识，毕业成绩班级第一，并先后考取硕士、博士研究生。

张伟能够取得如今的成就，与他童年和学生时代的经历是分不开的。他曾说过，父母对医学的奉献精神深深打动了他，弟弟张明回忆，他们的父亲几乎天天晚上在家接诊，患者走后坚持读书一小时再休息。虽然父亲已经离世，但每当回忆起父亲，张伟仍心存敬仰。母亲现在每天都会与张伟通电话，内容只有两个：一是注意身体不要太累，二是看患者一定要仔细，对患者要有耐心。好的家风让人终生获益，并荫及子女。张伟在一次采访中讲述了一个故事，他的女儿小时候在外玩耍时偶然捡到一个手机，她便在原地一直等待失主，直到天色渐暗，无奈将手机带回家，并充上电继续等待，终于将它还给了主人。如今张伟的女儿也已成才，虽未继承中医事业，但她的品行操守也如她的父辈、祖辈一样，这就是家风的传承。对于一名泰山学者来讲，除了工作上的成就，治家有道也是其人格魅力的体现。

造化钟神秀

身为泰山学者，张伟在其专业领域有着突出贡献，临床、科研都具有极高的水准。

张伟行医近三十载，认真接待每一位来诊的患者，竭尽所能为他们解除病痛，未发生过一起医疗纠纷。无论患者贫富、身份、国籍，张伟皆一视同仁，经他治疗好转的患者不计其数，大家都对其高超医技及高尚医德赞不绝口。

除了根基于临床，张伟在科研上同样硕果累累。在他办公室的书橱里，摆放着他出版的多部著作，如《中西医结合呼吸病诊疗学》《中西医结合内科新思维》《中西医结合内科新概念》《中西医结合内科新热点》，其研究团队编纂的《中医肺十论》《中医肺十病》《中医肺十法》三部反映中医诊治呼吸系统疾病的著作，以及《张伟中医肺病学》这一集大成之作。张伟在弥漫性间质性肺疾病领域有深入研究，首次提出气运失常、血运失常、津液代谢失常及脏腑功能失调病机，及从毒论治的思想。

　　为了科研，张伟付出了很多。在读研究生时，他进行了一项治疗慢性支气管炎的实验，需要用二氧化硫为小鼠造模，在实验过程中为获得第一手资料，自己不慎吸入实验药剂，造成气道高反应。即使现在，他在冬季仍然需要戴口罩为患者看病。但这些都没有减退张伟追求医学真理的决心。张伟说，是他的父亲坚定了他穷极医源的信念。张伟的父亲善用虫类药治病，尤其是蜈蚣一味，蜈蚣能够息风止痉、解毒散结、通经活络，但它同样具有毒性。对此，张运河先生提出将蜈蚣磨成粉后使用，为试验疗效，在查阅大量文献后决定将蜈蚣焙干 45 秒后研磨服用，而受试者正是张运河本人。这种"神农尝百草"的精神感染了张伟，让他立志不惜奉献自我投身医学研究。

荡胸生层云

　　除了医技高明，一名优秀的医生必然是德术兼备。坦荡的胸怀、谦逊的医风、仁爱的医德是医生应有的追求，张伟则是公认的德术兼备。

　　张伟的医德医风可以从一件件小事上体现出来。早年张伟到乌鲁木齐开会，在返程的航班上，飞机起飞不久便广播寻找医生，原来是有患者突发呼吸困难，张伟闻讯立刻上前施以援助，根据亲友提供的病史结合症状，考虑冠心病可能，立即安排吸氧。航班接近银川时，他提出让患者到银川就近治疗。最终患者转危为安，并前来济南表示感谢。

张伟在临床工作中处处为患者考虑，在门诊，一上午他最多可看诊 80 余人，连水都不敢多喝，有时下午有会议等安排时，他会牺牲自己的午餐时间，尽量多地接诊患者。考虑到患者较多，尤其是有很多外地患者，当他们需要做 CT 等检查时，为保证患者当天顺利就诊，他会安排学生向检验科、影像科提出申请，在不影响正常诊疗秩序的前提下，尽量为外地患者优先出结果、出报告，这样患者可以当天离开济南。2012 年，来了一位外地患者，诊断为间质性肺炎，由于远道而来且患者家庭条件较差，治疗费用不足，张伟得知后自己为患者垫付了药费。像这样的事例还有很多，张伟在临床中会设身处地地为患者考虑，将患者的病情与患者的利益放在首位。

为方便与患者沟通、普及医学知识，张伟专门建立了"张伟中医大讲堂"微信公众号，并在今日头条等热门网站上定期推送文章。在微信公众号中会刊出中药煎煮方法、呼吸系统常用吸入药物的使用方法等文章，患者如果忘了医嘱，还可以随时查找，避免用错药物。张伟在门诊上也会对跟诊的学生明确分工，安排他们为患者整理就诊资料、讲解用药剂量、服药注意事项等，虽然这样工作量会增加，但极大地方便了患者。

2018 年的一天，一位 80 岁的老奶奶由孩子陪同前来就诊，张伟对老奶奶进行了详细的问诊，当给老奶奶进行心脏听诊，需要掀起衣物时，老奶奶却面露难色，很害羞，也很紧张。张伟看出老奶奶的为难，将座椅向她拉近了一些，温和地对她说："我也是您的孩子。"短短的一句话让老奶奶瞬间释然了，不再抗拒，欣然配合查体。这一刻他们不仅仅是医生与患者的关系，而像是长辈与孩子一样。推己及人，仁者爱人，行医多年阅尽的世间疾苦，让张伟对待患者就如同自己的家人一般。

长期繁忙的工作让张伟面对患者比面对自己亲人的时间还要多，但张伟和他的家人始终无怨无悔，家人是他坚强的后盾，虽然难以常伴左右，但心中都是理解、包容与支持。

"荡胸生层云"，这是泰山的气魄与襟怀；决眦入归鸟，这是泰山的包容与豁达。身为泰山学者，张伟仰望先贤之品德，又如磐石般沉稳，外圆内方，牺牲小家，成全大家。

会当凌绝顶

一个人在世上立足，除了高超的专业技能、宽广豁达的胸怀以及甘于奉献的节操外，还要有"会当凌绝顶"的志向与抱负。

探索中西医结合道路是张伟的奋斗目标，他曾说"中医不能唱只有自己能听得懂的歌，中医应结合现代生物学、化学、物理学等基础学科的最新进展，吸收现代人体生命科学和研究成果，借鉴现代数学及其衍生的理论与方法"。为此，他攻读天津大学生物医学工程博士，2006 ～ 2007 年两度作为访问学者赴世界顶级医学中心梅奥医学中心交流。他利用所学知识，开展"寒邪与气象因子相关性分析""基于中医基础理论的肺系病证候动物模型建立及致病因子量化研究"等课题，首次提出"致病当量"的概念，将量化的观念引入中医病因病机研究当中。

除了临床与科研，张伟还注重教学工作，迄今为止，张伟培养研究生百余名。在临床带教工作中，他尽职尽责，尽可能为学生提供学习机会。每当他在名医堂坐诊时，都会要求研究生汇报病历，他会根据学生的汇报加以点评。虽然工作繁忙，张伟坚持每周查房，并且要求研究生全部到场跟随学习。每年举办的泰山学者高峰论坛等学术交流会，他会放手学生参与会议的筹办工作，会上还设有"青年医师论坛"，他也让研究生们尽可能展示自己。

作为山东中医药大学附属医院肺病科的学术带头人、山东中医药大学呼吸疾病研究所所长，张伟肩负着整个科室发展的重担。在他的带领下，肺病科已经成为国家中医药管理局中西医结合临床重点学科、国家中医药管理局重点专科、山东省中医重点学科、山东省卫生厅重点实验室，推出的《弥漫性间质性肺病中医诊疗方案》受到广泛赞誉。作为山东省政协委员，张伟积极与群众交流，听取百姓的建议，拉近百姓与医院的距离。同时他还提交提案，希望保护散落民间的偏方。张伟是国家中医药管理局中医药防治传染病工作专家委员会成员，2018年又当选山东省流行病传染病防控和应急处置中医药专家委员会副组长。2020年新冠肺炎疫情暴发后，张伟毅然请战参加山东省新冠肺炎医疗救治专家组和疫情处置工作领导小组中医药专家组并任副组长，执笔了山东省全部中医药诊疗方案:《山东省2020年冬春流感、新型冠状病毒感染的肺炎中医药预防方案》《山东省新型冠状病毒感染的肺炎中医药诊疗方案》《山东省中医药调治新型冠状病毒肺炎恢复期专家共识》，方案坚持中西医结合治疗，有效指导了全省抗击疫情工作。在引领解读方案的同时，会诊了数以百计的危重患者。大年初一开始，他即亲自值守发热门诊并驻扎山东省胸科医院夜以继日投身一线救治，身先士卒，无所畏惧。同时他还积极开展科研工作，重大科技攻关项目取得突出成绩:申请了防治新冠肺炎的山东省重大科技创新工程项目 1 项，获批治疗新冠的中成药制剂肺维康颗粒，筹建山东省中医药治疗呼吸系统疾病技术创新中心，发表新冠肺炎学术论文 4 篇，编写新冠肺炎科普著作 3 部。除紧张的临床及科研工作外，他累计制作节目10 多个小时向大众科普肺炎防护措施，参与支援留英学子抗击疫情的"结对服务"，参与美国、乌克兰、土库曼斯坦等多国学术交流，展现了中医的地位和风采。因在新冠肺炎疫情防控中作出突出贡献，2020 年 9 月，张伟获评全国抗击新冠肺炎疫情先进个人。

常常有人把张伟称为名医，但张伟却有不一样的理解，"名医不是名气的名，而是铭记的铭，要铭记患者的疾苦，更应该掌握好医学知识，明白患者的病情，这远比名气更重要。"在张伟眼中，个人的名气和得失是次要的，能为患者带来福音才是最重要的。

"会当凌绝顶"，张伟没有为此故步自封，他始终保持虚怀若谷的姿态，甘做泰山上一块坚毅的磐石，以仰望的姿态继承、发扬岐黄之术，竭尽全力为中医药事业添砖加瓦，贡献自己的力量。

本文作者：张伟的博士研究生韩健

高山仰止　大医精诚

——记泰山学者特聘专家杨传华

杨传华，1962 年 12 月出生，山东平原人，医学博士，二级教授，博士研究生导师，高血压国家中医临床研究基地首席专家，兼任世界中医药学会联合会高血压专业委员会会长、中国民族医药学会高血压分会会长、中国中西医结合学会高血压专业委员会副主任委员、山东中医药学会络病专业委员会主任委员等，泰山学者特聘专家，山东省有突出贡献的中青年专家，获得山东省科技进步奖一等奖 1 项、二等奖 2 项。

周日早上 7 点半，杨传华早早来到了山东中医药大学附属医院东院区心病科名医堂诊室，开始了忙碌的门诊工作。虽然是 300 元的知名专家号，但是前来就诊的患者早已把诊室门口围得

水泄不通，其中不乏一大早从外地赶来的患者。这天的首位患者是一位 70 多岁的老太太，她还没坐稳就急忙说起来："上次吃了您开的 14 副中药后，头晕、胸闷症状明显减轻了，这次来找您看看还用再调方吗？""那您现在还有哪里不舒服？"杨传华耐心地听着老人的诉说，同时一页页翻阅了老人之前的就诊病历，详细地望闻问切后，开出对应的方药。

患者面前这位和蔼耐心、开朗爽快的医生，就是在中医药治疗心血管疾病，尤其是高血压病中，作出卓越贡献的泰山学者特聘专家杨传华教授。他常常对学生们说："中医文化源远流长，博大精深，要想成为一名优秀的医生，不仅要博览群书，勤于思考，掌握一身精湛的医术；更要培养良好的医德，做到始终以患者为中心。"纵观杨传华的从医从教之路，他用言传身教、身体力行向学生们诠释着大医精诚。

刻苦求学

杨传华出生于德州市平原县的一个小镇，受家庭的熏陶，他从小热爱学习，喜欢读书，时刻不忘对知识的追求。18 岁时的他，聪慧勤勉，成绩突出，对未来信心百倍，满怀憧憬。在填写高考志愿时，遵循在县药材公司工作的父亲意见，报考了山东中医学院，开始了他的从医之路。

大学时期的杨传华，除了学习还是学习，他自强不息，勤耕不辍。除了对医典医籍的广泛涉猎，杨传华求学之路记忆最深处，便是对众多方剂歌诀的背诵。经方是中医专业学生的"童子功"，背诵用枯燥的经方改编成的"方歌"，是他每天的必修课。每天早上，伴随着清晨的第一缕阳光，教室外的走廊书声琅琅，

"天麻钩藤益母桑，知芩清热决潜阳……"，那声音中，充满着对中医的热爱与坚定。在系统背诵中医经典著作之余，他也不忘学习现代医学著作，衷中参西，融会贯通，对疾病有了更完整的认识和更开阔的诊疗思路。正是大学期间对理论知识的系统学习和深入研究，为他以后的临床工作和医学研究奠定了坚实的理论基础。

潜心研究

读研期间，杨传华师从山东中医药大学"八大元老"之一的周次清教授。周老精湛的医术、严谨的治学精神给杨传华留下了深刻的印象，尤其是在高血压诊疗过程中形成了独到的中医辨证思路，对他以后的从医之路产生了重要影响。通过虚心请教、勤于实践，杨传华切身领会了周老"从肝肾分期论治高血压"的学术思想，并加以传承应用。

我国北方饮食普遍偏咸，高血压的发病率高于南方。而山东省食盐量在全国处于较高水平，因此属于高血压大省。杨传华在临床诊疗中发现，来就诊的高血压患者以老年人为主，但也不乏中青年患者。通过分析调研，他发现不同年龄阶段的高血压患者，发病情况和治疗效果差别较大。中青年患者多表现为舒张压（低压）升高、收缩压（高压）正常、压差小，对于这类患者，稍加治疗便会将血压控制在正常水平。而老年高血压患者一般表现为收缩压升高、舒张压正常或降低、压差大，用药后收缩压下降了，但同时舒张压也随之降低，导致许多患者出现头晕、眼花、乏力等症状。面对这一医学难题，杨传华想到周次清教授总结出的高血压辨治经验——中青年高血压从肝论治，老年高血压从肾论治。他传承了周老的学术思想，又查阅了大量中医经典古籍，并结合自己的临床经验，在诊治老年高血压时，以补益肾气为主，佐以活血通络药物，成功使压差下降，收到了很好的疗效。这极大地鼓舞了杨传华，也让他更加坚信中医药一定能攻克这一医学难题。

为了惠及更多老年高血压患者，杨传华自拟补肾和脉方，并制成院内颗粒制剂，方便更多患者使用。越来越多的老年高血压患者服用该药后均取得了良好的临床疗效，杨传华开始思考，如果能将补肾和脉颗粒推广到其他地市，供更多老年高血压患者使用，这不仅仅是山东省高血压患者的福音，更是全国高血压患者的福音。于是，在多项国家级课题的资助下，杨传华带领团队克服种种困难，分别在德州平原、陵县、济南社区等地长期驻扎，先后对数万人开展了流行病学调查和临床研究。研究结果显示，补肾和脉颗粒不仅能降低老年高血压的压差，还能延缓动脉硬化的进程。这些研究成果令杨传华和他的团队激动不已。

此后，杨传华带领团队在高血压研究的道路上再接再厉，取得了一个又一个佳绩。2008年，作为第一责任人，杨传华带领团队为山东中医药大学附属医院成功申报国内唯一重点研究高血压病的国家中医临床研究基地，主持制定《眩晕病（原发性高血压）中医诊疗方案》和《眩晕病（原发性高血压）中医临床路径》，已由国家中医药管理局医政司正式发布实施成为行业标准；2012年杨传华被山东省人民政府确定为中医心病学岗位泰山学者特聘专家；2015年，牵头制定国家《高血压分级诊疗服务中医技术方案》，并由中华人民共和国国家卫生和计划生育委员会颁布实施；2015年，牵头制定了国内第一部《高血压中医临床诊疗指南》，并在多个国家级学术会议上推广；2015年，他主持的"提高中医降压质量的关键技术及转化应用"项目，荣获山东省科技进步奖一等奖。

为了将研究成果转化到临床应用中，让更多同行熟悉并使用，2011年，杨传华出版学术专著《高血压中医治疗精粹》，梳理、总结了高血压的病因病机、证候规律及临床经验。2013年，他又出版学术专著《从肝脾肾论治高血压》，首次构建了从肝脾肾论治高血压的理论框架。他的研究为高血压的治疗提供了思路，丰富了高血压中医诊疗理论体系，推动了中医学发展。

良心大夫

一直以来，杨传华都这样教导学生："一名好的医生，一定要以患者为中心，能急患者之所急，想患者之所想。"他对学生是这样说的，自己更是这样做的。

为了给患者省钱，对于可做可不做的检查，杨传华从来不开；对于价格较高的中成药，他也常常给患者调整成价廉效优的中药饮片。"方有合群之妙用，都知道汤药才是效果最好的，汤药能解决的问题，为什么要再开中成药呢？"杨传华从不开大方，熟悉他的患者都知道他开的方量小力宏。"杨大夫开的中药，一副药也就十块钱左右，但我喝了7副药就解决了困扰我多年的胸闷气短，真是花小钱就解决了大问题。"他的一位老病号竖起大拇指这样说。提到这些，杨传华坦言这是得益于恩师的教诲，"周老健在时开方每副药差不多三块钱，很少有超过十块钱的，但是效果都很好。"

曾经有位特发性肺动脉高压的患者前来就诊，在问诊过程中，杨传华得知患者家庭经济条件较差。特发性肺动脉高压目前无根治方法，而用于控制病情的药物又都价格不菲，很多患病家庭因病致贫。杨传华开好处方后，对一旁跟诊的学生说："带患者去普通门诊拿药，可以省去专家挂号费。"当患者得知面前的知名专家是在给自己免费看病，感动得当时都说不出话来。

　　面对患者提出的加号请求，杨传华总是尽量满足。有次中午 11 点半，来了一位请求加号的患者。考虑到已经到了下班点，而且还有几位患者没看完，学生请这位患者下午再来时，正埋头写病历的杨传华听到后，直接让学生加上了号。"很多患者大老远地赶来了，如果看不上病，又得等一个星期，我牺牲点休息时间，让他们早点看上病，也能让他们少折腾一趟。"杨传华经常这样说。就这样，基本每次的门诊都要加号，下午 1 点才能吃午饭已经成了常态。

　　杨传华幽默风趣的谈吐是化解患者紧张情绪的一剂良药。对于熟悉的老病号，他会开玩笑："你怎么又来了！"一句话把患者逗乐了，对病情的担心和焦虑一下子减轻了许多。有时询问复诊患者的症状，患者支支吾吾，担心说没见效会打击医生的信心，这时候杨传华会让患者"坦白"："你说实话！"曾经有位高血压患者来看病，当问起血压情况，白天高还是晚上高，具体测量值是多少等问题时，患者都回答不上来，杨传华"生气"地说："你对自己的身体这么不负责，是个不称职的患者。"随后耐心地给患者讲解什么时间测量血压、如何记录等注意事项，患者都一一记下，以后来就诊再也不敢不重视测量血压了。

　　设身处地为患者着想、细心诊治每位患者的杨传华，是患者心目中的良心医生，更是学生心目中大医精诚的典范。

春风化雨

"学而不思则罔，思而不学则殆。"杨传华常常借助门诊中遇到的典型病例来加深学生们对相关知识的理解，并引导学生们进一步深入思考。有次门诊同时遇到两例室性早搏患者，一例为青年女性，一例为老年男性，面对同样的疾病，杨传华开出的方药却大相径庭，前者为柴胡疏肝散加减，后者为补中益气汤加减。他让学生们先观察两位有何不同，再分析两组方剂有何区别，归纳两例病案各自特点，让学生提出自己的想法。听取学生各自的观点后，杨传华说："同样都为室性早搏，有生理性与病理性之分，青年人发病多因熬夜、酗酒、情绪不当所致，一般为生理性；老年人多因年老体衰，在冠心病等基础病变上累及心肌，电生理异常导致，多为病理性，所以治疗上要因人而异。结合患者的舌苔、脉象进行分析，这位青年患者治疗应以疏肝理气为主，而这位老年患者则更需注重补益中气。"通过此次病例分析，学生们对室性早搏的病理生理、发病机制、病因病机、辨证论治有了更加系统的认识。

脉象是中医学的重点和难点之一，在很多中医学者看来，有"只可意会不可言传"的深奥。杨传华为了能加深学生们的理解和领会，把中医脉象理论和西医病理机制结合起来给学生们讲解。当讲解如何通过切脉推断患者心血管系统状态时说："高血压、冠心病患者脉象多弦，《素问》中言'弦脉，端直而长'，是指下挺然、如按琴弦的脉象。从现代医学角度考虑，弦脉出现在高血压、冠心病患者中多提示动脉硬化，因动脉内膜脂质沉积、粥样斑块形成、内膜增厚及一系列神经内分泌因素使血管弹性降低，故呈弦脉。"讲完后，他还让学生们都去体会一下当时就诊弦脉患者的脉象。"通过那次学习，我们一下子对晦涩难懂的脉象有了清晰的体会。"他的研究生李汶回忆道。

　　除了传授知识，杨传华也重视学生对病历的书写。每份门诊病历，他都会严格要求，让学生把病历信息写完整。曾有跟诊的学生，因门诊病历写得不够规范，杨传华让他改了四次，直到符合要求才作罢。他不仅在门诊上严格要求学生，课后的学习也认真指导。每次门诊结束，他都会根据当天的病例安排学生们搜集整理相关疾病最新指南及国内外研究进展，让学生们在下次门诊时讲解，在实践中丰富理论，又通过理论指导实践。他推荐《用药杂谈》《临证脉学十六讲》等专业书籍供学生学习参考，并在科室建立读书角落，供学生周末空余时间借阅。他常常叮嘱学生们："我平常工作忙些，跟你们见面的机会比较少，无法时刻督促你们的学习，但你们不论是当学生还是工作后，一定要记得保持良好的学习习惯，这是受用一生的财富。"

　　　　　　　　　　　本文作者：杨传华的博士研究生陈文静

扎根土地　惠民一方

——记泰山学者特聘专家张永清

　　张永清，1962年7月出生，山东平邑人，理学博士，二级教授，博士生导师，首批"全国高校黄大年式教师团队"带头人、享受国务院政府特殊津贴、泰山学者特聘专家、山东省有突出贡献的中青年专家、山东省卫生系统重点科技人才，现任山东中医药大学药学院院长，兼任中国自然资源学会天然药物资源专业委员会委员、全国中医药高等教育学会中药教育研究会副理事

长、教育部中药学类专业教学指导委员会委员等，荣获山东省优秀科技工作者、山东省教学名师等称号。

每年五六月份，金银花盛开的时候，张永清都会带着他的学生们到革命老区"金银花之乡"平邑县无偿普及中药材种植知识和技术。在他的指导下，仅在 2006 年至 2013 年，平邑县郑城镇、流峪镇的 15 个村就累计建设金银花 GAP 种植基地 25000 亩。

漫山遍野一株株靠先进栽培技术苗壮生长的金银花，是泰山学者特聘专家张永清钻研药用植物栽培学、心系中药资源研究、投身科技扶贫的缩影。

40 多年来，无论在课堂，还是在田间，张永清始终心系中药材生产，不忘初心，一如他经常说的那样："药用植物栽培教学就是要扎根大地。"

扎根祖国大地，投身中药资源研究

1979 年，17 岁的张永清带着对中医药的憧憬考入山东中医学院，进入中药专业学习。药用植物栽培是一个苦差事，要扎根田野，投身生产一线，无论严寒、酷暑，无论清晨、傍晚，播种、除草、施肥、浇水，在那个刚刚恢复高考的年代里，经过重重考验终于从山沟里走出来的"天之骄子"很少愿意选择这样的专业。但来自沂蒙老区的张永清，带着骨子里那种勤奋、刻苦、朴素以及回报家乡的愿望，开启了他在中药学领域的研究之路，这一走，就是 40 多个年头。

1983 年，张永清毕业留校任教，承担学校药用植物标本园管理和药用植物引种栽培研究工作，实际工作中的深刻体会使他意识到随着中医药事业的发展和中药需求量的逐年大幅度递增，野生中药资源已经远远不能满足实际需要，许多药材供不应求，需要人工栽培才能满足。如何保证和提高栽培条件下药材的质量，决定着中医的生死存亡和中药产业的兴衰发展。于是，为提高自己的工作能力，他先后攻读了山东农业大学植物生理生化专业硕士、中国药科大学生药学专业博士，并分别获得农学硕士、理学博士学位，为日后的发展奠定了坚实的基础。

金银花是山东最重要的道地药材之一，主产于沂蒙革命老区。种植金银花是老区人民最主要的经济收入来源，但由于缺少科技、人才、资金，金银花始终未能让当地农民增收致富。自从投身于中药专业学习，张永清就立志要用知识回馈家乡。1983年毕业至今，他围绕金银花开展了种质资源调查、优良品种选育、规范化种植、农药安全使用、品质形成规律、药材质量标准与生产操作规程制定等系统研究，承担完成国家科技攻关计划、国家科技支撑计划、山东省重大科技专项、山东省科技攻关计划等课题 20 余项，选育出系列金银花新品种，其中花蕾期延长型新品种"华金 6 号"攻克了制约金银花产业发展过程中采摘难、人工成本高的技术瓶颈，该品种的推广种植至少让农户增收2000 元 / 亩。此外，他还攻克了金银花药材生产与资源开发利用中的多项技术难题，获得国家科技进步奖二等奖 1 项，山东省科技进步奖一等奖 2 项、二等奖 2 项。

中药资源开发与可持续利用研究是中医药事业发展的基础和根本，深知这一点的张永清并没有止步于家乡的金银花事业，同期，他还对丹参、瓜蒌、黄芩、银杏、桔梗、徐长卿、灵芝等一系列山东道地药材展开了深入研究，从收集传统种质资源、建立种质资源描述规范和数据收集标准、选育优良品种、制定种子种苗标准和良种繁育技术规程，到研制新型专用肥料、创新农药使用方法、研发采收加工机械、推广规范化种植技术等，均投入了大量心血，推动了山东道地药材生产规范化、标准化水平的大幅度提升，在促进精准扶贫、发展中药产业和当地经济等方面发挥了重要作用。

2014 年伊始，国家启动了第四次中药资源普查。作为山东省中药资源普查工作的技术负责人，张永清组织带领普查队员，对山东省区域内 137 个县（市、区）中药资源种类、分布、蕴藏量、变化趋势等本底资料进行了系统调查，建立了山东省常用、大宗和珍稀中药材监测与预警系统，实现了重点中药材资源变化动态的实时掌握，提出了山东省中药资源管理、保护及开发利用的总体规划建议。截至 2020 年 12 月，已普查野生中药资源1567 种、栽培品种 102 种，发现新种 3 个，新分布属 4 个，新分布种 156 个，新归化种 5 个，新引种资源 6 种，初步摸清了山东省中药资源家底，为中药资源的保护和可持续开发利用夯实了基础，为指导中药材生产合理布局提供了基本依据。

教书育人，把药材生产当作第一课堂

走遍山东各地的张永清，用自己对中药资源的满腔热忱，在课堂内外不断感染着一代又一代的青年学子。从欣欣向荣的 20世纪 80 年代到日新月异的新时代，"把药材生产当作第一课堂"是张永清始终坚持在做的事情。

在多年的教学实践中，张永清发现，中药学专业学生接触药用植物栽培的机会太少，大多数学生不能体会药用植物的生长发育对药材产量与质量形成的重大意义，这就导致学生对药用植物栽培的学习、研究缺乏认识和兴趣。这种教学现状激发了张永清建立药用植物栽培学本科教学体系的斗志。他一手创办了山东中医药大学中草药栽培与鉴定专业，亲自承担部分课程的授课和实践教学。他将自己比喻成一个农民，播种药材种子，让它们在农田里获取、积累药效；播种知识的种子，让它们在学生大脑中生根发芽。每个学期，不论清晨、傍晚，学校药用植物标本园里总能看到他带领学生播种、除草、施肥、浇水的身影。在他的不懈努力下，该专业招生和教学迅速步入正轨，并逐渐发展成为山东省中药学类优势专业，生源和毕业生质量一直居于全国同类专业前列。

张永清和他的学生们并不满足于在实验室里关门研究，还将课堂搬到了药材种植的田间地头，扩大"学生"数量，受惠最多的就是基层农户。每年五六月份，金银花一开，张永清就会带着学生来到临沂市平邑县金银花种植基地。由于他经常为当地开展种植培训，农户们都认识他，遇到他都会热情地跟他打招呼。每每这时，张永清便会停下脚步跟农户们聊聊，耐心解答他们在种植过程中遇到的各种问题。他会带领学生拍照记录金银花植株的生长情况，耐心地讲解土壤、气候、人工管理等对金银花药材产量与质量的影响，会让学生亲自采摘加工金银花，在实践过程中发现问题、解决问题。

夏天植物繁茂时，正是资源普查的好时节，张永清会借这个机会带领学生翻山越岭、风餐露宿进行野外普查。年近六旬的他，爬起高山陡坡来丝毫不输年轻人，他冲在前面，总是能发现各种各样的中药资源，及时给学生耐心细致地讲解，使学生们真正热爱所学、掌握所学，引领他们正确解决学术问题、生产问题，跟随张永清参加中药资源普查的学生总能收获满满。

张永清常说："知识的积累很重要，要沉得住气、耐得住性子，要多读文献，站在巨人的肩膀上搞科研。"由于白天工作繁忙，他常常下班后才能专心科研和指导学生。有学生回忆道："第一次写论文给张老师看，返回的稿件上密密麻麻的批注，精细到每一个标点符号的使用……最令我吃惊的是老师回邮件的时间是 00：32！"

张永清无论多忙，都坚持为本科生授课，他主讲过药用植物栽培学、药用植物生态学、药用植物生理学、药用植物保护学、生药学等本科和研究生课程，培养本科生累计约 3000 名、博士 17 名、硕士 90 名。他主编、副主编《药用植物栽培学》《药用植物资源学》《中药栽培与养殖学》《中药资源学专论》等教材 8 部，承担山东省特色名校工程"中草药栽培与鉴定"重点专业建设、山东省精品课程建设等省级教学研究课题 4 项，获得省级教学成果一等奖 1 项、二等奖 1 项，2009 年被评为山东省教学管理先进个人，2015 年被评为山东省教学名师，2018 年他带领的教师团队荣获"全国黄大年式教师团队"称号。

潜心科研，带领团队勇攀高峰

作为山东省有突出贡献的中青年专家和山东省优秀科技工作者，在"大众创业，万众创新"的时代背景下，张永清鼓励学生创新创业，并积极开展科研成果转化。2018 年在全国第四届"互联网＋"大学生创新创业大赛中，他指导的"草芝源"创新创业团队以"金银花精准扶贫：新品种与种植技术推广"项目，一举拿下"青年红色筑梦之旅"赛道的金奖！这不仅是学校在此项赛事中的第一个金奖，也是全国中医药院校的第一个金奖。张永清几十年如一日在革命老区无偿普及中药种植知识和技术，大力推广能解决中药产业发展实际问题的金银花新品种，带动当地农户增收致富，正是这种前期扎实的积累，才让参赛的学生们有底气、有实力去冲击并获得了全国金奖。

服务社会，促进中药产业建设

科学研究离不开团队协作，张永清领衔的中药资源与利用创新团队逐步形成、发展和壮大。团队聚焦国家重大战略和山东省经济社会发展需求，研究内容涉及中药资源调查与保护、种质资源保存与良种选育、中药材规范化种植、中药材活性物质发现与分离鉴定、中药资源综合开发利用等领域。为保持团队活力，张永清格外重视团队结构优化和青年教师培养，通过引进、培养等不断扩充壮大队伍。在他的带领下，团队成员相继承担了国家科技攻关计划、国家科技支撑计划、国家新药创制、国家自然科学基金、山东省重大科技专项等重大项目课题 20 余项，与东阿阿胶股份有限公司、山东沃华医药科技股份有限公司、山东广药中药材开发有限公司等企业合作建立了金银花、丹参、黄芩、地黄、党参等中药材规范化种植基地 15 处，其中有 12 处种植基地通过了国家药监局中药材 GAP 基地认证，走在了全国前列。在团队成员的共同努力推动下，目前全省中药材种植面积达到了380 万亩，水蛭、蟾蜍等药用动物养殖也实现了规模化，全省年药材总产值达到了 100 亿元以上，中药材质量也有明显提升，有力地推动了全省中药产业发展。为实现道地药材全产业链均衡发展，张永清还与省内 13 家企业和科研单位合作，建立了中药质量控制与全产业链协同创新中心，该创新中心致力于山东道地药材资源开发利用，新药、新产品创制，理论创新和技术创新成果转化，促进全省中药产业提质增效，目前已对金银花、丹参、瓜蒌等中药材的药效物质基础进行了系统研究，并研制出丹参祛疤软膏、金香解毒止痒液、瓜蒌手工皂等系列产品，市场开发前景广阔。

40 年来，张永清科研成果丰硕，头衔众多：泰山学者特聘专家、国家技术发明奖评审专家组成员、科技部中药材 GAP 项目验收专家组成员、财政部农业综合开发项目评审专家组成员……但他最喜欢的头衔是"老师"，"我是一个教书匠，更准确地说，我就是一个会种药的农民。有幸参与了这个工作，做了我应该做的事情"。

如今，"金银花之乡"的土地上，仍然盛开着蓬勃的金银花，张永清的地头课堂还在开讲……

本文作者：张永清的博士研究生张喆

四心合一，汇聚医路征程

——记泰山学者特聘专家徐云生

　　徐云生，1965 年出生，山东济宁人，医学博士，博士后，主任医师，二级教授，博士研究生导师，泰山学者特聘专家，山东省中医药杰出贡献奖获得者，山东省有突出贡献中青年专家、山东省名中医药专家、山东省五级中医药师承教育项目指导老师、山东省首批中医药文化科普巡讲专家。现任山东中医药大学

第二附属医院院长，兼任中国民族医药学会慢病管理分会会长、中国中医药研究促进会内分泌学分会副会长、中国中西医结合学会内分泌专业委员会常务委员、中国老年医学学会中医药分会副会长、山东中医药学会糖尿病专业委员会主任委员、山东省中西医结合学会糖尿病专业委员会副主任委员等。研究方向为中西医结合治疗内分泌及代谢性疾病，主持和参加国家自然科学基金等国家级及省级科研课题近 20 项，作为首位研究者获山东省科技进步奖一等奖、二等奖、三等奖各 1 项，中国中西医结合学会科技进步二等奖 1 项，中华中医药学会科技进步二等奖 1 项，中医药国际贡献奖 – 科技进步奖二等奖 1 项，山东中医药科学技术奖一等奖、二等奖各 1 项，作为第二研究者获山东省科技进步奖二等奖、三等奖各 1 项。发表论文 100 余篇，出版学术著作 9 部。

2019 年 9 月的第一个周三，秋日的济南，天气不算好。但阴雨的天气，似乎并没有影响患者前来就诊的脚步。在医院正式上班前 1 个小时，走廊的候诊区就已经坐满了候诊的患者，他们的病历，也整整齐齐地摆放在了徐云生的诊桌上。

耐心做事，从容严谨

早晨 7 点 30 分，徐云生照例提前半小时来到了医院，这让他的学生们有些意外，毕竟前一天他还忙碌到很晚。候诊的患者看到他后，纷纷问好。徐云生也向他们轻轻点头示意，一边拂去身上的水珠，一边微笑着细细询问第一位患者的病情，迅速进入工作状态。

在徐云生的工作中，这种忙碌已经成为常态。而在学生们的眼中，徐云生面对繁杂工作时，从来都是从容而严谨。日常门诊中，无论有多少事务的干扰，徐云生从不会轻慢任何一位患者，"空腹血糖控制得怎么样？餐后血糖升高的幅度如何？有没有口干口渴、乏力的情况？舌头再让我看一下……"从中医望闻问切，到西医实验室检查和体格检查，徐云生都要毫无遗漏地询问一遍，才会为患者开处方。

"辨证和疗效是中医的灵魂，只有辨证准确，才能准确用药，从而保证疗效。辨证不准确，人参可能成毒药，辨证准确，砒霜也是良药。"徐云生经常这样跟学生和患者们说。"现代人由于环境和生活方式的改变，体质发生了很大变化。因此疾病的辨证论治也不能刻板地按照原来的方法。举个例子来说，目前的糖尿病患者，肥胖、湿热者非常多。如果还是刻板地按照教科书上的内容，坚持以滋阴清热为主进行论治，最终结果只会使病情越来越重。"

30多年的临床实践，正是这种精益求精的工匠精神，成就了徐云生在内分泌系统疾病，尤其是糖尿病及其并发症辨治方面独特而严谨的学术思想和临床特色。

仁心待人，认真负责

徐云生与中医的缘分，远远不止30年。

"从小我就有中医中药情结。"徐云生在一次专访中提到，"家乡的人普遍相信中医。小时候体弱多病，父母也常常会带我去看中医。小学时得了黄疸性肝炎，妈妈带我找当地老中医开了9服中药就治好了。当时我哭闹着嫌味儿苦，喝完药妈妈就奖给我两粒红糖疙瘩。"

病愈后轻松的身体、母亲奖励的红糖疙瘩和那位老中医，就此成为徐云生儿时难忘的记忆。也正是这些记忆，让他对中医产生了浓厚的兴趣。高考时，他成功考取山东中医学院中医系，后来又读了硕士、博士、博士后，再到参加工作至今，一晃就是30年。

如今，徐云生治愈的患者也已经遍布全国各地。曾经有一位60多岁的外地糖尿病患者，由于患病多年，已经出现了严重的糖尿病并发症——周围神经病变，四肢疼痛麻木，轻轻碰一下就会产生难以忍受的剧痛，晚上也常常因为疼痛难忍而无法入睡。如果不合理治疗，就会发生感染、坏死，就是常说的糖尿病足、足部坏疽，这是糖尿病患者截肢、致残的主要原因。这位患者前来就诊时，相关的西药几乎用了个遍，病情却一直没有好转，如果再得不到好的治疗，疼痛事小，病变的下肢难保，才是最令人担忧的。徐云生以益气活血、化瘀通络为治则，以经验方剂糖络通为汤底，开出了7剂中药，患者吃完3剂后便感受到效果，7剂疼痛感即缓解，随后又吃了1个月中药，这位患者的症状几乎完全消失，相关检查指标也恢复了正常。

在遣方用药进行治疗的同时，如果偶尔遇到脾气比较急躁，或者对治疗有些抗拒的患者，徐云生便会耐心地进行心理疏导和教育，并注重饮食疗法和运动干预——"糖尿病的发生发展，在一定程度上是一种不良的生活方式使然，要'管住嘴，迈开腿'，才能越来越好。""你现在的目标，就是每天要坚持活动1万步，吃八成饱，下次来门诊时，我要检查！"

"用中医和西医的方法，给予患者最优质的治疗、服务和关怀。"徐云生常常这样说。正是这种认真负责的态度，造就了确切的疗效，也赢得了患者的信赖。

细心育人，言传身教

徐云生经常用孙思邈《大医精诚》"凡大医治病，必当安神定志，无欲无求，先发大慈恻隐之心，誓愿普救含灵之苦。若有疾厄来求救者，不得问其贵贱贫富……皆如至亲之想"，教育他的弟子们。"作为医生，首先要善良，有慈悲心和责任心，要精研学业，视患者如亲人，以最高的医术，最低的费用，给患者解决问题。这是一名医生最起码的素养，你们都要培养这样的素养。"

由于患者较多，上午的门诊常常要到下午才能看完所有患者，徐云生一定坚持看完最后一个患者才结束门诊。作为院长，日理万机，平时少有时间指导学生，他经常不顾疲惫，利用下诊后的时间指导学生。有一次，看完最后一个患者已经下午1点半了，回到办公室，徐云生没有先吃饭，而是将事先准备好的午餐放在一旁，从一叠大大小小的书籍和文件中找出了几份材料。那是几天前报送给他的，里面是一张张晦涩的表格和英文文章。学生接过材料打开时，很是吃惊。原来这些工作进展、英文论文的清样，老师都没有搁置，而是在忙碌的工作之余，进行了翻阅和批注。上面多是用红笔进行的批注，从研究设计，到文法错误，甚至标点符号的运用，老师都做了订正。

截至目前，徐云生已指导博士、硕士研究生百余名。每值教师节，徐云生都会收到很多学生的祝福。每每此时，他很是欣慰。已经毕业的学生，有的会在这一天专程带着鲜花来看望他。徐云生看到后说："现在成束的鲜花不便宜，你们年轻，不要破费，跟我说说你们的近况就很好。你们现在最重要的是要把业务搞好，看好病，做好科研，把学到的知识用起来。"

"在老师身边受教多年，学问上受教育启发，实事上得到锻炼。老师就像一位慈祥的长辈，适时给予我们鼓励和指引。"这是学生们普遍的心声，也是徐云生细心育人，言传身教，身体力行在中医传承的路上默默耕耘的最好证明。

潜心研究，造福患者

虽然行政和临床工作繁忙，但徐云生科研的脚步从未停下。他主持和参与国家自然科学基金、国家重点研发计划等国家和省级科研课题近20项，以首席研究者获多项国家及省部级奖励，发表SCI源及中文核心期刊论文100余篇，撰写学术著作9部，可谓硕果累累。

尽管如此，他仍会抽出时间，主持研究团队每两周1次的例会，推进团队的整体研究工作。

"作为国家自然科学基金项目，我们的研究设计必须经得起推敲。组方证候上的疗效是明确的，那么下一步就要在指标上下功夫，在机制上出文章。"

"这篇网络药理学的文章，方法还是比较新的。但是英文的文法要再斟酌一下，而且疾病的靶点和中药的靶点最好可以取交集而不是并集，不然审稿人在审稿的过程中就会提出疑问。发SCI，只有网络药理学是不够的，可以考虑与动物实验或者细胞实验的数据相结合。"

"糖尿病综合管理信息系统的构建，不能仅仅面向医生，更要面向患者。咱们现在系统构建的字段有些复杂，患者在使用时一定会产生不良的体验，这样我们系统的效果就难以保障。作为一项省部级的应用研究课题，我们一定要注重成果应用效果。什么是效果？就是率。通过健康管理系统的应用，促进糖尿病知晓率、控制率、并发症发病率等指标数据的降低，是最实打实的效果。我们的模式是很细致的模式，一定能达到这种效果。"

……

徐云生如是说。

累累硕果的背后，不仅是独到精准的学术视野和锲而不舍的学术耕耘，更是一名医生和科研工作者的信念与追求。

《黄帝内经》里有一句传承至今的名言："上医治未病。"除了疾病干预的研究，徐云生更重视能够发挥中医药优势的疾病预防研究。泰山学者研究团队目前进行研究的另一个重要方向，就是针对糖尿病前期人群进行干预和管理，阻止其转变为糖尿病的一体化模式和方法。依托现代信息技术手段，结合中医、西医诊断学和预防医学理论，对具有遗传倾向、肥胖、高血压、高血脂等糖尿病高危人群或重点人群进行早期筛查，全面动用中医理论技术、西医理论技术、运动科学方法、营养科学方案，甚至心理学干预技术等方式，对这一部分人群的生活方式进行早期调节和管理，最终达到全面降低和延缓糖尿病前期发展为糖尿病的目标。此外，对已经罹患糖尿病的患者，会采取更为细致的生活方式调节和管理方法，配合院外随访和教育，延缓糖尿病并发症的出现，以期达到糖尿病全过程"未病先防，既病防变，已病求愈，瘥后防复"的健康管理效果，在控制糖尿病发生发展的同时，提高患者生活质量，造福患者。

本文作者：徐云生的硕士研究生武少玮

以精诚之志肩泰山之重

——记泰山学者特聘专家李运伦

李运伦，1969年1月出生，教授，山东省泰山学者特聘专家、国家卫生健康突出贡献中青年专家、教育部新世纪优秀人才、山东省有突出贡献的中青年专家、山东省名中医药专家、山东省青年科技奖获奖者、山东省优秀研究生指导教师、国家优秀中医临床人才、山东省高等教育重点学科（重点实验室）首席专家、国家中医药管理局丁书文全国名中医工作室负责人。现为山

东中医药大学"活血化瘀与血管重塑"科研创新团队首席专家、山东中医药大学附属医院心病三科主任。先后主持国家自然科学基金面上项目7项、山东省自然科学重大基础研究项目1项、其他部省级课题8项，以第一位获山东省科学技术进步二等奖1项、三等奖4项，授权发明专利2项，软件著作权15项，开发医疗机构制剂2个品种，第一作者或通讯作者发表SCI期刊源论文30余篇，中文期刊论文180余篇。

无论风雨寒暑，无论周末假日，人们都能在学校门口见到那个熟悉的身影：一身深色衣服，额角已添些许白发，单肩挎着电脑包，边思索边走向病房或是教学楼……每个清晨，他都最早到病房，坐在电脑桌前，或浏览病房内患者信息，或提前规划好科室各项工作。遇到门诊时间，他不仅会提前到岗，也会嘱咐自己的研究生早到岗，"我们科高龄患者居多，他们来一趟不容易，不要让患者等待太久"。

他就是泰山学者特聘专家李运伦。

治学求于"精"

李运伦1986年就读于山东中医学院中医学专业，先后师从方剂学专业刘持年教授和中医心病学专业丁书文教授。1994年硕士研究生毕业后留校任教，2001年至2003年，在南京中医药大学中医学博士后流动站师从符为民教授。

诺贝尔奖获得者、法国著名物理学家戴布劳格利曾言："治学有三大原则，广见闻，多阅读，勤实验。"如果这句话放在李运伦身上，那便是二十五年如一日在践行。工作以来，他一直奔波于教学楼和实验室之间，查阅文献，写教案，做实验。刚工作时，没有太多实验基础，凡事都亲力亲为，一点点摸索实验方法，很多用品都是李运伦自己购买。为了购买实验动物，他多次去上海、北京，坐在火车的货车箱里把实验动物运回来。如今，作为临床科室、实验室负责人，李运伦在指导自己研究生做课题，保障他们顺利开展实验研究的同时，还大力支持青年教师、青年医师开展课题研究，为他们提供经费和实验用品支持。他总说："正因自己苦过，所以更应该帮年轻学者，他们都很不容易。"

李运伦常说："做学问要耐得着住寂寞，最关键的是经得起时间和实践的检验！"在微信还未普及的时候，他经常深夜还在浏览研究生发来的课题动态汇报邮件，并随时将新思路、新想法用短信发给学生，有时还会附上几句打油诗以勉励学生，如"三更灯火五更鸡，正是'女儿'读书时，黑发不知勤学早，白首方悔读书迟！"微信普及后，李运伦常在深夜将各种科学前沿动态推送给大家，带领团队共同学习。多年来，李运伦坚持每周按时开展科研组会，听取课题汇报，仔细查看每项课题的研究数据和结果，发现问题及时查找原因、调整方法，光每年留存下来的实验记录本和原始数据就堆放了大半个屋子。

就是这样年复一年，日复一日地钻研和探索，李运伦与实验室各位老师精诚合作，筛选出以钩藤提取物为核心的平肝方药，以此开展高血压病血管病变研究。2012年，研究课题"钩藤提取物干预高血压血管重塑的机理研究"获山东省科学技术奖二等奖，在此基础上借助系统生物学研究思路，进一步阐明钩藤提取物干预高血压病的作用机制研究，先后申报国家自然科学基金 6 项，在 *RSC Advances*、*Acta Pharmacol Sin*、*Biomed Pharmacother* 等 SCI 源杂志发表论文，李运伦 2013 年获评山东省有突出贡献中青年专家，2017 年 11 月获聘山东省泰山学者特聘专家。

教学唯于"严"

"学高为师，身正为范"，无论是在临床带教，还是在课堂授课，李运伦时刻谨记身为教师的职责，勤勤恳恳，兢兢业业地完成每一次教学任务。为进一步提高研究生的科研素养，他开设、讲授中医临床试验设计课程，此后不断反复论证、修改，组建临床科研方法授课团队，本课程已开设 18 年，以此申报山东省研究生优质课程建设项目，并利用暑假带领团队成员制作网络慕课，方便规培生课余时间自主学习。同时，在完成本科生、规培生的带教工作基础上，李运伦带领心病三科科室成员多年来坚持为医院药学部规培生、实习生进行《中医基础理论》《中医内科学》授课。

在同事们眼中，李运伦特别平易近人，大家有事都愿来请教他。但在研究生眼中，他却是一名严师。自 2006 年担任研究生导师以来，李运伦用心带教每一名研究生，他根据每位学生特点和兴趣，甄选合适的课题，反复论证设计方案、协调实验场所和仪器设备，资助他们外出参加系统培训、学术会议。他鼓励研究生积极撰写学术论文，为他们反复修改，并报销相关费用。为了严把毕业论文质量，李运伦要求每届毕业生都尽早提交论文初稿，经常利用春节假期为毕业生修改论文。平素和蔼可亲的他，对待学术问题从不马虎，有时甚至会为了一个关键问题，争论得面红耳赤，一次解决不了，就查阅文献再论证再讨论，不允许一丝松懈。

"有志者事竟成，破釜沉舟，百二秦关终属楚；苦心人天不负，卧薪尝胆，三千越甲可吞吴。"李运伦常用此对联鞭策自己，也激励学生。高标准、严要求，才成就了一批批优秀的学生。担任导师以来，李运伦带的研究生有 14 人获研究生国家奖学金，硕士研究生中有 17 人考取博士研究生，获山东省研究生优秀科技创新成果奖 2 项、山东省专业学位研究生优秀实践成果奖 1 项、山东省优秀博士论文 2 篇、提名全国中医药优秀博士学位论文 1 篇。

在扮演"严师"的同时，李运伦在与研究生的日常生活中却是一名"慈父"。每逢科室收治重病号、研究生在实验室加班做实验或遇到节假日，他总是自费为研究生买饭。遇到学生生病，他还主动为学生买药。有位学生家长在老家突发心肌梗死，李运伦一边安慰哭泣的学生，一边帮忙联系当地医院就诊。

因为在研究生带教方面的辛勤付出和取得的成就，2015 年，李运伦荣获山东省优秀研究生指导教师称号。

临证重于"情"

心血管科作为临床危重症科室之一，永远都处于紧张忙碌状态。作为一名心病科大夫，李运伦早出晚归已是常态。他作为心病科主任，无论上门诊还是去病房，无论是工作日还是节假日，总会早早来到岗位，认真耐心地接诊每一位患者。忙完临床工作，他又转身投入到科室管理、公共平台搭建、课题研究中，无论何时，总能见到他忙碌的身影。

就是这样一个忙碌的人，谨记医生的职责与荣耀，再忙再累，李运伦都时刻将患者的安危放在第一位，他经常告诫科室里年轻医师和研究生："患者事无小事！"每次遇到危重患者病情变化，即使深夜李运伦也会及时赶回病房，参与救治。

有一对曾在新疆克拉玛依市从事石油勘探工作的七旬老夫妻，是李运伦的老患者，每年冬季都会专程来住院治疗。老太太有次因脑梗死入院治疗，夜间病情出现变化，值班大夫想用药处理，老太太却担心自己过敏体质而拒绝用药。李运伦当时没在医院，得知情况后，立即乘车近1小时赶回病房，与患者耐心沟通，并陪伴至输液完毕，确认患者平稳后，方才离开。

李运伦常说："我们心病科是个有传承、有创新、有情怀的科室。"不仅对患者、对同事如此，对待为心病科奉献的前辈们更是如此。科室率先开展"名医大讲堂""名老中医查房"活动，先后邀请国医大师张志远教授、尚德俊教授，全国名中医丁书文教授，山东省名中医林慧娟教授、包培荣教授等定期来科室查房、授课。

李运伦时刻以"大医精诚"之心服务每位患者，他于2017年当选为山东名中医药专家。心病三科自建科以来，在李运伦带领下，科室人员精诚合作，克服种种困难，经过五年时间，各项数据指标大幅提升，多次在医院评比中取得优异成绩，数次作为优秀科室接受医疗、教学及科研等检查。

奉献肩于"责"

齐鲁中医心病学派由来已久，积累了大量临证经验。随着医院不断发展壮大，在周次清、丁书文、杨传华三代学科带头人的建设下，逐步发展到如今的规模，尤其是 2008 年高血压国家中医临床研究基地在医院落户以来，心病科进入到快速发展阶段。

　　时间在前进，接力棒在传递。李运伦作为科室成员，响应医院号召，投入大量精力、时间参与到医院公共医疗和科研平台的建设中。依托高血压中医临床研究基地的建设和医院各级科研平台的支撑，他带领科室成员积极申报各级临床、科研课题，反复论证，不断查阅修改。记不清有多少个夜晚加班修改到深夜，数不清电脑中留存多少版修改材料。从山东省中医专科专病诊疗中心到国家中医区域诊疗中心，从山东省临床医学研究（中医心脑血管病）到山东省卫生与健康委员会中西医结合防治常见病项目，一项项、一件件都有李运伦参与的身影。

　　作为山东中医药大学活血化瘀与血管重构重点研究方向的责任人，在新实验平台建设还不成熟之际，李运伦既是一名领路人，也是一名铺路工。因实验室设在长清校区，很多老师、研究生住在市区，来往不便，李运伦就将自己长清校区的职工宿舍改成集体宿舍，供实验结束太晚而无法赶回市区的人员休息。实验团队成员每周举行组会进行科研讨论，为了节约大家的时间和精力，每次组会时间，李运伦都自费为团队成员定购午饭。遇到校内无法开展的检测项目，他都积极帮助联系其他科研院所，以协助青年学者完成课题研究。

尊师敬于"贤"

　　"落其实者思其树，饮其流者怀其源。"一路走来，李运伦最感恩和难忘的是恩师们的孜孜教诲。他先后师从刘持年、高云、丁书文和符为民四位导师，在临床实践期间曾跟随周次清、李宜方、林慧娟、郭伟星、包培荣等多位名师学习，这些老师长期以来无论在专业理论、技能或是人生规划方面都给予了他很多宝贵意见。

李运伦非常敬重各位老师，将他们视为人生中的"贵人"。他经常向年轻同事和研究生讲述自己当年跟师学习的故事。李运伦不仅将教诲之恩牢记心间，更体现在行动中。他定期去探望恩师，遇事也首当其冲协调解决。有一次刘持年老师夜间感胸闷不适，他半夜接到电话，立即赶到医院，办理好入院手续，并陪床照顾。

李运伦不仅敬重自己的恩师，对年轻有为的青年学者也十分尊敬。在课题设计、方案实施过程中，遇到不解之处，他总虚心向各专业精专之士请教。在他看来，每个人专业知识结构总有局限之处，"闻道有先后，术业有专攻"，多问多学才是明智之举。他告诫自己的学生："不懂并不可怕，懒得学才是真可怕。"在科学技术飞速发展的今天，行业前沿动态与时俱进，李运伦在鼓励身边青年学者积极学习时，自己也时常请教他们对最新研究思路的认识与解读。他尊重每位学者的想法，乐于接纳团队成员的建议，鼓励成员之间进行思想碰撞，以此开拓视野，弥补自身知识结构中的短板。

求学之路永无止境，"大医"之路更是如此。李运伦不忘初心，在平凡的工作岗位上无私奉献，以博极医源之志，功成不必在我，功成必定有我的崇高精神，时刻鞭策自己，继续砥砺前行。

本文作者：李运伦的硕士研究生姜枫

立志承国粹　妙手惠苍生

——记泰山学者青年专家崔兴

　　崔兴，1980年4月出生，山东济南人，医学博士后，副教授，副主任医师，硕士生导师，泰山学者青年专家，美国艾奥瓦大学访问学者。主持国家自然科学基金2项、中国博士后科学基金2项、山东省重点研发项目及山东省自然科学基金1项，参与国家自然科学基金课题2项、国家"十一五"课题1项。发表SCI论文6篇，核心期刊论文30余篇，主编著作1部，参编著作3部。

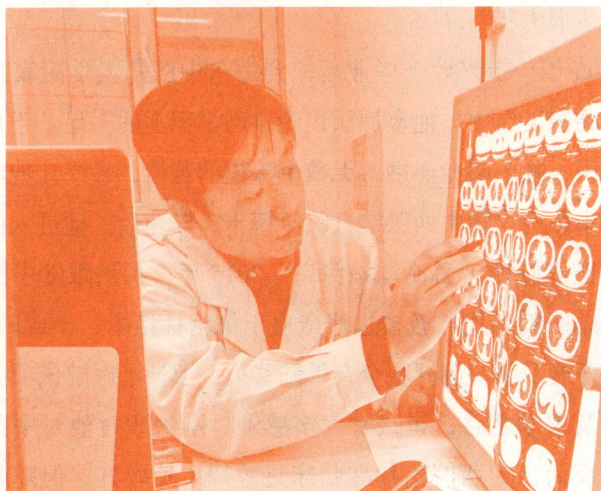

在山东中医药大学附属医院血液科有这样一位青年中医——他苦学不辍，沉醉于中医文化的博大精深，矢志传承经典；他精钻细究，仰止于前贤仁心仁术，身体力行，赓续传承；他瞄准临床，试将传统中医与现代科研结合，努力突破现代中医发展的新藩篱，赋予中医新的生机活力。他就是崔兴，一位有中医理想、有临床实践、有科研支撑的现代青年中医医师。

中西贯通，笃学经方

"少而好学，如日出之阳；壮而好学，如日中之光；老而好学，如炳烛之明。"学习路上的崔兴牢记这句话，不断勉励自己时刻学习。

崔兴认为，医生这个职业的特性决定了要学无止境，新的技术、新的疾病层出不穷，尤其是血液病方面，空白领域太多，诊疗方法不断更新，"想成为一名合格的医生，就需要不断学习，掌握国内外最新学术动态，精研先进技术，并在临床加以实践、应用，造福患者"。

2005年，崔兴硕士毕业后，到山东中医药大学附属医院工作。在临床工作中，他愈加认识到自己学识上的不足。于是，他白天上班，晚上啃专业书，无数个深夜的苦读，最终让他成功考取山东中医药大学中西医结合临床博士。毕业后，他进入山东大学临床医学院博士后流动站深造。2015年，崔兴跟随中国人民解放军总医院刘代红教授进修造血干细胞移植术，学成归来后，在医院开展了第一例同胞全合骨髓移植，填补了医院该项空白。

忆及求学之路，崔兴有太多感触。刚入职时他对中医并不精钻，反而认为西医治疗在临床见效快、疗效好。但随着孩子的出生，崔兴彻底转变了对中医的态度——大儿子自小体弱多病，常感冒发热，使用中药能起到立竿见影的效果。"这让我看到了中医的神奇之处，自己被中医精微深邃的内涵所吸引。"此后，崔兴下决心钻研中医，研读大量中医经典著作、名医医案以及《易经》《道德经》等，广泛听取名家名师讲座。尤其沉迷于研究《黄帝内经》《伤寒论》，夜深人静时，他反复推敲书中条文，翻阅相关典籍，并联系实际病例，领悟出许多道理。熟读经典，吃透经方，为他后来灵活自如运用经方治病奠定了扎实的理论基础。

崔兴将体会到的中国传统文化融于中医之理，集成厚厚的几大本读书笔记。有时，为了琢磨透一条医理，他几乎彻夜不眠，辗转反侧。靠着持之以恒、刻苦求真的韧劲，他活用中医经方的能力突飞猛进，逐渐获得患者的认可。

辨证遣药，博采众长

崔兴的门诊上，除了血液病病患，还经常会有其他疾病的患者慕名而来。崔兴明白，精湛的医术不会凭空具有，一定要苦心钻研，精通辨证，灵活遣药，方能凸显中医的博大精深。

为了真正做到辨证论治，崔兴十分注重《脉经》的学习。一边反复阅读经典，一边把脉临证，在临床上不断实践、总结、反思、提升。此外，他还尤其注重望诊经验积累与反思，以助疾病诊断。他举例说，血液疾病患者病情深重，面色多为恶色，较容易辨认；而一些儿童的望诊通常对辨证也具有辅助意义，例如患儿的黑眼圈长久不消，多是由于脾阳虚，依从经方需要酌情使用姜附之类药物，达到"益火之源以消阴翳"的目的。

辨证明确是先决，遣药合理对疗效更加至关重要。善用药者必深知药性，为了更深入探究药性，掌握辨证用药技巧，提高疗效，崔兴反复琢磨，甚至以身试药。为了方便试药，他甚至在家里专门打了一个柜橱，像药店一样存放各类常用药材。

除了辨证论治与灵活遣药，崔兴还特别注重煎药方法。每次开完药，都会为患者详细备注不同的煎药方式，耐心讲解其中窍门。如开小柴胡汤加减，煎服方法会备注"去渣再煎"。他解释说，这一方法是出自《伤寒论》原文，此法可通过浓缩药液使方中各药药味匀和，更好地发挥和解的作用；现代科学实验研究也证明，去滓重煎后，小柴胡汤内药物的有效成分发挥得更多。

除了自己苦读经典、勤奋临证外，崔兴还参加了山东省五级师承，跟随山东中医药大学附属医院陈泽涛主任深入学习，并先后参加了顾植山教授的龙砂医学流派传承工作室项目及首届山东省优秀青年中医研修班，通过活用经方治好了不少疑难杂症。这些经历也大大拓宽了他的经方使用思路——自古无不效之方，而世医不识之病，不管是何病，只要辨证准了，就不愁无方可用。他曾用小青龙汤合炙甘草汤治疗一位免疫性血小板减少症的患者，3剂后其血小板数便恢复正常，症状大有缓解。

崔兴认为，《伤寒论》一类的经典是一套灵活、精炼的纲领，很多人用经方却多拘泥于框架，不能把握精髓，更别提能灵活加减、创新运用与发挥。对中医各家思想的融会贯通，对典籍的熟读运用以及对患者耐心倾听、辨证诊疗，使他受到广大患者的信赖与爱戴，成为医术精湛的业务骨干，荣获山东中医药大学附属医院第一届"青年名中医"称号。

情系病患，医者仁心

自坐诊以来，崔兴时刻谨记药王孙思邈的忠告："凡大医治病，必当安神定志，无欲无求，先发大慈恻隐之心，誓愿普救含灵之苦。"始终以一颗仁爱之心，情系患者，努力以自己精湛的医术，帮助患者消除疾病、恢复健康。

熟悉崔兴的人都知道，他对待病患耐心细致，一视同仁。他经常加班守着重患，有时不放心患者，出差晚上回来也先去病房转一圈再回家；门诊上，为了等患者，避免其多跑一趟，推迟下班成了常态；节假日里，他也认真接听患者电话，详尽解答；许多重症卧床患者情绪抑郁，排斥治疗，他每次都耐心倾听，鼓励患者接受诊治，重拾康复的勇气与信心。

"带着感情进病房，凭着良心开处方。"是崔兴常挂在嘴边的一句话，挂号费上，他能少挂专家号就少挂；诊疗时，从不重复过度检查；开处方时，选用价廉效好的药物减轻患者的经济负担。曾有一位门诊重患经检查发现急需住院抢救，家属得到通知匆忙赶来忘带现金。紧急关头，崔兴二话没说，掏出 1000 元现金为患者垫付了住院押金。还有一次，一位淋巴瘤导致皮肤瘙痒的老太太前来就诊。第二天她的家人竟气势汹汹前来质问，说患者服药后出汗多，受到了惊吓。崔兴耐心听来者倾诉完后安抚他说："初服此药确实会有一定的副作用，我已将相关提醒告知了老人家，想必老人家忘记了。以后有问题随时电话联系，不必多跑一趟，老人的药不要停服，服用完一个疗程后自然见效。"他的从容自信令患者家属平静了下来。一个疗程后，患者及家属又到了门诊，当面向崔兴道歉并表达感谢。

耐心且效果显著的诊疗，让崔兴与许多老病号建立起了深厚的情谊。坐诊间隙，他经常会向病患科普一些中医养生知识；一些患者还特意赠送个人创作的书法丹青以示感谢，足以看出患者对崔兴医术、医品的信赖。

钻坚研微，细察医理

著名医学家、中国现代普通外科的主要开拓者、中国科学院院士裘法祖曾说过："如果一个外科医生只会开刀，他只能成为开刀匠，只有会开刀又会研究才能成为外科学家。"崔兴对裘院士的话有着别样体会。在他看来，科研与临床两手抓、齐促进才能成为一名优秀的医生——临床医生与患者接触多，最能了解患者的疾苦与真实情况；科研上取得的成果，很大程度上能进一步促进临床治疗水平的提升。

为此，他关注临床表征及相关数据，经过深入思考将临床表征与可能的病理机制相联系，推测潜在病理因素，并通过科学研究方法进行验证，从而为疾病的中医治疗提供崭新的思路和有力的保障。

崔兴在读博士期间发现慢性再生障碍性贫血患者存在线粒体突变，着眼于此方向并深入研究，先后主持了国家自然科学基金等7个课题，发现线粒体突变位点与氧化呼吸链相关，导致端粒长度及端粒酶活性的异常。持续跟踪研究后，崔兴发表了6篇SCI论文，并在第19届、第24届欧洲血液病年会进行了宣讲，该项成果先后在多家医院推广应用，获得山东省科技进步奖二等奖等多个奖项，为难治性血液病的中医治疗提供了崭新思路。

在中国人民解放军总医院进修期间，崔兴发现急性移植物抗宿主病（aGVHD）是临床上治疗的一大困难。依据对经方的理解，结合现代药理研究，推测黄芩汤可能对胃肠道 aGVHD 有一定的临床疗效，崔兴在国家自然科学基金面上项目支持下进行了深入探讨。2017 年，崔兴作为公派访问学者到美国艾奥瓦大学学习交流，在当地实验室应用 shRNA pooled Screen 技术完成了多发性骨髓瘤细胞株耐药基因检测相关工作，并基于此平台研究中医对多发性骨髓瘤的干预作用。2019 年 1 月，崔兴成为山东中医药大学附属医院第一批获得泰山学者青年专家的医师。

"根植于临床，呕心沥血做科研，最终又将科研成果回馈于临床用以解决更广泛的实际问题。"凭借持之以恒的学习精神、严谨踏实的科学态度和学以致用的创新思维方式，崔兴的这一目标初步实现了。

诲人不倦，教研相长

"师者，所以传道授业解惑也。"崔兴言传身教，诲人不倦，不仅传授临床知识，敦促研究生们研读经典，还寓教于研，鼓励学生培养科研能力，锻炼逻辑思维。遇到典型的病证、舌脉象，崔兴耐心向学生讲解，让学生尝试把脉，加深临证体会。对学生的论文，工作再繁忙，崔兴也挤出时间一丝不苟地批注修改，循循善诱，学生收到的反馈稿经常布满了密密麻麻的批注。目前已经有 5 名学生的论文分别被北大中文核心期刊收录，2 篇 SCI 论文见刊，多篇 SCI 论文在投，2 名学生在欧洲血液学协会年会上进行 e-poster 展示，多项研究成果被年会论文集收录。

坚持寓教于研，以教助研，教研相长的模式，崔兴常组织科研组会推动教学。他与在美国访问时的导师 Siegfried Janz 教授一直保持密切联系并经常交流科研进展。为了推动中西医交流合作，崔兴邀请 Janz 教授来访，并在医院支持下签订合作协议，建立中美合作基地。为进一步促进交流合作，实现教研相长，崔兴已经着手准备派出研究生至威斯康星医学院 Janz 教授实验室深造。

"经师易求，人师难得。"除了悉心传授知识经验，崔兴还引导学生以仁心、仁术成长为一名解除患者病痛的优秀中医大夫。崔兴认为"负责任的大夫，首先要保证治疗的规范，不损害患者的生命健康"。为此，他叮嘱学生阅读临床诊疗指南，切忌马虎用药，他本人也以身作则，谨慎用药，务求每一步治疗的规范与合理。

作为研究生导师，崔兴诲人不倦，谆谆教导，向学生传递严谨治学、仁爱行医的精神；作为青年中医医师，崔兴注重临床实践与科研提升并行，始终怀揣着医者仁心的热忱与发扬中医药文化的理想，踏实肯干、敬业奉献、砥砺前行，治病救人，传承发扬中医药文化。

本文作者：崔兴的硕士研究生张延宇、于漫亚

只管攀登　从不问高

——记泰山学者青年专家钱卫斌

钱卫斌，1984年8月出生，山东济南人，医学博士，山东中医药大学附属医院肺病科研究员，泰山学者岗位青年专家，中华中医药学会"青年人才托举工程"青年人才。兼任中华中医药学会青年委员会委员、中华中医药学会中药临床药理分会委员等。以第一作者发表学术论文30篇，其中SCI收录14篇。出版著作5部。首位主持国家级及省部级课题10项。获山东省科技进步奖二等奖1项，山东中医药科学技术奖一等奖1项。

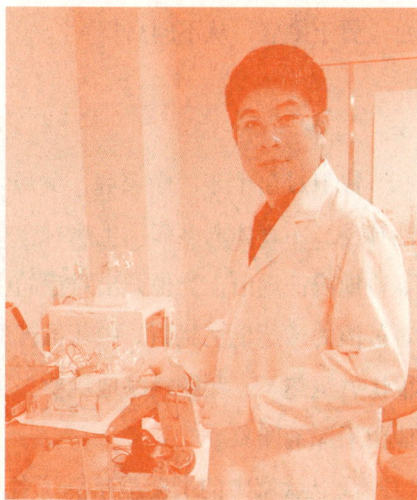

他幼承庭训，立志杏林，苦读8年获得硕士学位，学生时代

就发表 SCI 论文两篇；

他到日本留学深造，获得医学博士学位，斩获日本国家级科技成果奖，为国争光；

他在临床一线，倾注一腔热忱，将科研成果转化为临床疗效，竭尽所能让患者带着疑虑而来，携着希望而归；

……

他就是泰山学者青年专家钱卫斌。

走上中医之路，是钱卫斌儿时就立下的志向。"只管攀登不问高"，立志终生奋斗在祖国医学创新发展的道路上，他永葆初心，勇于攀登，从不问高！

少年明志，矢志不渝

钱卫斌出生于医学家庭，父母均是医生。1 岁时他因患大叶性肺炎，一直体弱多病。生病时，身为中医专家的父亲总是从容不迫地辨证论治，为他开出对症的中药方剂，因此钱卫斌从小就对苦涩的汤药记忆犹新。中药虽苦但疗效显著，服了药，钱卫斌很快就退热了，蹦蹦跳跳地玩耍去了。中医药的神奇，给幼年的他留下深刻印象。

钱卫斌家中的书橱里挤满了各种中医书籍，上学认字之后，他经常抽出一本一看就是半天。父亲作为他的第一位中医启蒙老师，耐心解疑释惑，有意识地加以引导，让他愈发对中医药产生了浓厚的兴趣。

填报高考志愿时，钱卫斌没有丝毫犹豫，毅然报考了父亲的母校山东中医药大学并被顺利录取。从此，他投身杏林，矢志不渝，执着前行，一步一个脚印，走出坚实的人生大道。

得遇恩师，受益终生

钱卫斌在山东中医药大学求学 8 年，完成了中医内科本科和硕士的学习。此间，无论聆听授课还是讨论交流，无论临床实践还是理论学习，他都潜心而至，昼夜不舍。

都说学医苦，但对钱卫斌来说，这 8 年时光却无比幸福。因为他徜徉在自己心仪的知识海洋中，更因为他遇到了自己人生中最重要的领路人——恩师张伟教授。

时任山东中医药大学附属医院副院长的张伟教授，是中医肺病学专家，为人正直，学识渊博，著述甚丰。虽然平时工作繁忙，但他治学严谨，勤于医学，对学生言传身教，不遗余力。

"中医既要传承，又要创新。师古而不泥古。不仅要研读中医学文献，还要深入了解西医学最前沿的理论和技术。"这是张伟教授常常提醒他的。

"中医的发展离不开科研，中医人也需要科研水平来提升自己在业界的话语权。"正是张伟教授对于中医科研的理解和重视开启了钱卫斌前进的方向和思路。

传承张伟教授的研究方向，学习他的思维方式，并经常得到点拨，耳濡目染、耳提面命，钱卫斌在传承中提高，在创新中成才。

在学习研究中医的道路上，钱卫斌如饥似渴，如痴如醉。在校期间，他就独立设计开展了一系列课题，发表文章 15 篇，其中 SCI 收录 2 篇。因出色的学业成绩，他在硕士毕业后直接被日本国立鸟取大学录取，留日深造攻读医学博士学位。

博学众长，精华在握

其实，是否选择去日本深造，钱卫斌一度是犹豫和不舍的。一方面，父亲年岁已大，希望他找个稳定的工作留在身边，另一方面，作为一名老中医，父亲不理解为什么学习中医还要出国研读。而钱卫斌深知，中医学发展需要创新的血液汇入。立志中医创新的他，对能够系统、全面地学习其他国家的先进医学科学技术充满了渴望与决心。

2012 年，钱卫斌到日本国立鸟取大学医学院临床医学内科攻读博士研究生，跟随日本著名临床内科专家、日本鸟取大学医学院院长长谷川纯一教授学习。

在日本的临床实习中，钱卫斌对待患者格外用心、耐心，无论查房，还是下医嘱，充满了爱护。他的患者总是感叹说："这位来自中国的年轻小医生真好啊！又开朗又暖心！"

在日本，钱卫斌的主要研究方向为汉方医药对呼吸、心血管、内分泌系统等内科疾病的临床与实验研究，以汉方医药的临床应用、疗效机制，以及与现代西药的相互作用为重点。他全身心投入其中，白天听课心无旁骛，夜里聚精会神苦读，研究观察细致入微。对他来讲，留学深造早已不局限于拿到学位，而是真正将所学所知持续纵深，拓展思路，推动中医学创新发展。

留学期间，钱卫斌不仅学习到了先进的临床医疗技术和导师精湛的医疗学术思想，而且掌握了先进的科研思路和实验方法，锤炼了独立设计课题和承担课题的能力。

"他总是那么专注，好像一天想要学习工作 36 个小时！"日本的同学总是以惊讶的目光看着他，觉得他是个"铁人"，每天不知疲倦，总是为课题、实习、研究奔波不止。

留学期间，钱卫斌成功申请并获得了包括日本文部省国费奖学金和日本临床药理振兴财团亚洲国际共同研究助成金在内的两项日本国家级奖学金与重大科研基金资助，共计 900 万日元；作为第一研究者承担了 8 项课题的研究；获得科技成果奖 3 项，其中日本第 35 届临床药理学会学术总会优秀成果奖 1 项、中国中西医结合学会科学技术奖 1 项、山东省科技进步奖 1 项；以第一作者发表 SCI 论文 4 篇，日文论文 3 篇。

正是因为这些璀璨的成果，钱卫斌多次受邀参加国际学术会议、学术交流，并做主题演讲。他设计的在体动物小肠灌注给药肠系膜静脉取血大鼠动物模型，于 2016 年 2 月在泰国曼谷举行的 APFP 国际学术会议［The 13th Asia Pacific Federation of Pharmacologist（APFP）Meeting］上进行了大会主题汇报，赢得了各国专家好评。

学成归国，披坚执锐

2016 年，钱卫斌学成归国，作为海外高端人才被山东中医药大学附属医院引进，回到恩师张伟教授身边工作。从此，山东中医药大学附属医院肺病科临床一线成了钱卫斌的主战场。

钱卫斌常年坚持门诊和病房工作，虽然工作繁重，但他毫不放松对自己的要求与对中医学的敬畏之心。

面对患者，钱卫斌是一个暖心的人。有一次，有位外地患者背着一袋子大米前来就诊，他仔细询问患者的病情，并耐心地为其诊治。患者临走的时候，钱卫斌将大米退还给他，说："你的生活不容易，你不拿任何东西我也会认真给你治疗的。"患者感动地说："真没见过这么好的大夫！"

钱卫斌倾注着一腔热忱，驾驭着临床与科研、实践与理论的双犁，披坚执锐，深耕细作，一步一个脚印地成为肺病科的骨干力量。

"我们总是需要以更快的速度和他沟通，他总是特别忙碌，似乎只有对待患者、对待学生，才会放缓急促的脚步。"钱卫斌的朋友们感叹道。

钱卫斌始终坚持临床科研一体化的原则，通过科研提高临床的防治水平，注重科研的临床转化，提高临床疗效。他在实践中不断丰富自己的临床经验，对患者的病情观察入微，诊断准确，精益求精，一丝不苟，熟练掌握了肺病科常见疾病的中西医诊治，尤其是对间质性肺炎、肺纤维化、肺癌、慢性阻塞性肺疾病等呼吸系统疑难病的诊治。

探索创新，坚守初心

钱卫斌归国工作以来，2018 年被评为山东省泰山学者岗位青年专家并获得中华中医药学会"青年人才托举工程"项目资助，2019 年被评为山东中医药大学附属医院卓越人才和优秀青年科技工作者。他作为第一研究者主持科研课题 8 项，其中国家自然科学基金青年基金项目 1 项，国家博士后特别资助项目 1 项，国家博士后面上资助项目 1 项，山东省博士后创新项目一等资助 1 项，山东省重点研发项目 1 项，山东自然科学基金博士基金项目 1 项，山东中医药科技发展计划 1 项，济南市科技计划项目 1 项；通过科研成果专家鉴定和结题项目 6 项，有 4 项达到国际领先水平；以第一作者或通讯作者发表 SCI 论文 14 篇，总影响因子 43.006，5 分以上 3 篇；出版学术专著 2 部，其中个人独著 1 部，主编著作 1 部；获得山东中医药科学技术奖一等奖 1 项；获国家发明专利 2 项，实用新型专利 1 项。

针对肺病科临床亟须解决的问题和疾病，钱卫斌结合国外的先进经验与思路，以及深入学习中医经典理论的心得体会，围绕特发性肺纤维化、肺癌进行了临床科研攻关，开展了多项创新性研究，尤其是对呼吸系统疾病与内分泌疾病的相关性提出独到见解，指出补气活血法治疗特发性肺纤维化、健脾和胃降逆、化痰除湿解毒法改善非小细胞肺癌靶向药物耐药性和对化疗药物减毒增效的作用。

补气活血法治疗特发性肺纤维化是钱卫斌近几年中医药科研工作的重点。他以临床实践为依据，在科研临床一体化原则的指导下，应用补气活血的经典药黄芪和当归治疗特发性肺纤维化，并以此为基础，采用当归补血汤和血府逐瘀汤，以及当归补血汤和血府逐瘀汤合方而成的芪归肺纤康颗粒治疗肺纤维化，取得满意疗效。2019 年，钱卫斌主持了国家自然科学基金青年基金项目 "黄芪当归药对通过 lncRNA BANCR 调控 ZEB1 的 DNA 甲基化抑制特发性肺纤维化 EMT 的机制研究"。

钱卫斌针对非小细胞肺癌患者的临床特点，提出其发病和治疗过程中存在 "内毒" 和 "外毒" 的观点。患者体内癌毒、炎性因子释放，长期药物治疗产生的耐药性，明确属于 "内毒"，顺铂等化疗药物属于 "外毒"。治疗要内外兼治，中医药低毒广谱，减毒增效的作用是其优势。根据研究，钱卫斌从减毒和增效两个方面，探索了中医药对非小细胞肺癌的干预作用，提出中药健脾和胃降逆、化痰除湿解毒法改善非小细胞肺癌靶向药物耐药性和对化疗药物减毒增效作用的观点。

2018年7月，钱卫斌进入山东中医药大学中西医结合临床博士后流动站学习研究，节奏更快，生活更紧张。他在导师张伟教授指导下，重点开展了中医药对肺纤维化的临床与实验研究，对补气活血法治疗特发性肺纤维化进行了深入研究，获得3项博士后基金资助，分别为中国博士后科学基金特别资助"黄芪当归药对基于 miR-200c/141-ZEB1 抑制 IPF 的机制研究"，中国博士后科学基金面上资助"芪归药对基于 lncRNA ZEB1-AS1 抑制肺纤维化的作用机制"，山东省博士后创新项目一等资助"黄芪当归药对通过 lncRNA ZEB1-AS1 调控 miR-200c/141-ZEB1 负反馈回路抑制特发性肺纤维化 EMT 的机制研究"。

经过十余年的不懈探索，钱卫斌在研究中医学的道路上不断挖掘、吸收、总结、创新中医学的传统、特色疗法，深入机制探索，将其应用于临床中，为继承和发扬中医学作出自己的独特贡献。钱卫斌只管攀登，从不问高，他朴素而实在，对自己取得的成绩这样评价："这是我应该恪守的天职！"

本文作者：刘芳

创新为体　传承为源
——记泰山学者青年专家师伟

　　师伟，1978年12月出生，陕西长安人，主任医师、教授，博士研究生导师，山东中医药大学附属医院妇科副主任，山东中医妇科首届博士，山东省泰山学者青年专家，国家中医临床特色技术传承骨干人才，中华中医药学会妇科分会青年副主委，中国中医药研究促进会骨质疏松分会副会长兼秘书长，山东中西医结合学会副秘书长，山东中西医结合学会循证专业委员会、妇产科专业委员会副主委，山东中医药学会妇科专业委员会常务委员，山东省医师协会中医师分会骨质疏松专委会主任委员。主持国家自然科学基金课题3项，山东省重大科技创新工程等省部级课题4项，发表SCI和中文核心论文多篇，最高IF>7分，发明

专利 1 项，首位获得中华中医药学会科技进步三等奖、山东省中医药科学技术进步一等奖各 1 项。

2007 年 6 月，山东中医药大学附属医院声像室六楼，山东省中医妇科专业首届博士研究生毕业答辩正在紧张进行着，师伟详细汇报了博士研究生阶段的课题成果，顺利通过答辩委员会考核，获得了首批山东省中医妇科专业博士学位。

经过十余年的努力，他已经成为山东中医药大学附属医院妇科骨干，医院的卓越人才和青年创新团队指导老师。回首走过的路，师伟认为"作为一名中医药青年医生，要有使命感和紧迫感，要开启'创新为体、传承为源'的学习工作模式，通过临床实践获得对中医妇科疗效的验证和深刻理解，通过创新研究实现对中医妇科知识的表达和稳定传承。"

端正的工作态度历练出开阔的创新视野

2007 年，国家加大对中医药发展的支持力度，首次设立了国家中医临床研究基地项目，山东中医药大学附属医院提前动员，积极申报。申报工作任务重、时间紧，师伟作为年轻骨干主动参与其中。当时他兼任妇科住院总医师，既要完成科里的各项日常工作，还要承担临床诊疗工作。但他不挑不选，任劳任怨，哪里需要哪里转。

虽然申报材料的撰写是一个艰苦的过程，但他变压力为动力，全身心投入其中，经过半年多的高强度申报训练和近 2 个月的封闭申报后，在科主任刘瑞芬教授带领下，师伟成功完成了拓展病种月经病申报任务，形成了 3000 字的妇科发展成果介绍和近万字的拓展病种研究计划，为医院成功申报国家中医临床研究基地贡献了力量。

随后，师伟被借调到国家中医药管理局医政司工作1年，期间，他以更为广阔的视野认识到了中医药业务发展的趋势和需求。

在兼任医院基地办公室主任期间，师伟配合妇科主任王东梅教授，成功申报了国家中医药管理局妇科重点学科和重点专科，梳理科室的优势病种和诊疗特色，凝练出学科研究方向，形成和充实了4个学术研究方向，为临床诊疗与创新研究结合做出了前瞻性的规划。

他在兼任医院科技处副处长期间，医院接到了申报国家重点中医医院传承创新项目的任务，在彭伟处长带领下，加班加点组织申报，最终获得了项目支持。

同时，师伟在自己的临床和科研管理岗位上，脚踏实地，任劳任怨完成岗位职责。多岗位的锻炼，也让他开阔了视野，拓展了学术思维。

师承的临床实践凝练出明确的诊疗学术方向

"感谢您，刘主任，吃了您调的药，肚子一直没再疼。""刘大夫，您的态度真是好，真的是很耐心，我这出血这么长时间，您是第一个给我解释清楚的大夫。"……这是师伟跟诊自己的博士生导师刘瑞芬教授、硕士生导师刘金星教授时经常听到的话，他也经常用这些见闻来教育自己所带的学生。

师伟认为，师承是中医妇科发展的根基和源泉，更是捷径和突破口，前辈和老师们在反复临床实践中获得的宝贵经验，就是巨人的肩膀，年轻医生应该努力继承前辈和老师们的医德医风和学术经验，并努力使之发扬光大。师伟主动参与了老师经验传承的《刘瑞芬名老中医经验集》《小柴胡汤》等系列丛书的编写，从以患者为中心的医德继承，到以疾病为中心的疗效传承，为全面传承老一辈山东中医妇科的学术精华，打下了坚实的基础，以妇科痛证和血证及绝经综合征为疗效主攻方向，同时结合西医发病机制研究方法，深化了中医药干预机制的研究，获得了国家自然科学青年基金和面上项目等的资助。

"经验的传承必须结合当前疾病诊疗需求并得到理论的升华，才能有效提高传承效率和质量"，师伟在传承老师经验过程中，仔细对比分析了现有的诊疗研究方向和当前疾病的变化，原有的宫内节育器引起子宫内膜出血副反应这类疾病，由于计划生育政策的调整，临床发病率已经明显下降，但由于人工流产等宫腔操作、社会生活方式改变等引起的子宫内膜病变类疾病的发病率逐年上升，如子宫腺肌病、子宫内膜异位症、子宫内膜息肉、宫腔粘连致月经量少等，严重影响了女性的生活质量，求医问药人数急剧增多。他敏锐地捕捉到同一部位病变的病种诊疗需求已经发生了变化，这就需要迎合时代的健康需求，创新完善临床诊疗学术方向。

师伟在继承既往对子宫内膜病变"瘀、热、虚"病机认识基础上，运用中医理论"异病同治"理念和类病概念，对西医学子宫内膜病变相关的病种进行归类分析，提出了子宫内膜病变类疾病的新概念及其分类方法，将内膜病变分为了功能亢进、功能减退和功能损伤 3 种类型，涵盖了子宫内膜相关疾病的 11 个病种。这种分类方法打破了不同子宫内膜疾病间的病机研究界限，形成一种新的研究思路，即在中医妇科常见病机（瘀、热、虚、痰等）理论指导下，聚焦和发现西医学对子宫内膜病变复杂网络调控机制研究的关键通路和靶点，这个新概念的提出，得到了国内同行专家的认可。更在临床服务中，不断实践完善，形成了接地气而实用的临床综合诊疗方案，获得患者的认可。

碰撞的共赢意识打造多学科交融的团队

刘瑞芬教授曾感叹："我搞了一辈子的妇科出血性疾病，中药治疗真是很有效，但患者口服多有不便，口感也不佳，要是能像西医的含药宫内节育器一样，把中药做成宫内局部给药的方法，那就更好了。"导师这个简单的感慨，师伟牢记在心，并逐渐认识到临床中各种新诊疗技术的应用和开发都离不开现代学科技术的融合。多年来，师伟一直在寻找这样的研究方法和应用技术，但看似简单的改变给药途径，实际上蕴含了材料选择、方剂优化、中药组分筛选、药物配比及释放特性测定等多个环节，涵盖了材料学、方剂学、药物化学、药理学及药械加工等多学科的交叉。

他组建了一支年轻的多学科研究队伍，与中国医科大学、山东省药学科学院、山东中医药大学及本院的药学和细胞生物学等专业的相关人员密切合作，围绕子宫腺肌病、宫内节育器出血副反应的有效中药方剂，筛选主要药物配伍的有效成分，并重视中医理论的指导，以妇科经典名方桂枝茯苓丸和上市妇科中成药宫宁颗粒、散结镇痛胶囊及宫血宁胶囊为参照，突出伤寒杂病论的经方组方原则及经验用药配伍，初步形成了子宫腺肌病的宫腔内给药的药对成分。

结合药剂学的缓控释技术，他正在研究中药有效成分的宫腔内局部给药治疗妇科异常出血性疾病。在药效药理学、分子生物学专业成员支持下，同步开展了实验基础研究。这种研究思路得到了专家认可，顺利获得了国家自然科学基金面上项目、山东省重点研发计划等多个基础和临床课题支持。

全面提升临床诊疗能力是师伟始终追求的金指标，中西医结合思想深深地植入他的日常工作中。他在临床注重中西医两种诊疗方法的学习和实践，围绕临床问题发挥中西医诊疗各自优势。在科室西医专家王长林教授的指导下，紧跟西医学先进诊疗技术以解决患者的病痛，赴复旦大学附属妇产科医院进修提升西医妇科临床技能，并不断挖掘中医药的治疗点，总结和形成了宫腔镜、腹腔镜的围手术期及恶性肿瘤化疗后的中医妇科快速康复方案，提高了妇科手术患者的生活质量和治疗依从性。

在提升妇科手术治疗能力的同时，师伟更加切身地感受到紧迫感，那就是如何提高中医妇科的临床疗效，中医妇科能确切解决临床哪些问题、优势在哪里、与西医学有哪些互补？带着这些思考，他更加努力地去学习中医药理论，吸取妇科前辈的诊疗经验，回顾经典论述，查阅文献报道，请教针灸推拿等相关临床专业人员，不断优化临床常用方，丰富临床治疗方案，一有机会就向不同专业、不同流派的专家请教。

2018 年，师伟被医院推荐为全国中医临床特色技术传承骨干人才。他抓住这一难得的学习机会，认真参加传承骨干人才的集中培训，从杭州何氏妇科流派的定期游学开始，如饥似渴地汲取全国中医妇科诊疗学术经验，不断拓宽临床诊疗思路，融汇中医妇科的各家学说，努力在疗效上提升中医妇科的临床服务能力。

务实的研究精神指引多环节的成果创新

"以需求为导向"是师伟从创新研究一开始就认定的指导思想，他认为只有这样的研究才有原动力，才能有长久规划和稳定实施计划。

病种选择上，他从之前的计划生育措施并发症及副反应病种，调整到当前发病率高、对患者危害大但临床措施尚不理想的子宫腺肌病；在治疗方法改进上，他借鉴西医学宫内局部给予孕激素的治疗思路，对导师研发的有效中成药进行优化筛选，开展中药成分配伍的局部宫腔给药研发；他充分运用现代信息化网络技术，通过医院 HIS 系统结合超声资料对照，提取妇科前辈诊治子宫腺肌病的方药数据，建立妇科病种临床数据库，提供基于真实世界的该类病种的本科室数据分析平台。同时，他围绕妇科异常子宫出血疾病等危急重症，为解决宫腔大面积渗血伴有宫口不能同步扩张的问题，设计了可经未扩张宫颈管发挥宫腔局部压迫止血且具有测定压力功能的器械制备方法。

这些创新性的工作得到了山东省重大科技创新平台的支持，产生了 1 项国家发明专利、3 项国家实用新型专利及数十篇研究论文，研究成果获得了 2018 年中华中医药学会科技进步三等奖和 2017 年山东省中医药科学技术奖一等奖。

"如何形成有效的应用成果？"是师伟在创新研究中一直关注的问题。每个创新环节，他都主动留意存在的问题和可能的解决办法，以具体的办法和实用工具去体现。

在进行临床病种的动物实验造模过程中，围绕宫内节育器出血副反应、子宫腺肌病的大鼠造模，以往都采用开腹方式进行操作，但这样明显不符合实际发病过程，会造成额外的造模损伤。师伟提出可以通过大鼠自然腔道造模，但限于当时工具匮乏，一直未能突破。于是，他就反复进行操作器械的图纸设计和工具尝试，经过3次大的结构设计和5次工具反复尝试更换，终于形成了一套适用于雌性大鼠的经自然腔道宫腔操作器械，解决了该类造模方法的操作难题，他设计的相关器械也获得了国家实用新型专利3项。

师伟常说："要感恩之心永存，内省之念常有，年轻人的每一步，都要感谢单位给予的大平台，感谢前辈们给奠定的好基础，越往前走，这种感觉越是强烈。我们要知足而后进，在不断奔跑中去感受工作和生活的乐趣。"

本文作者：师伟的学生张一诺、崔凤鑫、刘洋等

勤学善思　精诚为医

——记泰山学者青年专家刘伟

　　刘伟，1980 年 1 月出生，山东郓城人，医学博士，教授，主任医师，博士生导师，泰山学者青年专家。现任山东中医药大学科研处处长，曾任山东中医药大学第二附属医院副院长，兼任山东省中医治未病质量控制中心主任、中国中医药信息学会青年医师分会副会长等。主持国家自然科学基金、山东省自然科学基金面上项目等 3 项，获得山东省自然科学学术创新奖一等奖、山东省科学技术进步奖三等奖、山东中医药科学技术奖二等奖等，发表 SCI 及核心期刊论文 40 余篇。

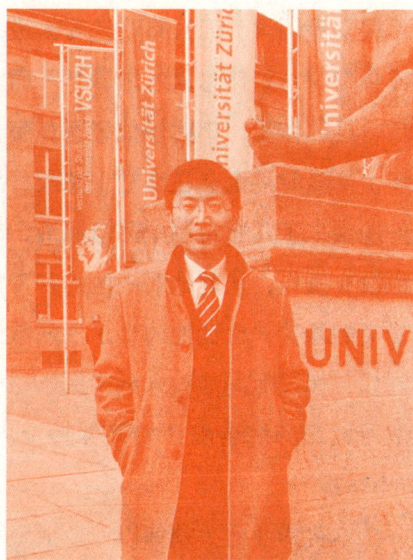

怀揣梦想，勤奋求学

1996 年，山东中医学院更名为山东中医药大学，同时迎来了更名后的第一批本科新生。这批学生中有个年龄最小的，叫刘伟，当时他只有 16 岁。高中时，刘伟的成绩在班级一直名列前三名，当亲朋好友听说他要学中医时，都很惊讶，而他却义无反顾地踏上了求学之路。

刘伟对中医的喜爱，首先来自对中国传统文化的喜爱，而这离不开他父亲的培养熏陶。他的父亲对中国传统文化特别喜爱，不仅喜爱国画，而且喜欢练习太极拳等传统功法。每次父亲画画或练拳时，刘伟总喜欢跟着学。而对中医的不解之缘最初来自刘伟自己的体验，小时候他患有鼻窦炎，总流鼻涕，常伴有鼻塞头痛，严重时甚至会在睡觉中憋醒，痛苦不堪。他父亲同事出差从外地带来了几瓶自制中药口服液，刘伟喝了一段时间后，竟然再也没有发作，从此他对中医的神奇疗效产生了浓厚兴趣。当年鼻窦炎的痛苦，也让他萌生了治病救人的愿望。第一次离家求学的刘伟，如饥似渴地投入到中医学习中。五年本科学习期间，他的学习成绩和综合测评始终保持全班第一名，被同学们亲切称为"小学霸"。

本科毕业后，刘伟以专业成绩第一名的成绩考取了山东中医药大学中医内科学硕博连读，师从国家级名中医王新陆教授学习中医。王新陆教授非常重视学生知识结构的完善性，他认为中医兼具人文科学和自然科学双重属性，所以好的中医专家应该注重构建科技、医学与人文并重的知识结构。他发现刘伟喜欢中国传统文化，就将其送到山东大学刘大钧教授那里专门研习周易。刘大钧教授讲授《周易集解纂疏》和《帛书易经》，每次讲授都会引经据典，旁征博引，有时一个字的考证就会讲一上午。这段学习经历，让刘伟深深感受到了周易中所蕴含的博大精深的中国传统哲学思维，对他日后中医学习和研究产生了深刻影响。

刘伟按照导师要求，还前往山东省医学科学院基础医学研究所，从事国家自然科学基金课题的实验研究。其间，他频繁穿梭于山东省医学科学院实验室和山东大学周易研究中心，坚持和实验技术人员一同做实验，一同讨论、分析实验出现的问题。伴随科研能力的培养，严谨、科学的精神也渗入刘伟的思维；临床上，王新陆教授认为一名好的中医师，应该中西医并重，刘伟又被推荐到齐鲁医院神经内科实习，参与科室病例讨论，学习"原汁原味"的西医诊治思维。经过老师的精心培养，融多种经历和思维为一身的刘伟，在后续中医临床、教学、科研、管理工作中，开始了不一样的探索。

中西结合，融会贯通

党的十九大报告指出，坚持中西医并重。有些专家认为中西医之间，是不可通约的。有了传统文化思维滋润和中、西医临床基础的刘伟则有着自己的看法，他说："《内经》中就有对人体脏腑的精准解剖形态描述，说明中医并不排斥解剖学等研究，但中医有一种特色思维是'取象比类'，很多理论和治法的提出都是从自然界启发而来，如家中做饭的'釜底抽薪'之象，可以启发我们用通腑泄热法治疗难治性高热；喝茶的'提壶揭盖'之象，可以启发我们用宣肺之法治疗小便不通等。天地万物之象皆可为中医所用，为什么西医研究之象就不能取？关键还是看有没有中医比类思维的能力。"

刘伟在导师指导下提出了"中医三层论",即思维、理论、技术三层级。他认为,这三个层级在临床运用时,融为一体,共同形成中医体系,但各层级又有各自相对独立的研究方法,研究时不宜混在一起。刘伟在前期周易和中医学习的基础上,充分意识到充满传统哲学智慧的中医思维恰是升华临床实践、构建中医理论的源头活水。由此,他找到了一把打开中西医结合之门的神奇"钥匙"。

中风是一类高致残、高致死疾病,西医学认为,病位在脑,其防治重心是围绕脑血管病高危因素和缺血所导致的神经不可逆损伤机制。刘伟在取象"脑"的基础上,巧妙运用中医"髓"思维进行比类,创造性提出中风病中医防治"温、补、化、降、升"五字诀法则,构建了中风病"骨-齿-脑"泛髓一体化预警和中医药特色防治体系,跳出了西医中风病单纯考虑血管高危因素的防控思维,开辟了脑病、骨病、齿病关联研究的崭新领域。

在基础研究中,刘伟带领团队,基于原创"泛髓"假说,跳出脑梗死后神经功能重塑研究仅仅局限在脑的研究框架,从脑和脊髓多层面研究中医药对脑梗死后皮质脊髓束的保护和重塑,同时加强诸髓发病共性机制研究,取得了一系列成果。目前,他已主持并结题国家自然科学基金 2 项,主持在研山东省自然科学基金面上项目 1 项,研究成果荣获山东省科学技术进步奖三等奖 3 项、山东省自然科学学术创新奖一等奖 1 项,山东中医药科学技术奖二等奖、三等奖各 1 项,并担任中华中医药学会治未病分会常务委员、山东省医学会医养健康分会副主任委员、山东省康复医学会脑血管病专业委员会副主任委员、全国首批认证中医学术流派传承工作室骨干传承人。

医人医心，德术兼备

作为齐鲁内科时病流派学术传承人，刘伟在临证中，往往从蛛丝马迹之中，抓住辨证关键。有一位 30 岁女性患者，感冒后持续干咳三周余，日夜咳嗽，难以入睡，痛苦不堪，先后服用酮替芬、孟鲁司特等西药均不见好转，刘伟经过仔细诊察，发现患者舌淡苔白滑，脉弦，辨证为痰饮为患，即用射干麻黄汤合小青龙汤加减，服用中药一剂后缓解，两剂后即愈。

刘伟秉承中医"天人合一"法则，临床诊病不仅看病，更注重看人，经常详细询问患者的居住环境和发病时间等细节。曾有一母亲带着六个月大的孩子来找刘伟就诊，自诉患儿三个月来每晚啼哭不止，父母必须轮流抱着，才能止住哭闹，期间多次接受中西医治疗，均无明显效果。刘伟仔细询问后，未开一方，只是让孩子母亲回家后将孩子的卧室调整到了另一房间，孩子三天后完全恢复正常睡眠。患者母亲感谢万分之余，百思不得其解。刘伟告诉她，中医有"正气存内，邪不可干，邪之所凑，其气必虚"之说，一岁之内的孩子大脑神经系统发育还不完善，容易感受各种"邪气"，从前期问诊中发现，孩子的床头离电梯间太近，怀疑可能是电梯运行的噪音等干扰了孩子。而调整房间后，远离电梯的影响，自然就没事了。2018 年，有一患者前来就诊，三个月来发作性腿部肌肉痉挛，每次都是突然发作，疼痛哀嚎，每每此时，其家属都必须按摩好久才能缓解，患者痛苦不堪。在问诊中，患者无意间提到每次发病均有腹痛作泻，泻后痛减，而刘伟抓住发病时间和独特伴随症状，考虑本病是丁酉年发病，而丁酉年恰是木运不及，肝失疏泄，郁而不伸，故用传统痛泻要方，七剂而愈。刘伟在临床上，不仅重视处方的开具，还会辅以相应的吐纳、导引等方法和生活起居调整，对患者进行综合调治，充分调动患者的主观能动性，取得了良好的效果。

刘伟经常告诫学生，学医必重医德，进德修业，进德在先。对待每一位患者，无论再忙，他都会清楚告知如何服用药物，并且有针对性地提出生活调理意见。"大夫本身就是味药，患者能在大夫这里感受到尊重，搞清楚病因，增强了信心，心里的疑惑消失了，生活中的不良生活方式纠正了，本身就是在治病。"刘伟说。

刘伟还依托医院专科优势，建立全省中医治未病质量控制中心，并指导成立山东省中西医康复医疗联盟、生殖医学联盟、矮小症专科联盟、中医治未病联盟等，将专家资源下沉，服务端口前移，已覆盖全省近300家基层医疗机构，让老百姓在家门口就能享受规范的专家技术资源优势。同时，刘伟还经常带着医疗专家服务队，到烟台、济宁、临沂等地开展"三下乡"中医义诊活动，尽可能让更多的人受益于中医。正因如此，很多患者和刘伟成了朋友。临沂的一位农民，多年的哮喘治好后，为表示感谢，从老家背了50斤自己种的地瓜，坐车五个多小时，送到刘伟的门诊。提及这些，刘伟心里总是充满了感动，也正是这些正能量，成为他在医学道路上不懈追求的动力所在。

以点带面，育人有方

从自身成长中，刘伟深深懂得"功夫在诗外"的道理。在指导研究生时，刘伟努力将导师的责任和带教经验传承下去，经常提醒学生"他山之石，可以攻玉"。他要求自己的研究生除了完成规培研究生的规定动作，还要做到"五个一"体验，即写一份标书、进一次实验室、读一本中国传统文化典籍、进一次西医科室实习、做一次中医门诊模拟处方。其中，撰写标书、实验室实习经历训练的是学生的科研创新能力，传统文化熏陶培养的是学生中医原创思维能力，西医科室实习和中医门诊实习训练的是学生的中西医临床能力，经过"五个一"体验，以点带面地培养学生知识结构。经过精心培养，有 2 名学生获得国家奖学金，多名研究生已成长为当地业务科室骨干，2018 年刘伟也被评为山东省优秀研究生导师。

做过学校团委副书记、医学院党总支副书记等工作的刘伟，还将中医理论用在了学生思政工作和日常管理中。在抓思想工作时，他虚功实做，运用中医"正气存内，邪不可干，邪之所凑，其气必虚"的正邪不两立理论，告诫学生思想问题不是可有可无的小事，理想信念开关很关键，放松了对自己的要求，必然就会有各种"邪气"的驻扎，人的思想阵地不能有空白地带；同时，运用中医"有诸内必形诸外"理论，告诉学生思政学习学得如何，是否入心，不是通过考试成绩体现的，而是要"外化于行"，从自己的一言一行中体现出来。

刘伟常说："教育的作用是唤醒，鸡蛋从外而破，是毁灭，但从内而破，则是新生。学生养成了'三省吾身'的习惯，就可以把好自己理想信念的开关，从而有了自我成长的动力，人生的'扣子'就能及时扣好。"指导学生会建设时，他会化裁中医脏腑理论，说明学生会主席团、各部部长和干事的定位，从干事成长起来的主席团、部长应该学习"脏"的"满而不能实"，根据学校中心工作，多谋划工作，做好活动、项目的构想设计，而干事则应学"腑"的"实而不能满"，更强调培养自己的执行力、行动力，把每件工作落实好，才能更好成长。刘伟的这些表述，紧扣学生的专业背景，每每总会产生"同声相应"的良好效果。

未来的路还很长，刘伟将一直带着学医的初心、热情和执着，坚定地走下去，尽自己的力量，让中医更好地传承，更好地服务百姓健康。

本文作者：薛金